CSRC

China Securities Regulatory Commission Annual Report(2009)

# 中国证券监督管理委员会年报

中国证券监督管理委员会　编

2009

中国财政经济出版社

**图书在版编目（CIP）数据**

中国证券监督管理委员会年报．2009：汉英对照/中国证券监督管理委员会编．—北京：中国财政经济出版社，2010.5

ISBN 978－7－5095－2204－2

Ⅰ.①中…　Ⅱ.①中…　Ⅲ.①证券交易－监督管理－中国－2009－年报－汉、英②证券交易－监督管理－法规－中国－汉、英　Ⅳ.①F832.51②D922.287

中国版本图书馆CIP数据核字（2010）第075681号

责任编辑：胡　懿　　　　责任校对：王　英

封面设计：邹海东　　　　版式设计：孙俪铭

中国财政经济出版社出版

**URL**：http：//www.cfeph.cn

E－mail：cfeph@cfeph.cn



社址：北京市海淀区阜成路甲28号　邮政编码：100142

发行处电话：88190406　财经书店电话：64033436

北京新华印刷厂印刷　各地新华书店经销

787×1092毫米　16开　5印张　300 000字

2010年5月第1版　2010年5月北京第1次印刷

定价：50.00元

ISBN 978－7－5095－2204－2/F·1750

（图书出现印装问题，本社负责调换）

本社质量投诉电话：010－88190744

# 主席致辞

尚福林主席

一年多来，由美国次贷危机引发的全球金融危机蔓延和深化，对国际金融体系和实体经济造成了巨大冲击。世界各国纷纷推出应对危机和刺激经济政策的方案，改革金融体系，推进国际监管政策协调，加强对系统性风险的监控和处置，来遏制危机恶化和再生。

目前，虽然最困难的时刻已经过去，但危机对世界金融系统、实体产业、发展模式、思维观念等带来的冲击，将深刻影响世界政治、经济、金融格局和发展态势。各国大规模经济刺激计划的政策效应尚待进一步观察，一些潜在的风险隐患值得高度警惕。

就中国来讲，2009 年是新世纪以来中国经济工作最为困难的一年，也是中国资本市场经受住严峻考验、在逆境中求得新发展的一年。在这一年里，中国证券监督管理委员会（以下简称中国证监会）坚决贯彻落实中国政府应对国际金融危机、促进经济平稳较快发展一揽子计划的决策部署，坚定不移地把维护资本市场稳定健康发展作为中心任务，统筹兼顾，远近结合，坚持加强市场基础性制度建设，深化市场改革创新，在维护市场总体稳定的同时，实现了市场新的发展，为“保增长、扩内需、调结构”作出了重要贡献。中国证监会所做的工作及取得的成效主要有：

第一，平稳推进新股发行制度改革。发行环节是整个资本市场形成的前端，如何顺应市场发展要求，进一步理顺新股发行体制，一直是我们改革的一项重点工作。2009 年以来，按照“分步实施、逐步完善”的思路，新股发行制度改革有序实施，强化了市场内在约束，推动发行人、投资者、承销商和保荐人等市场主体归位尽责。

第二，创业板市场实现良好开局。推出创业板，是多层次资本市场体系建设和制度创新的一项基础工作，也是中国资本市场应对国际金融危机、服务经济发展的重要举措。经过长期酝酿和精心准备，我们在创业板制度设计、发行审核、投资者适当性管理、市场监督等方面作出了一系列符合市场实际的制度安排。2009 年 10 月，创业板市场正式启动，首批 28 家创业板公司上市交易。

第三，公司债券市场发展取得突破。针对长期以来直接融资比重偏低，特别是股票融资与债券融资发展不平衡的格局，中国证监会把债券市场发展放在更加突出的位置，充分发挥公司债券在扩大直接融资中的作用，积极扩大债券融资规模，协调有关各方面共同推动上市商业银行在证券交易所参与债券交易试点。

第四，期货市场功能日益深化。大力发展期货市场对于支持实体经济管理风险，掌握重要商品定价权具有重要意义。2009 年以来，我们大力加强期货市场基础建设，实施期货市场统一开户制度，强化对期货公司的风险管理，陆续上市了螺纹钢、线材、早籼稻和聚氯乙烯四个新品种，已上市期货品种累计达 23 个，关系国计民生的大宗商品交易品种体系初步形成。

第五，行业规范发展的态势基本形成。2009 年以来，中国证监会深入开展“上市公司治理整改年”活动，着力加强证券公司分类监管，规范证券投资基金评价业务，加强对基金投资管理人员执业行为的管理，强化中介机构信托义务和受托责任，保持对“老鼠仓”、短线操纵、内幕交易等违法违规行为的高压态势。

2009 年，在宏观经济总体回升向好的背景下，中国股市在全球市场中率先回升，市场规模、容量以及活跃度、影响力等稳步提升，市场功能得到发挥，经受了国际金融危机的严峻考验，为支持金融体系稳健运行，促进经济平稳较快发展作出了应有的贡献。

在这次国际金融危机中，对国际金融危机传导路径、影响后果以及解决对策的分析和研究，深化了我们对资本市场发展规律的认识，也推动了市场改革和监管工作的深入。当前和今后一个时期，中国证监会将继续加强和改善中国资本市场的基础建设，完善市场体制机制，提高市场效率，注重培育和发挥市场机制作用，提升资本市场服务国民经济的能力，针对市场出现的新情况、新问题，加大打击违法违规行为的力度，维护市场“三公”原则，保护投资者特别是广大中小投资者的合法权益。此外，中国证监会将进一步加强国际监管合作，加强监管协调，以推动中国资本市场稳定健康发展。

尚福林

中国证券监督管理委员会主席

2010 年 4 月

# 目　录 Contents


|  |  |
| --- | --- |
| 1 | 1. 中国证监会介绍 |
| 4 | 1.1 管理层 |
| 5 | 1.2 国际顾问委员会 |
| 6 | 1.3 经费来源 |
| 6 | 1.4 人力资源 |
| 6 | 1.5 法定监管职责 |
| 7 | 1.6 法定监管措施 |
| 9 | 1.7 证券监管架构 |
| 11 | 2. 2009 年中国资本市场概览 |
| 13 | 2.1 股票发行 |
| 15 | 2.2 股票市场交易 |
| 17 | 2.3 交易所债券市场交易 |
| 18 | 2.4 权证交易 |
| 18 | 2.5 商品期货市场交易 |
| 19 | 2.6 机构投资者 |
| 20 | 2.7 中介服务机构 |
| 23 | 3. 2009 年重大监管政策和措施 |
| 25 | 3.1 积极应对国际金融危机，支持经济平稳较快发展 |
| 29 | 3.2 加强市场基础建设，培育和完善市场化运行机制 |
| 31 | 3.3 平稳推出创业板，支持创新型国家建设 |
| 33 | 3.4 强化常规监管，促进市场主体规范发展 |
| 37 | 3.5 强化期货市场基础建设，稳步发展期货市场 |
| 39 | 3.6 全面推进依法行政，市场法治取得新进展 |

41 4. 对外开放与跨境监管合作
43 **4.1 加入世界贸易组织证券业承诺的实施情况**
44 **4.2 主动实施的对外开放政策措施**
45 **4.3 与港澳台证券市场的合作与联系**
46 **4.4 国际交流与跨境监管合作**

49 附　　录
51 **附录 1 2009 年中国证券市场大事记**
51 1.1 中国证监会颁布的部门规章
51 1.2 中国证监会颁布的重要规范性文件
52 1.3 中国证券市场重要发展事件
53 **附录 2 主要证券监管制度**
53 2.1 证券法律框架
54 2.2 证券发行及上市监管制度
61 2.3 证券交易结算及市场监管制度
63 2.4 上市公司监管制度
67 2.5 证券公司监管制度
70 2.6 基金监管制度
74 2.7 期货市场与期货业监管制度
77 2.8 会计和财务信息披露监管制度
78 2.9 审计和资产评估监管制度
79 2.10 证券执法制度
82 **附录 3 自律机构简介**
82 3.1 上海证券交易所
82 3.2 深圳证券交易所
83 3.3 中国金融期货交易所
83 3.4 上海期货交易所
83 3.5 大连商品交易所
84 3.6 郑州商品交易所
84 3.7 中国证券业协会

84 3.8 中国期货业协会

85 3.9 中国证券登记结算有限责任公司

85 3.10 中国证券投资者保护基金有限责任公司

86 3.11 中国期货保证金监控中心有限责任公司

87 附 表

89 附表1 中国证券市场的主要统计数据（1999～2009年）

90 附表2 外资参股证券公司一览表

90 附表3 外资参股基金管理公司一览表

91 附表4 外资参股期货公司一览表

91 附表5 合格境外机构投资者一览表

94 附表6 合格境外机构投资者托管行一览表

94 附表7 设立驻华代表处的境外交易所一览表

94 附表8 在香港特别行政区设立分支机构的内地证券公司一览表

94 附表9 在香港特别行政区设立分支机构的内地基金管理公司一览表

95 附表10 在香港特别行政区设立分支机构的内地期货公司一览表

95 附表11 双边监管合作谅解备忘录一览表

97 联系方式

99 后 记

# 1. 中国证监会介绍

中国证监会成立于1992年10月，是国务院直属正部级事业单位，依照《中华人民共和国证券法》（以下简称《证券法》）、《中华人民共和国证券投资基金法》（以下简称《证券投资基金法》）、《证券公司监督管理条例》、《期货交易管理条例》等法律法规和国务院授权，统一监督管理全国证券期货市场，维护证券期货市场秩序，保障其合法运行。

中国证监会办公地址设在北京，现设主席1名，副主席4名，纪委书记1名，主席助理3名；会机关下设19个职能部门①、4个直属事业单位以及4个专门委员会。中国证监会在省、自治区、直辖市和计划单列市设立36个证券监管局，以及上海、深圳证券监管专员办事处（图1－1为中国证监会组织架构图）。

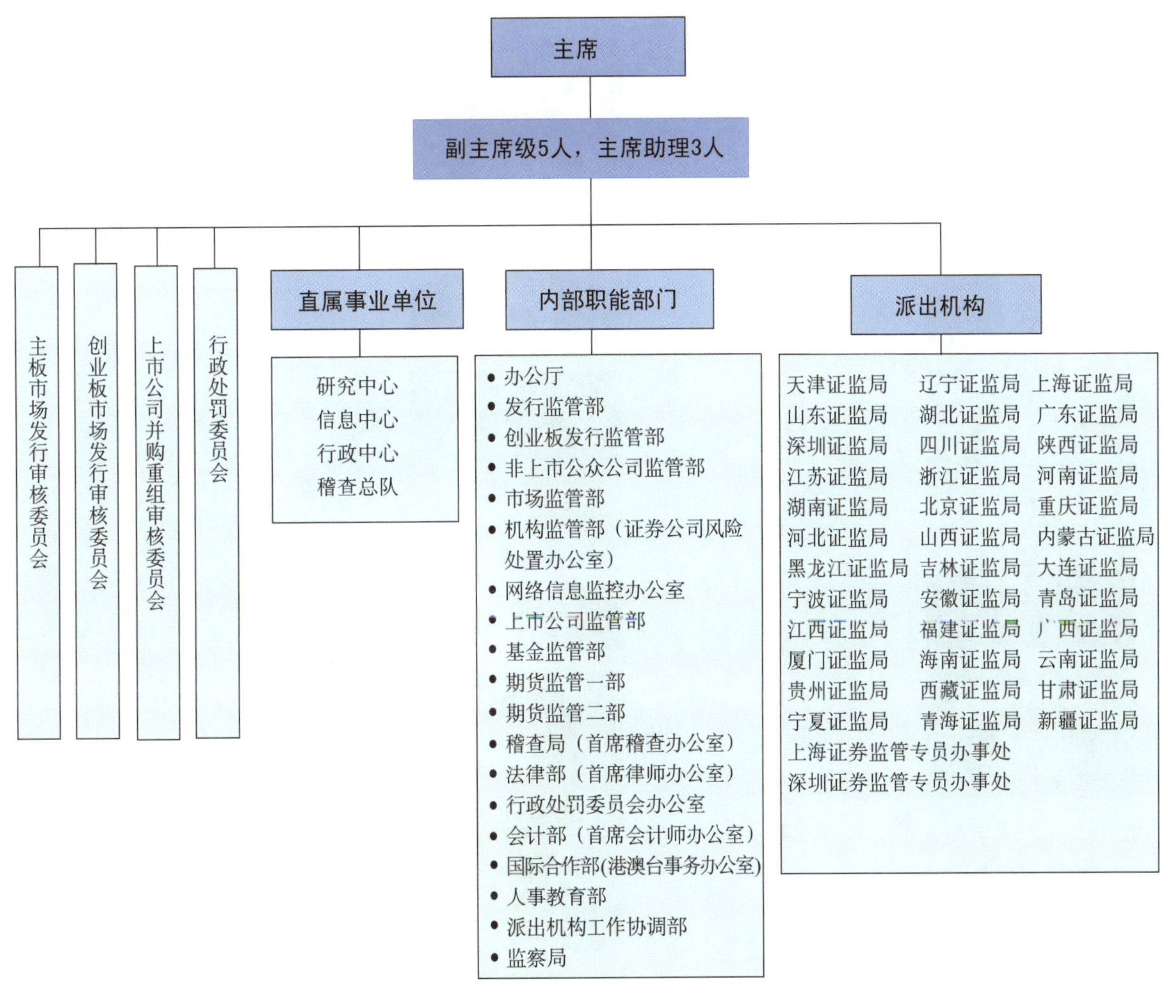


**图1－1　中国证监会组织架构图**

① 中国证监会内设机构的工作职责请参见中国证监会网站 www.csrc.gov.cn。

## 1.1 管理层

尚福林
主　席

桂敏杰
副主席

李小雪
纪委书记

庄心一
副主席

姚　刚
副主席

刘新华
副主席

姜　洋
主席助理

朱从玖
主席助理

吴利军
主席助理

## 1.2 国际顾问委员会

2004年6月，经国务院批准，中国证监会国际顾问委员会正式成立。国际顾问委员会根据中国经济、社会发展的现状，结合中国证券市场发展的实际，向中国证监会介绍国际证券市场的发展现状、趋势等有关信息和经验，提供咨询意见和建议，以促进中国证券市场对外开放和健康发展。该委员会属非常设专家咨询机构，由中国证监会主席担任委员会主席，另设副主席1人。境外委员由国际主要市场的前监管人员、国际金融机构的知名人士及学术界专家教授等组成。截至2009年底，国际顾问委员会共有委员13人，其中境外委员12人。根据国际顾问委员会工作指引，境外委员任期2年，可连任。

**主席**

尚福林（SHANG Fulin）
中国证监会主席

**副主席**

史美伦（Mrs. Laura M. CHA SBS, JP）
中国证监会前副主席、香港证监会前副主席

**委员（按英文姓氏首字母排列）**

白泰德（Mr. Thaddeus T. BECZAK）
乐通投资集团主席
香港证监会前咨询委员会委员

艾伦·卡梅伦（Mr. Alan CAMERON）
澳大利亚证监会前主席
国际证监会组织执行委员会前主席

戴立宁（Mr. Linin DAY）
中国台北证券管理委员会（现中国台北金融监督管理委员会）前主任委员

戴彼得（Mr. Peter J. DEY）
加拿大安大略省证监会前主席
摩根士丹利加拿大公司前主席

威廉·唐纳德森（Mr. William DONALDSON）
美国证监会前主席
纽约证券交易所前董事长兼CEO

张夏成（Mr. Hasung JANG）
韩国高丽大学商学院院长、金融学教授
韩国金融监督委员会顾问

梁定邦（Mr. Anthony F. NEOH）
中国证监会前首席顾问
香港证监会前主席

米歇尔·普拉达（Mr. Michel PRADA）
法国金融监管局前主席
国际证监会组织执行委员会和技术委员会前主席

约翰·桑顿（Mr. John L. THORNTON）
清华大学教授、汇丰控股有限公司董事
高盛集团前总裁兼联合首席运营官

约翰·威德斯沃思
（Mr. John S. WADSWORTH, Jr. ）
摩根士丹利亚洲公司荣誉主席

张为国（Mr. Weiguo ZHANG）
国际会计准则委员会专职委员
中国证监会前首席会计师、会计部主任、国际合作部主任

## 1.3 经费来源

目前，中国证监会经费收支全部纳入国家财政预算内管理，即证券、期货市场监管费不属于证监会的收入，而是直接上缴国库，中国证监会的经费支出则完全由预算内拨款。

## 1.4 人力资源

截至2009年底，中国证监会共有工作人员2 621人，其中会机关696人，派出机构1 925人，占比分别为26.6%和73.4%。会机关和派出机构人员的平均年龄分别为36.1岁和36.2岁。在学位结构方面，证监会系统拥有博士和硕士学位的人员占全体人员的53.6%。

## 1.5 法定监管职责

1.5.1 **《证券法》第179条**。该条规定，中国证监会在对证券市场实施监督管理中依法履行下列职责：

- 依法制定有关证券市场监督管理的规章、规则，并依法行使审批或者核准权。
- 依法对证券的发行、上市、交易、登记、存管、结算，进行监督管理。
- 依法对证券发行人、上市公司、证券公司、证券投资基金管理公司、证券服务机构、证券交易所、证券登记结算机构的证券业务活动进行监督管理。
- 依法制定从事证券业务人员的资格标准和行为

资本市场法制建设新春座谈会于2009年2月5日召开，桂敏杰副主席参加了会议

准则，并监督实施。

◆ 依法监督检查证券发行、上市和交易的信息公开情况。

◆ 依法对证券业协会的活动进行指导和监督。

◆ 依法对违反证券市场监督管理法律、行政法规的行为进行查处。

◆ 法律、行政法规规定的其他职责。

中国证监会可以和其他国家或者地区的证券监督管理机构建立监督管理合作机制，实施跨境监督管理。

1.5.2 **《证券投资基金法》第 76 条**。该条规定，中国证监会在对证券投资基金市场实施监督管理中依法履行下列职责：

◆ 依法制定有关证券投资基金活动监督管理的规章、规则，并依法行使审批或者核准权。

◆ 办理基金备案。

◆ 对基金管理人、基金托管人及其他机构从事证券投资基金活动进行监督管理，对违法行为进行查处，并予以公告。

◆ 制定基金从业人员的资格标准和行为准则，并监督实施。

◆ 监督检查基金信息的披露情况。

◆ 指导和监督基金同业协会的活动。

◆ 法律、行政法规规定的其他职责。

1.5.3 **《期货交易管理条例》第 50 条**。该条规定，中国证监会在对期货市场实施监督管理中依法履行下列职责：

◆ 制定有关期货市场监督管理的规章、规则，并依法行使审批权。

◆ 对品种的上市、交易、结算、交割等期货交易及其相关活动进行监督管理。

◆ 对期货交易所、期货公司及其他期货经营机构、非期货公司结算会员、期货保证金安全存管监控机构、期货保证金存管银行、交割仓库等市场相关参与者的期货业务活动进行监督管理。

◆ 制定期货从业人员的资格标准和管理办法，并监督实施。

◆ 监督检查期货交易的信息公开情况。

◆ 对期货业协会的活动进行指导和监督。

◆ 对违反期货市场监督管理法律、行政法规的行为进行查处。

◆ 开展与期货市场监督管理有关的国际交流、合作活动。

◆ 法律、行政法规规定的其他职责。

## 1.6 法定监管措施

1.6.1 **《证券法》第 180 条**。该条规定，中国证监会在对证券市场实施监督管理履行法定职责时，有权采取以下措施：

◆ 对证券发行人、上市公司、证券公司、证券投资基金管理公司、证券服务机构、证券交易所、证券登记结算机构进行现场检查。

◆ 进入涉嫌违法行为发生场所调查取证。

◆ 询问当事人和与被调查事件有关的单位和个人，要求其对与被调查事件有关的事项作出说明。

◆ 查阅、复制与被调查事件有关的财产权登记、通讯记录等资料。

◆ 查阅、复制当事人和与被调查事件有关的单位和个人的证券交易记录、登记过户记录、财务会计资料及其他相关文件和资料；对可能被转移、隐匿或者毁损的文件和资料，可以予以封存。

◆ 查询当事人和与被调查事件有关的单位和个人的资金账户、证券账户和银行账户；对有证据证明已经或者可能转移或者隐匿违法资金、证券等涉案财产或者隐匿、伪造、毁损重要证据的，经中国证监会主要负责人批准，可以冻结或者查封。

◆ 在调查操纵证券市场、内幕交易等重大证券违法行为时，经中国证监会主要负责人批准，可以限制被调查事件当事人的证券买卖，但限制的期限不得超过十五个交易日；案情复杂的，可以延长十五个交易日。

1.6.2 **《证券投资基金法》第77条。**该条规定，中国证监会在对证券投资基金市场实施监督管理履行法定职责时，有权采取以下措施：

◆ 进入违法行为发生场所调查取证。

◆ 询问当事人和与被调查事件有关的单位和个人，要求其对与被调查事件有关的事项作出说明。

◆ 查阅、复制当事人和与被调查事件有关的单位和个人的证券交易记录、登记过户记录、财务会计资料及其他相关文件和资料，对可能被转移或者隐匿的文件和资料予以封存。

◆ 查询当事人和与被调查事件有关的单位和个人的资金账户、证券账户或者基金账户，对有证据证明有转移或者隐匿违法资金、证券迹象的，可以申请司法机关予以冻结。

◆ 法律、行政法规规定的其他措施。

1.6.3 **《期货交易管理条例》第51条。**该条规定，中国证监会在对期货市场实施监督管理履行法定职责时，有权采取以下措施：

◆ 对期货交易所、期货公司及其他期货经营机构、非期货公司结算会员、期货保证金安全存管监控机构和交割仓库进行现场检查。

◆ 进入涉嫌违法行为发生场所调查取证。

◆ 询问当事人和与被调查事件有关的单位和个人，要求其对与被调查事件有关的事项作出说明。

◆ 查阅、复制与被调查事件有关的财产权登记等资料。

◆ 查阅、复制当事人和与被调查事件有关的单位和个人的期货交易记录、财务会计资料以及其他相关文件和资料；对可能被转移、隐匿或者毁损的文件和资料，可以予以封存。

◆ 查询与被调查事件有关的单位的保证金账户和银行账户。

◆ 在调查操纵期货交易价格、内幕交易等重大期货违法行为时，经证监会主要负责人批准，可以限制被调查事件当事人的期货交易，但限制的时间不得超过15个交易日；案情复杂的，可以延长至30个交易日。

◆ 法律、行政法规规定的其他措施。

## 1.7 证券监管架构

中国对金融业实行分业监管，分别设立了中国证监会、中国银行业监督管理委员会（以下简称中国银监会）和中国保险监督管理委员会（以下简称中国保监会），依法对证券业、银行业、信托业、保险业进行监督管理。

经国务院授权，中国证监会依法对全国证券期货市场进行集中统一的监管。在该体制下，中国证监会会机关负责制定、修改和完善证券期货市场法律法规，拟定市场发展规划，办理重大审核事项，指导协调风险处置，组织查处证券期货市场重大违法违规案件，指导、检查、督促和协调系统监管工作；派出机构则负责做好辖区内的一线监管工作，主要从以下三个方面着手：(1）深入了解辖区市场情况，主动揭示风险，采取有力措施处置风险。(2）坚持现场检查和非现场检查相结合，做好持续监管，致力于推动市场主体规范运作的基础性建设。(3）根据会机关的统一布置，依法履行稽查任务，打击证券期货市场违法违规行为，保护投资者合法权益。

证券交易所、期货交易所，中国证券业协会，中国期货业协会和中国证券登记结算公司等自律机构对其会员或上市公司和证券交易活动进行自律监管和一线监管。这些自律监管和一线监管构成证券监管活动的有效补充。

# 2．2009年中国资本市场[①]概览

① 本年报不含中国香港、澳门和台湾地区的证券市场情况。

20 世纪 70 年代末期以来的中国改革开放推动了中国资本市场的萌生和发展。1990 年，上海证券交易所（以下简称上交所）、深圳证券交易所（以下简称深交所）的相继成立，标志着全国性资本市场的形成。在此后的 20 年间，随着市场经济体制的逐步建立，中国资本市场得到了迅速的发展，市场规模不断扩大，制度不断完善，证券中介机构和投资者不断成熟，逐步成长为一个在法律制度、交易规则、监管体系等各方面与国际普遍公认原则基本相符的资本市场。

目前，中国有 2 家证券交易所（上海证券交易所和深圳证券交易所），3 家商品期货交易所（大连商品交易所、上海期货交易所和郑州商品交易所）以及 1 家金融期货交易所（中国金融期货交易所）。中国致力于建立包括主板（含中小企业板）、创业板和证券公司代办股份转让系统在内的多层次证券市场交易体系。目前，主板市场和代办股份转让系统运行良好，创业板市场已于 2009 年 10 月底正式推出。

中国证券市场的有价证券品种包括股票、债券、证券投资基金、权证和商品期货等。其中，股票又分为人民币普通股（A 股）、境内上市外资股（B 股）和境外上市外资股（H 股）；债券又分为国债、金融债、公司债、企业债、可转换债券、资产支持证券等，债券交易方式包括现券交易和回购交易。

术语解释

**A 股**：又称人民币普通股票，由中国境内公司发行，供境内机构、组织或个人（不含台、港、澳投资者）以人民币认购和交易的普通股股票。

**B 股**：又称境内上市外资股，是指在中国境内注册的股份有限公司向境内外投资者发行、募集外币资金并在中国境内证券交易所上市交易的股票。

**H 股**：又称境外上市外资股，是指在中国境内注册的公司在境外发行上市的股票。

## 2.1 股票发行

### 2.1.1 A股

2009 年，中国境内市场通过发行 A 股筹集资金 3 894.52 亿元（见图 2－1），其中，99 家公司首次公开发行（IPO）A 股，筹资额为 1 879 亿元（见图 2－2）；116 家上市公司通过定向增发股票筹资 1 614.83 亿元；另有 14 家和 10 家上市公司分别进行了增发和配股，筹资额分别为 255.86 亿元和 105.97 亿元；10 家上市公司通过权证行权筹资 38.86 亿元。此外，还有 7 家上市公司通过发行可转换公司债券或可分离债券筹集资金 76.61 亿元；36 家上市公司通过发行公司债券筹集资金 638.40 亿元。

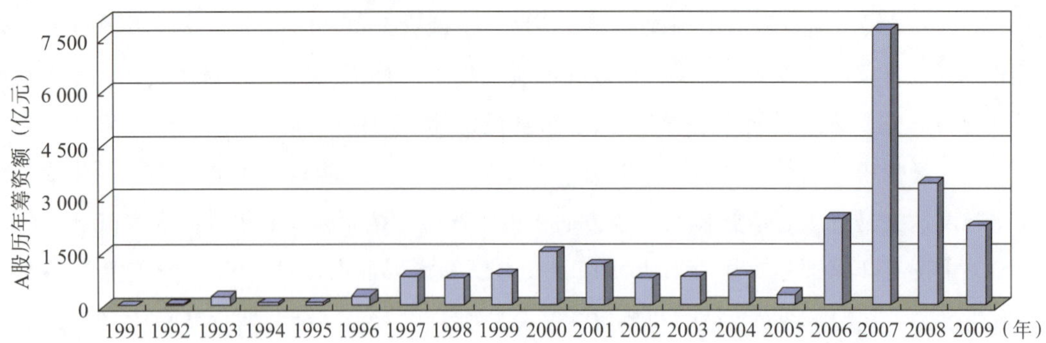


**图 2-1　A 股市场历年筹资情况（1991～2009 年）**

注：1. 此处 A 股筹资额指通过 IPO、增发、配股等方式发行 A 股筹集的资金额。

2. 数据来源：中国证监会。

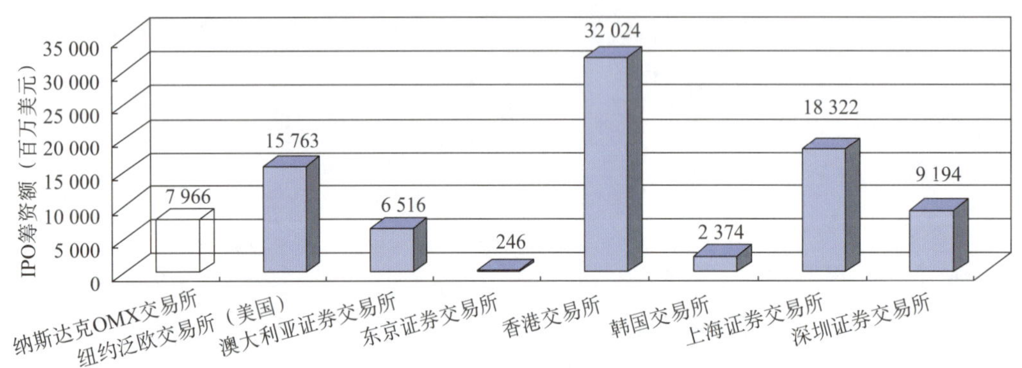


**图 2-2　交易所比较：2009 年 IPO 筹资额**

注：1. 此处 IPO 筹资额按上市日口径计算。

2. 数据来源：世界交易所联合会（WFE）。

截至 2009 年底，中国境内有上市公司（A、B 股）1 718 家（见图 2-3），发行总股本为 26 162.85亿股。其中，B 股上市公司 108 家，中小企业板上市公司 327 家。

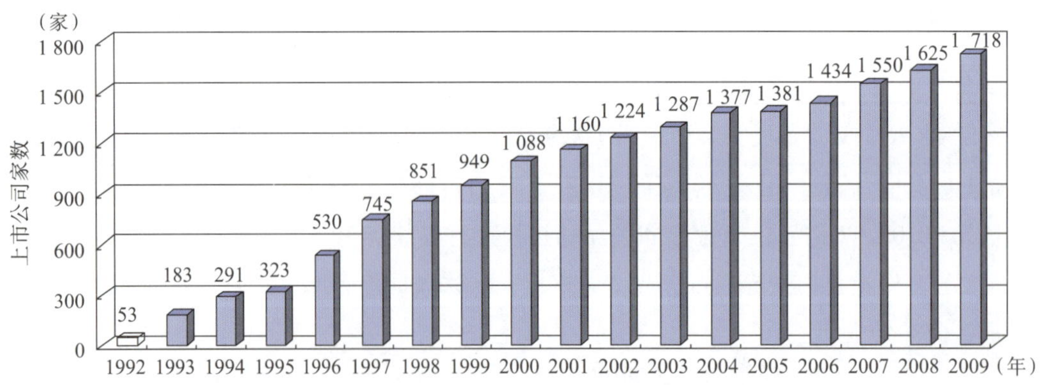


**图 2-3　中国境内上市公司家数年度变化（1992～2009 年）**

数据来源：中国证监会。

### 2.1.2　境外上市外资股

2009 年，中国境内公司发行境外上市外资股（H 股）累计筹资 157.14 亿美元，较 2008 年度（45.56 亿美元）增加了 244%，其中首发和再融资筹资额分别为 147.11 亿美元和 10.03 亿美元。

截至 2009 年底，共有 159 家境内注册的股份有限公司[①]发行了境外上市外资股并到境外上市，筹资总额为 1 277.80 亿美元。其中，在香港主板上市的 116 家（其中中国香港/纽约同时上市 10 家，中国香港、伦敦同时上市的 4 家，中国香港、纽约、伦敦同时上市的 1 家），在香港创业板上市的 40 家，在新加坡单独上市的 3 家。截至 2009 年底，已有 62 家发行境外上市外资股的公司同时在境内公开发行了 A 股。

## 2.2　股票市场交易

2009 年以来，沪、深股市平稳运行，交易量较 2008 年大幅增长。2009 年，沪深 300 指数（见图2－4）开盘 1 848.33 点，收盘 3 575.68 点，较 2008 年底收盘上涨 96.71%；上证综合指数开盘1 849.02点，收盘 3 277.14 点，较 2008 年底收盘上涨 79.98%；深证综合指数开盘 560.10 点，收盘 1 201.34 点，较 2008 年底收盘上涨 117.12%。2009 年境内股票总成交额（见图 2－5）和日均成交额分别为 53.60 万亿元和 2 196.67 亿元，分别比 2008 年增长 100.66% 和 102.31%。2009 年 1 月至 12 月股票交易印花税总额 536.00 亿元，较 2008 年减少了 42.22%。

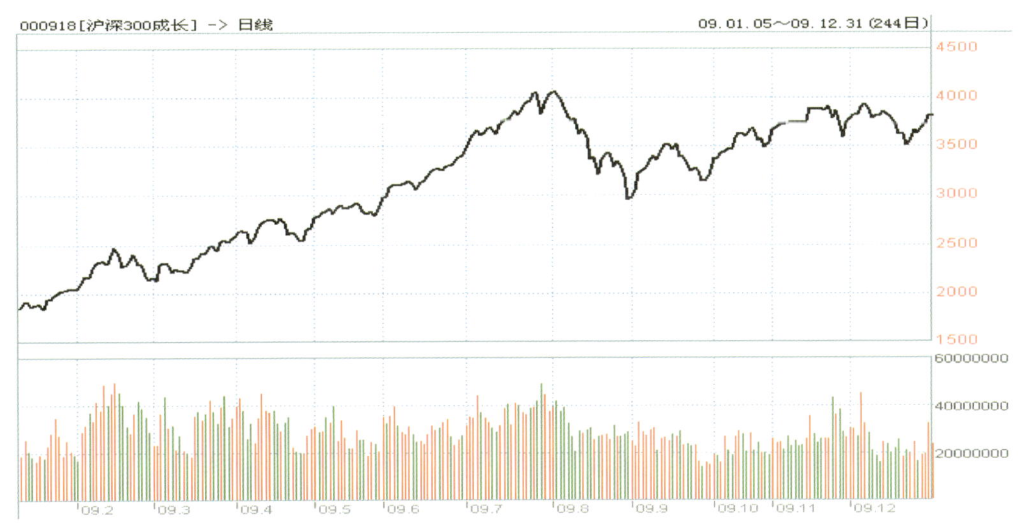


**图 2－4　2009 年沪深 300 指数走势图**

数据来源：Wind 资讯。

① 根据各境外交易所的统计，截至 2008 年底，有 800 多家在境外注册的中资企业在境外上市，其中在香港地区交易所上市的 465 家，纽约交易所 44 家，纳斯达克 76 家，伦敦交易所 61 家，新加坡交易所 150 家。

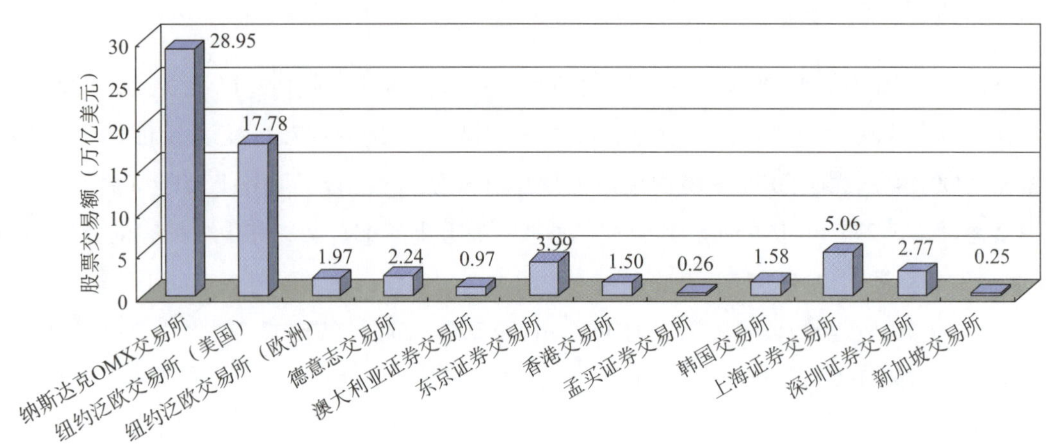


**图 2－5　交易所比较：2009 年股票交易额**

数据来源：世界交易所联合会（WFE）。

2009 年股票市场规模大幅增长。随着中央应对国际金融危机、促进经济平稳较快发展的政策措施的有效落实，中国股票市场在全球主要市场中率先企稳，市场功能得到较好恢复。截至 2009 年底，中国共有境内上市公司 1 718 家，沪深两市总市值为 24. 39 万亿元，其中，中小企业板总市值 16 872. 55 亿元，创业板总市值 1 610. 08 亿元，流通市值 15. 13 万亿元，分别比 2008 年底增加 100. 99% 和 234. 54%。2009 年底的沪深两市总市值为当年 GDP 的 72. 7%（见图 2－6 和图 2－7）。

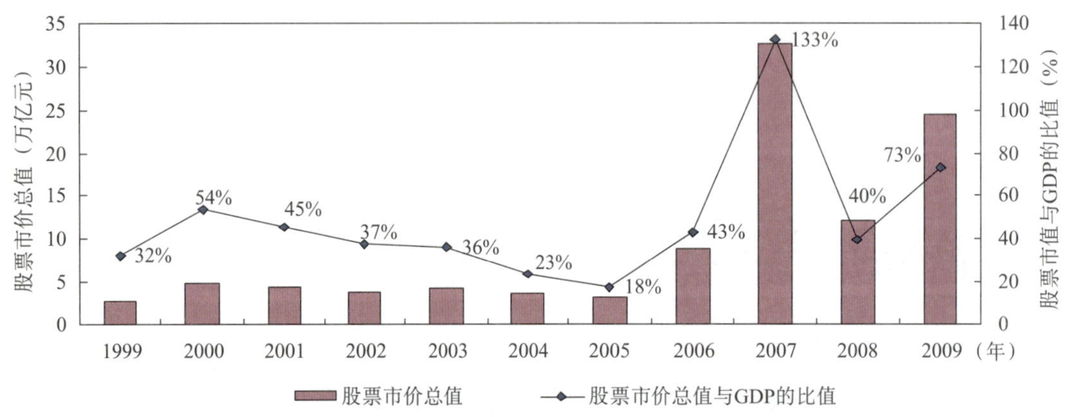


**图 2－6　股票市价总值及其与 GDP 的比值变化（1999～2009 年）**

数据来源：Wind 资讯。

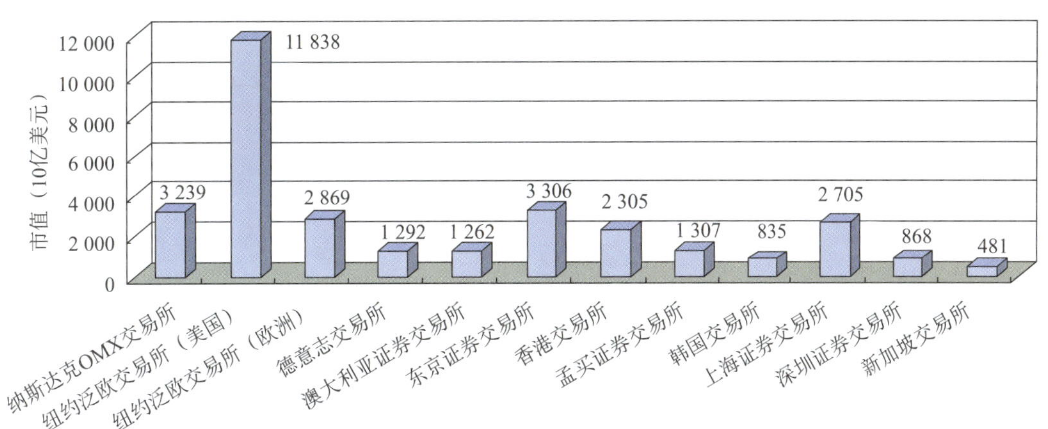


**图 2-7　交易所比较：股票市价总值（2009 年底）**

数据来源：世界交易所联合会（WFE）。

## 2.3　交易所债券市场交易

中国债券交易市场由银行间债券交易市场、证券交易所债券市场和商业银行柜台市场组成。截至 2009 年底，中国债券市场存量达 17.78 万亿元，较 2008 年底增长了 17.67%，其中，银行间市场、交易所市场和银行柜台市场的债券托管量分别为 15.98 万亿元、0.53 万亿元和 0.14 万亿元，占债券存量的比重分别为 89.88%、2.98% 和 0.79%。

2009 年，中国债券市场总交易额达 119.91 万亿元，同比增长 22.21%。其中，银行间市场、交易所市场和柜台市场的交易额分别占比 96.68%（115.93 万亿元）、3.31%（3.97 万亿元）和 0.005%（62.84 亿元）。在交易所市场中，98.37% 的债券交易在上交所完成。2009 年上海证券交易所（以下简称上交所）全年债券现券交易量和回购量分别为 3 567.78 亿元和 35 475.87 亿元；深圳证券交易所（以下简称深交所）债券现券交易量和回购交易量分别为 602.90 亿元和 45.94 亿元。

2009 年交易所债券市场运行平稳，上证国债指数（见图 2-8）开盘 121.35 点，收盘 122.35 点，上涨 1 点或 0.87%；上证企债指数开盘 132.69 点，收盘 133.55 点，上涨 0.86 点或 0.68%[①]。

① 数据来源：上交所、深交所、中国债券信息网。

图 2－8　上证国债指数

数据来源。Wind。

## 2.4　权证交易

中国在股权分置改革期间推出权证品种。截至 2009 年底，尚有 9 只存续权证，均为认股权证。2009 年，中国权证市场总成交金额 5.36 万亿元，较 2008 年减少 23.1%；2009 年权证日均成交金额 219.86 亿元，低于 2008 年的 283 亿元；从市值来看，权证市场总市值从 2008 年底的 172 亿元上涨至 2009 年底的 209.27 亿元，期间曾达 289 亿元。

## 2.5　商品期货市场交易

2009 年，期货新品种上市工作稳步推进，陆续上市了螺纹钢、线材、早籼稻和聚氯乙烯等 4 个期货品种，中国商品期货市场上市品种达到 23 个（见表 2－1）。

表 2－1　各商品期货交易所交易品种

| 交易所 | 交易品种 |
|---|---|
| 上海期货交易所 | 铜、铝、锌、黄金、天然橡胶、燃料油、螺纹钢、线材 |
| 郑州商品交易所 | 硬麦、强麦、棉花、白糖、菜籽油、PTA、早籼稻 |
| 大连商品交易所 | 黄大豆 1 号、黄大豆 2 号、玉米、豆粕、豆油、LLDPE、棕榈油、聚氯乙烯 |

资料来源：各期货交易所网站。

2009 年，中国商品期货市场继续保持平稳健康运行的发展势头（见图 2－9），全年期货市场共成交 21.6 亿手，成交金额约 130.5 万亿元，同比分别增长 58.2% 和 81.5%。商品期货成交量占全球的 43%，居全球第一。

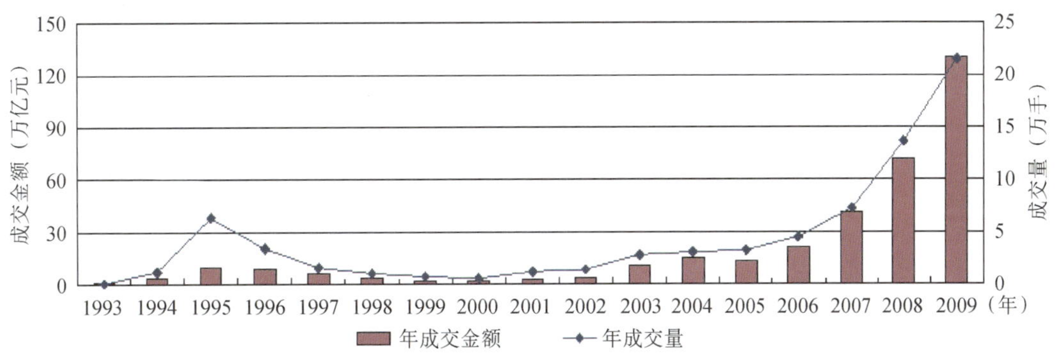


**图 2－9　期货市场成交金额和成交量走势（1993～2009 年）**

资料来源：中国证监会。

## 2.6　机构投资者

近年来，证券投资者数量快速增加，中国资本市场逐渐成为全社会重要的财富管理平台。截至 2009 年底，证券投资者开户数达 1.71 亿户，比 2008 年底增加了 1 951.66 万户或 12.84%，其中机构开户数 59.44 万户，个人开户数 1.7 亿户；机构投资者持股比例达到流通市值的近 70%。

中国证监会把大力发展机构投资者作为改革和发展中国资本市场的重要战略内容。近年来，随着中国资本市场的不断发展壮大，以证券投资基金为主导，辅以社保基金、保险资金、企业年金、合格境外机构投资者（QFII）、券商资金（包括证券公司自营资金以及集合理财资金）等在内的机构投资者格局已经形成。

> **术语解释**
>
> 证券投资基金：指通过公开发售基金份额募集资金，由基金托管人托管，由基金管理人管理和运用资金，为基金份额持有人的利益，通过资产组合进行的证券投资方式。目前，中国现有的证券投资基金均为契约型基金。按是否可赎回可分为封闭式基金和开放式基金。其中，开放式基金根据投资对象不同，又可分为股票基金、债券基金、货币市场基金、混合基金和合格境内机构投资者（QDII）基金等。此外，中国也有伞形基金、交易型开放式指数基金（Exchange Traded Fund）、上市开放式基金（Listed Open－Ended Fund）等基金品种。

### 2.6.1　证券投资基金

2009 年，证券投资基金资产规模较 2008 年大幅增加。截至 2009 年底，全国有基金管理公司 60 家，管理证券投资基金 557 只，基金资产净值总额为 2.68 万亿元，比年初增长了 7 363.8 亿元或 37.95%，占沪深流通市值的 17.69%

（见图 2－10）。其中，货币市场基金和债券型基金资产净值占全部基金资产净值总额的 12.76%。2009 年底，证券投资基金持股市值为 1.92 万亿元，占沪深流通市值的 12.72%。

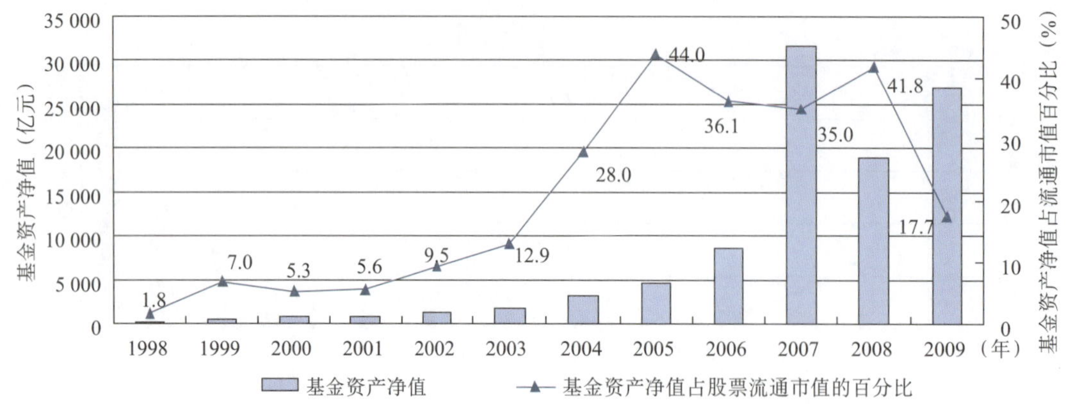


**图 2－10　证券投资基金资产净值及其占股票流通市值比例（1998～2009 年）**

资料来源：中国证监会。

### 2.6.2　合格境外机构投资者（QFII）

截至 2009 年底，已有 94 家境外机构（见图 2－11）获得 QFII 资格，获批的投资额度为 166.7 亿美元，分别较年初增加 18 家和 32.65 亿美元；QFII 总资产为 2 899 亿元，其中证券资产为 2 370 亿元，占总资产的 81.8%，QFII 持股市值约占中国 A 股流通市值的 1.4%。

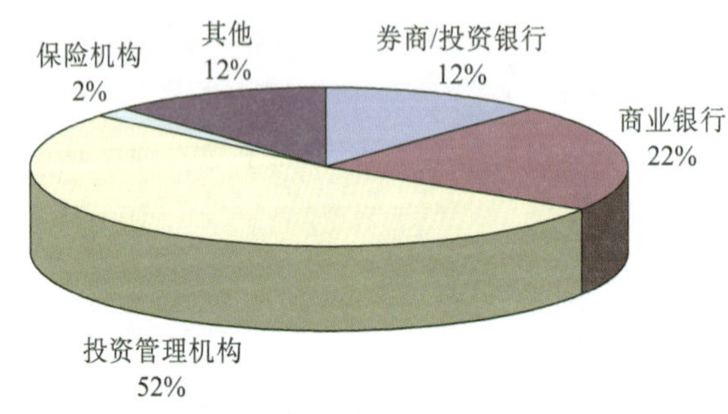


**图 2－11　不同性质 QFII 机构分类**

资料来源：中国证监会。

## 2.7　中介服务机构

随着中国资本市场不断发展和近年来各项监管措施的推行，市场中介机构的资本实力和经营水平有了显著提高。截至 2009 年底，境内共有证券公司 106 家，总资产 20 274 亿元，净资产

4 839亿元，净资本3 832亿元。2009年全年累计营业收入2 050亿元，累计净利润933亿元，分别是2008年的163.9%和193.6%。

截至2009年底，全国有期货公司167家，其中164家正常经营，总资产201.06亿元（不含客户资产），净资产179.43亿元，净资本161.04亿元，客户保证金1 006.23亿元，同比分别增长31.03%、16.94%、33.43%和133.08%。2009年期货公司利润总额23.37亿元，比2008年上涨259.54%。

在证券服务机构方面，投资咨询机构、财务顾问机构、资信评级机构、会计师事务所、资产评估机构等证券服务机构在提供证券服务前，必须获得中国证监会的从业许可。这些机构与律师事务所一起各司其职，为中国证券市场的顺利运转提供各种服务。截至2009年底，中国境内有证券投资咨询机构99家，证券评级机构5家。

# 3．2009 年重大监管政策和措施

2009 年是新世纪以来中国经济工作最为困难的一年，也是中国资本市场经受住严峻考验、在逆境中求得新发展的一年。面对国际金融危机的严重冲击，中国资本市场深度调整、融资暂停这样极其困难复杂的局面，中国证监会坚决贯彻落实中国政府应对国际金融危机、促进经济平稳较快发展的一揽子计划，如 2008 年 12 月提出的金融促进经济发展 30 条措施（以下简称金融 30 条）等，坚定战胜困难的信心和决心，认真分析和吸取产生危机的深刻教训，积极谋划抗御国际金融危机冲击的政策措施，坚持服务中央应对国际金融危机工作的大局，坚持完善市场基础性制度建设，坚持加强和改进市场监管，统筹兼顾，突出重点，促成市场的积极变化，市场功能得到较好发挥，市场发展实现了新的突破，市场运行与宏观经济更趋协调，维护和巩固了中国资本市场稳定健康发展的态势，为“保增长、扩内需、调结构”作出了重要贡献。

## 3.1 积极应对国际金融危机，支持经济平稳较快发展

根据中国政府应对国际金融危机的总体部署，中国证监会密切关注金融危机的发展变化，加强证券期货行业系统性风险监测和预警，做好应对各种可能情况的预案，并采取一系列政策措施。这些措施为抵御国际金融危机冲击，提振市场信心，促进经济平稳较快发展提供了重要支撑。

### 3.1.1 扩大直接融资

◆ **继续支持符合条件的大型国有企业发行上市。**2009 年，中国建筑、光大证券、中国国旅、招商证券、中国船舶重工等大型优质企业成功发行上市，融资 1 357 亿元。

◆ **继续大力发展中小企业板，拓展中小企业融资渠道。**向中国证监会申请融资的企业 90% 以上是中小企业，行业分布较广，受国际国内经济环境的影响程度也不一样，如劳动密集型的制造业、出口为主的外向型企业等。2009 年，中国证监会针对各类行业特点，认真分析，把握重点，做好审核工作。

◆ **积极落实国家产业政策。**2009 年 8 月 26 日，国务院常务会议决定要对钢铁、水泥等行业采取措施加以调控和引导。为配合执行国家上述产业政策，中国证监会迅速对在审的发行申请项目进行了梳理，于 2009 年 9 月初就上述行业的 36 个在审企业统一征求国家发改委意见，9 月底，又对 25 家在审房地产企业统一向国土资源部征求意见，与上述部委建立了沟通机制。

### 3.1.2 促进上市公司行业整合与产业升级

近年来，中国证监会按照党的十七大报告提出的“加快转变经济发展方式，推动产业结构优化升级”和“从制度上更好发挥市场在资源配置中的基础作用，形成有利于科学发展的宏观调控体系”的总体要求，坚持落实国务院的工作部署，大力推动资本市场基础制度建设，支持有条件

的企业利用资本市场开展兼并重组，促进上市公司行业整合和产业升级。

2006年以来，中国资本市场上市公司重组案例194宗，交易规模为9 109亿元，上市公司收购案例259宗，涉及金额1 263亿元。据统计，近3年重组总交易金额占到2002年以来总金额的90%以上，收购金额占到了总金额的80%以上。并购重组产生的规模效应除了带来上市公司资产质量和利润水平的提升外，还在资源优化配置、产业整合升级、提升国际竞争力、推动国企改革等方面发挥了积极作用。

◆ **促进产业整合，带动行业集中度和企业效益进一步提升。**2006年至2009年，共有114家上市公司已完成或正在进行以行业整合为主的重组（见图3-1），交易金额累计达到6 410亿元。2006年进行的此类重组，完成后上市公司3年平均总资产、总收入和净利润比重组前分别增长了306%、208%和187%。2007年进行的此类重组，完成后上市公司两年平均总资产、总收入和净利润比重组前分别增长了62%、60%和45%。

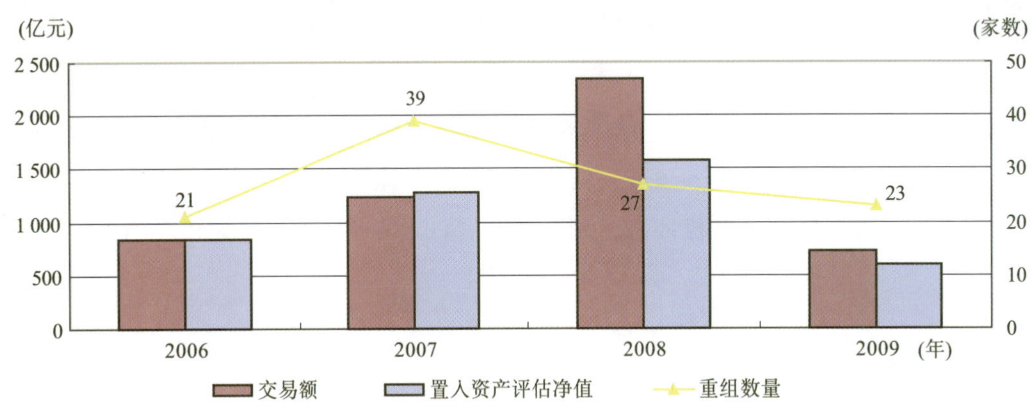


**图3-1 2006年以来上市公司产业整合类重大重组情况**

**产业整合带来的协同效应，优化了资源配置结构，为提升市场主体核心竞争力奠定了良好的基础。**例如，钢铁行业是近年中国行业整合较为突出的行业之一，宝钢集团、鞍钢集团、武钢集团、攀钢集团等均已完成集团主业资产的内部整合，并逐步通过并购重组扩大企业规模，提高行业集中度。目前，宝钢集团等中国前三大钢铁集团的行业集中度比2004年翻了一番。河北钢铁集团旗下唐钢股份换股吸收合并邯郸钢铁和承德钒钛，统一了销售、采购等重要环节，实现了集团下钢铁主业的整合。按整合后的新唐钢股份产钢规模估算，其将成为全国第二、世界第四的钢铁企业，成为今后中国河北省钢铁业发展的领头羊。

◆ **推动产业升级，经济发展方式的转变进一步得到体现。**2006年以来，共有27家上市公司通过并购重组推进了产业升级（见图3-2），交易金额为2 456亿元。此类重组不但使企业规模在短时间内扩大，还使企业盈利水平较重组前大幅提升。2006年进行的此类重组，完成后上市公司3年平均总资产、总收入和净利润比重组前分别增长了332%、318%和595%。

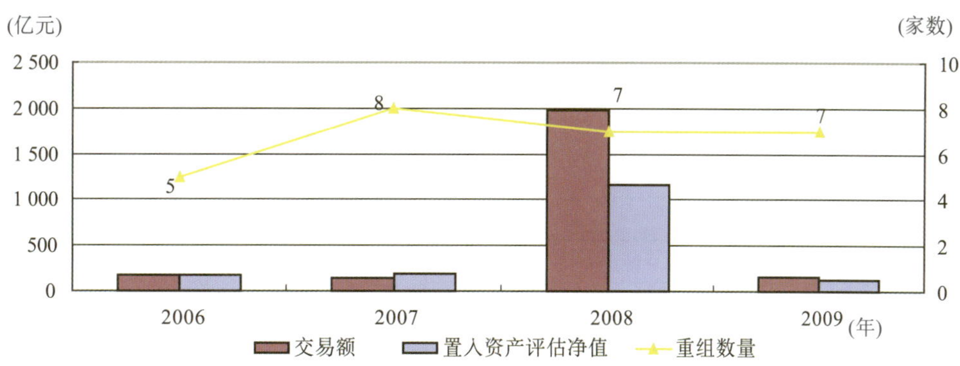


**图 3－2　2006 年以来上市公司产业升级类重大重组情况**

**除了资产规模、盈利水平等一般分析性指标外，是否有利于获取先进技术、淘汰落后产能，是否有利于环境保护等也是考量产业升级成果的重要标准。**从实际效果看，近年来上市公司通过并购重组在这方面收效显著。例如，色纺行业龙头企业华孚控股通过重组上市公司飞亚股份，实现产业整合和产业升级，不但增强了自身抵御风险的能力，还淘汰、处置了上市公司落后的织机设备，代以环境污染只有传统纱产品一半的色纺纱技术，使重组后的公司一举成为世界色纺纱领域的龙头企业。此外，华孚控股并购飞亚股份，还实现了色纺纱工业重心由浙江到安徽的转移，实现了劳动密集型产业在国内的区域转移，使中部地区的原有落后产能得到有效升级和改造，实现了区域发展和产业升级双赢。

◆　**推动跨境并购，谋求境外业务发展。**近年来，随着国力的增强，中国本土企业实力不断提高，加之人民币升值、中国加入世界贸易组织等现实因素，通过“走出去”来增强核心竞争力，已经成为中国企业谋求发展的举措之一。在这个过程中，并购重组是一条捷径。2006 年以来，中国共有 22 家上市公司进行了 32 次海外收购，总金额达 991 亿元。其中，2006 年、2007 年、2008 年和 2009 年的数据分别为 157 亿元、10 亿元、293 亿元、531 亿元。

◆　**推动国企改革，国有企业活力进一步得到增强。**目前，中国共有中央政府监督管理的国有企业（以下简称央企）130 多家，地方政府监督管理的国有企业（以下简称地方国资企业）家数更多。这些企业规模、效益相差悬殊，布局、结构较为分散。其中央企资产排名前 10 位的企业资产总额占全部央企资产总额的 60% 以上。据媒体报道，国资委等部门计划到 2010 年央企要通过整合减少到 100 家以下，并形成 30 ~ 50 家具有自主知识产权和知名品牌、国际竞争力较强的大公司、大集团。要实现做大做强的目标，并购重组无疑是最直接、最有效的手段。以美国大公司为代表的世界 500 强企业，绝大多数都是经过数次、甚至数十次的兼并整合而成长起的，几乎没有一家公司是完全靠内部扩张成长起来的。近年来，资本市场资源配置功能的不断完善，也为中国央企提供了通过并购重组做大做强的平台。

据统计，2006 年以来，属于国有资产重组的上市公司共有 121 家，交易金额为 8 058 亿元。2006 年进行的此类重组，完成后上市公司 3 年平均总资产、总收入和净利润比重组前分别增长了 338%、200% 和 181%。2007 年进行的此类重组，完成后上市公司两年平均总资产、总收入和净利润比重组前分别增长了74%、67%和65%。通过重组，国有资产的规模不断壮大、运营效率不断提高、市场竞争力不断增强。

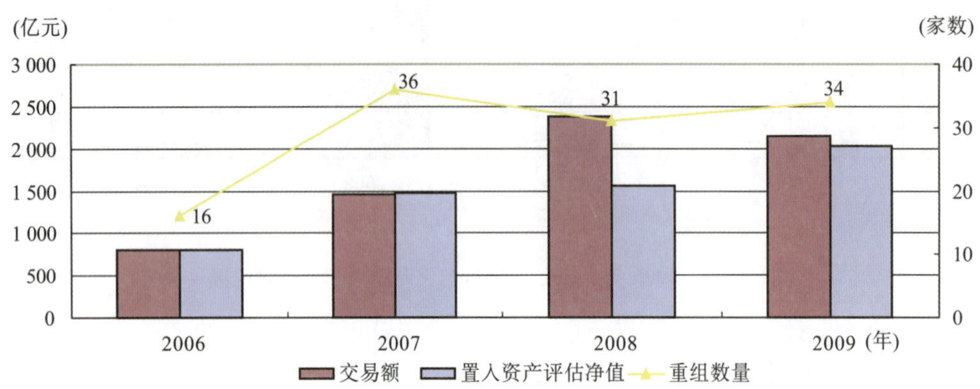


**图3-3 2006年以来国有企业整合类重大重组公司数据统计**

### 3.1.3 完善代办股份转让系统

2009年，中国证监会继续推进完善证券公司代办股份转让系统和场外市场建设工作，在对中关村试点3年多的情况进行分析总结的基础上，拟订了完善试点制度的方案，从投资者准入、企业挂牌条件、信息披露、股份限售和交易结算制度等方面对试点制度作了全面改进，新制度于7月初正式实施。从近半年的实施情况来看，新制度便利了投资者参与转让，提高了市场效率和市场透明度，市场流动性有所改善。

截至2009年底，代办股份转让系统的中关村试点挂牌公司共有59家。2009年，中关村试点公司股份累计成交2.21亿股，成交金额为10.9亿元；有10家企业完成了11次定向增资，募集资金5.12亿元；2家原挂牌公司分别在中小板和创业板发行上市。

> **术语解释**
>
> **证券公司代办股份转让系统：** 以证券公司及相关当事人的契约为基础，依托深圳证券交易所和中国证券登记结算公司的技术系统，以证券公司代理买卖挂牌公司股份为核心业务的股份转让平台。代办股份转让系统是为妥善解决原STAQ系统、NET系统历史遗留问题，经国务院同意，中国证监会于2001年6月批准设立的。2002年8月起，该系统承担了上交所、深交所退市公司股票的流通转让功能。2006年1月，中关村高科技园区非上市股份制企业开始进入代办股份转让系统挂牌交易，该系统的功能得到拓展。

### 3.1.4 推出适应国民经济发展需要的期货新品种

中国证监会贯彻落实《国务院办公厅关于当前金融促进经济发展的若干意见》的精神，在广泛调研、充分论证的基础上，适应国民经济发展需要，陆续批准了螺纹钢、线材、早籼稻和聚氯乙烯4个期货品种上市。目前，各品种运行总体平稳，市场参与度不断扩大。截至2009年底，中国期货市场已上市23个期货品种，关系国计民生的大宗商品期货品种体系基本形成，期货市场服务产业经济发展的广度和深度得到了进一步拓展。

## 3.2 加强市场基础建设，培育和完善市场化运行机制

在应对国际金融危机的过程中，中国证监会不断深化对中国资本市场“新兴加转轨”阶段性特征的认识，针对中国市场面临的不同于成熟市场的任务和问题，坚持加强基础性制度建设，坚持推进市场化改革，坚持加强透明度建设，着力强化市场约束机制，积极培育健康的股权文化，夯实市场内在稳定基础。

### 3.2.1 深入推进新股发行体制改革

为进一步完善市场约束机制，理顺股票发行体制，适应市场更大发展的需要，2008 年以来，中国证监会对有关发行体制改革问题进行了深入的调查研究，广泛听取了市场各方意见，并对境外主要资本市场的发行制度进行了分析研究，形成了新股发行体制改革的思路和方案。2009 年 6 月 10 日，中国证监会发布了《关于进一步改革和完善新股发行体制的指导意见》，正式启动新股发行体制改革。这项改革坚持市场化改革方向不动摇，着力从强化市场约束机制方面做文章。改革针对询价制度实施过程中的阶段性特征，积极予以呼应，紧紧围绕定价和发行承销方式两个关键环节，完善制度安排，强化市场约束。

在具体实施上，本次改革按照分步实施、逐步完善的原则，分阶段逐步推出各项改革措施，其中第一阶段主要推出了 4 项具体措施：(1) 完善询价和申购的报价约束机制，设定最低申购的底限。(2) 将网下网上申购参与对象分开。(3) 设定网上单个申购账户上限。(4) 加强新股认购风险提示。截至 2009 年底，已有 129 家企业采用改革后的发行制度发行新股。从目前的情况来看，新股发行有序进行，各项改革要求逐步落实，第一阶段的改革目标基本达到。这主要表现为：(1) 新股定价的市场化程度提高，对最终的定价结果中国证监会没有实施行政指导。(2) 网上发行冻结资金量显著减少，个人投资者中签户数大幅提高。(3) 新股上市首日涨幅大幅下降，一二级市场价差明显缩小。(4) 市场参与主体的履职尽责意识显著提高，角色定位逐渐清晰。

总体来看，新股发行体制的市场化改革方向已得到社会的普遍认同，把改革进一步向纵深推进成为市场共识。中国证监会也将继续按照分步实施、逐步完善的原则，在统筹兼顾市场发展的速度、改革的力度和市场的承受程度的基础上，择机推出下一步改革措施。我们相信，随着市场约束机制的不断强化，新股发行体制日趋成熟和完善，股票一级市场的价格发现功能和资源配置功能也可以得到更有效的发挥。

### 3.2.2 完善并购重组制度体系

◆ **深入研究并购重组重点问题，推动资本市场并购重组制度建设。**2009 年，中国证监会集中精

力研究了一系列并购重组重点问题，包括：并购重组概念及涉及的法律行为与监管边界、并购重组合规性审查标准、并购重组与融资组合问题、减少审批事项、财务顾问中介职责界定及财务顾问履职评价问责与激励制约机制、内幕交易及市场操纵、停复牌制度安排、规范借壳上市行为、定价机制及税赋问题等。在此基础之上，结合监管实践经验和市场需要，中国证监会推动修订了《上市公司收购管理办法》和《上市公司重大资产重组管理办法》，并草拟了《上市公司吸收合并管理办法》和《上市公司并购重组业务法律意见书格式准则》。

◆ **推进上市公司分立试点工作，进一步丰富并购重组创新手段。**上市公司做优做强的途径大致可分为两类：一类是“做大做强”，另一类则是“做专做强”。在并购重组层面，前一类通常体现为收购兼并（包括吸收合并），后一类则突出体现为分立上市。无论收购兼并还是分立，都是资本市场优化资源配置的重要功能之一，都是提高上市公司质量的重要手段。鉴于此，中国证监会2009年推动了东北高速（SH 600003）分立为两家上市公司的试点，为探索并购重组创新作出了有益的尝试。从目前的市场情况来看，分立的市场反响较好。在条件成熟时，中国证监会将出台专门的部门规章来规范上市公司分立行为。

◆ **构建上市部，沪、深证券交易所和证监局“三位一体”、“相互制衡”的并购重组监管工作体系，**即明确沪、深证券交易所负责对上市公司重大资产重组相关信息披露必备文件进行形式审查，对独立财务顾问在上市公司重大资产重组业务中出具的相关信息披露文件进行形式审查，并对市场异动实时监察；证监局履行现场核查和持续监管职责；证监会上市部门牵头进行合规性初审、重组委重点把关。

### 3.2.3 大力推进债券市场建设

在稳步发展股权融资的同时，2009年，中国证监会继续积极完善其他直接融资渠道，大力支持发展债券融资，充分发挥公司债券在扩大直接融资中的作用，促进股票市场和债券市场的协调发展，为资本市场协调发展奠定基础。

◆ **积极推动实施公司债券分类管理制度。**为进一步理顺公司债券发行、上市、流通或交易及分类别结算等有关法律关系，在发行上市源头上预设风险防范机制，与合格投资者的理念保持一致，进一步推进公司债券积极稳妥发展，中国证监会积极协调沪、深交易所修订新的《公司债券上市规则》。经中国证监会批准，2009年11月，上交所、深交所发布了修订后的《公司债券上市规则》，公司债券分类管理制度正式实施。

◆ **做好上市商业银行参与交易所债券市场的准备。**国务院办公厅2008年12月颁布的金融30条措施中包括推动商业银行重返交易所债券市场。为落实国务院的要求，2009年，中国证监会与中国银行业监督管理委员会（以下简称银监会）联合发布了《关于开展上市商业银行在证券交易所参与债券交易试点有关问题的通知》，为统一互联债券市场建设的实质性启动创造条件。之后，中国证监会与银监会、交易所、中国证券登记结算公司、中央国债登记公司，就上市商业银行在证券交易所债券交易试点的业务范围、结算模式等相关问题进行了协商。目前，相关工作已基本准备完毕。

### 3.2.4 完善交易结算制度

为适应中国证券期货市场发展的需求，保障市场健康稳定运行，中国证监会对《证券登记结算管理办法》的部分条款进行了修改，并于2009年12月21日起实施。主要修改内容包括：一是将第十四条第二款第（三）项修改为“证券交易所、中国金融期货交易所依法履行职责要求证券登记结算机构提供相关数据和资料”；二是第十九条增加第二款，即“前款所称投资者，包括中国公民、中国法人、中国合伙企业及法律、行政法规、证监会规章规定的其他投资者”。上述两个条款的修改，一方面是完善了跨市场监管机制，在中国金融期货交易所和中国证券登记结算公司之间建立信息交换渠道，实现信息快速、高效共享，保护投资者的合法权益；另一方面也是适应企业组织形式的创新需求，引导企业依法、合规投资，为合伙企业等组织形式开户提供了依据，并进一步明确了证券市场上的开户主体。

### 3.2.5 加强舆论引导和投资者教育

◆ 加强新闻宣传策划，完善新闻发布机制，切实做好政策的解疑释惑，主动回应市场热点，提升开放度和透明度。中国证监会2009年全年完成专项宣传120多项，召开新闻通气会60余次，接待记者采访2 000多人次。

◆ 中国证监会会同公安部、国务院新闻办公室等五部门共同下发《关于进一步整治和规范网上资本市场信息传播秩序的工作方案》，开展专项整治工作。加大工作协作力度，封堵删除网上证券期货不良信息6万余条。

◆ 深入扎实开展投资者教育活动，强化派出机构、自律组织、证券期货经营机构的投资者教育职责，认真做好资本市场知识普及和风险揭示，增强投资者风险自担和自我保护意识。

## 3.3 平稳推出创业板，支持创新型国家建设

推出创业板是中国多层次资本市场体系建设和制度创新的一项基础工作，也是中国资本市场应对国际金融危机、服务经济发展的一项重要举措。经过长期的酝酿和精心准备，中国证监会在创业板制度设计、发行审核、投资者适当性管理、市场监管等方面作出了一系列符合市场实际的制度安排。2009年10月，创业板市场正式启动，成为中国当年迎难而上、应对国际金融危机的一大亮点和2009年全球资本市场的一大亮点。

姚刚副主席在2009年7月14日创业板发行制度培训会议上

### 3.3.1 建立创业板市场制度体系

为确保创业板顺利推出和平稳运行，中国证监会与相

关部委、地方政府密切配合，做了大量具体细致而富有成效的工作。在制度规则制定方面，《首次公开发行股票并在创业板上市管理暂行办法》（证监会令第 61 号，自 2009 年 5 月 1 日起施行）、《关于修改〈中国证券监督管理委员会发行审核委员会办法〉的决定》（证监会令第 62 号，自 6 月 14 日起施行）、创业板公司招股说明书和上市申请文件、《创业板上市规则》等规章、规范性文件和自律规则陆续颁布，适合中国创业板市场特点的制度体系基本形成。

### 3.3.2　推行创业板投资者适当性管理

为保护投资者合法权益，引导投资者理性参与创业板证券投资，中国证监会颁布了《创业板市场投资者适当性管理暂行规定》（证监会公告［2009］14 号，自 2009 年 7 月 15 日起施行），督促各自律机构和证券经营机构落实投资者适当性管理的各项要求，建立健全工作机制和业务流程，强化投资者教育和风险揭示，构建创业板投资者交易平台。

### 3.3.3　有序开展创业板发行上市工作

针对创业企业规模小、成长性强、风险相对较高等特点，中国证监会单独设立创业板发行监管部和创业板发行审核委员会，确保发行审核工作依据相关法律法规规定的条件和程序稳妥有序地进行，同时扎实做好上市资源培育、技术系统准备、宣传推广、中介机构培训等工作。2009 年 10 月 23 日，创业板正式启动。截至 2009 年底，已有 223 家企业向中国证监会提出了发行申请，其中 50 家企业的申请被核准，有 36 家企业已在创业板挂牌上市，融资 204.09 亿元。

刘新华副主席在 2009 年 8 月 14 日创业板发行审核委员会成立大会上

### 3.3.4　做好创业板市场监管工作

◆ **加强创业板市场交易监控，完善临时停牌制度，及时警示异常交易账户，维护市场平稳运行。**例如，当股票上市首日盘中成交价格较当日开盘价首次上涨或下跌达到或超过 20% 时，深交所可对其实施临时停牌 30 分钟；首次上涨或下跌达到或超过 50% 时，深交所可以对其实施临时停牌 30 分钟；首次上涨或下跌达到 80% 时，深交所可以对其实施临时停牌至 14:57（15:00 闭市）等。

朱从玖主席助理在 2009 年 8 月 14 日创业板发行审核委员会成立大会上

◆ **建立信息披露、监管报告及上访投诉处理等监管机制。**针对创业板公司特点，2009 年，中国证监会发布了《创业板上市公司年度报告的内容与格式》，目前正在起草中报和季报的格式指引等，以提高创业板公司信息披露的透明度。此外，在已有的上市公司日常监管体制的基础上，中国证监会要求交易所、证监局在首批公司挂牌后的 3 个月内，对相关上市公司的日常监管实行每周“零报告”制度，每周报告公司运行情况、重大媒体报道、主要监管问题及处理情况等。

◆ **加强控股股东和高管人员培训。**由中国证监会牵头，相关派出机构和交易所联合举办创业板新上市公司实际控制人、董事长、总经理等人员的培训会，以督促创业板公司规范运作。

## 3.4 强化常规监管，促进市场主体规范发展

2009 年，中国证监会继续加强对现有制度的执行和落实，以维护“三公”原则、保护投资者合法权益、防控风险和创新发展为主线，督促各类市场主体依法合规运作，提高核心竞争力。

### 3.4.1 提高上市公司治理水平和信息披露质量

◆ **深入推进“加强上市公司治理专项活动”，督促上市公司全面整改公司治理问题。**2007 年 3 月，中国证监会在全体上市公司中启动了为期 3 年的“加强上市公司治理专项活动”（以下简称专项活动）。通过专项活动，中国证监会拟达到以下目标：上市公司独立性显著增强，日常运作的规范程度明显改善，透明度明显提高，投资者和社会公众能够广泛认同上市公司的治理水平。专项活动分为公司自查、公众评议和整改提高 3 个阶段。自查阶段，上市公司认真查找问题，制订明确的整改措施和整改时间表。评议阶段，投资者和社会公众进行分析评议，证监局和证券交易所进行综合评价。整改阶段，上市公司积极整改，提高公司治理水平。

在前两年工作基础上，中国证监会确定 2009 年为“上市公司治理整改年”，以巩固专项活动取得的成果，督促上市公司彻底整改目前尚存在的治理问题。截至 2009 年底，中国证监会累计整改一万多个问题，完成比例 97.8%，使中国上市公司的治理水平有了较大提升，有力地推进了“公司自治、股东自治”的文化和机制建设。

◆ **研究央企上市公司管理特点，进一步完善综合监管体系。**2009 年，中国证监会初步探索建立了“以央企集团为抓手，以点带面，通过强化实际控制人监管，提高央企上市公司监管的有效性”的监管模式。首先，中国证监会通过深入调研全面了解央企集团及金融类上市公司规范运作情况。截至 2009 年 11 月，中国证监会先后完成调研的央企集团及金融企业共计 62 家（涉及央企及金融类上市公司 143 家），覆盖 340 家央企及金融类上市公司的 42%；现场走访和调研 8 家央企集团及金融类上市公司。其次，重点关注、有效补充现有央企及金融类上市公司日常监管模式。以央企上市公司行政审批事项为切入点，中国证监会重点关注央企集团法人治理结构、同业竞争、关联交易、承诺履行情况等方面，建立监管与行政许可联动机制。截至 2009 年底，共发现央企及金融类上市公司控股股东、实际控制人规范运作问题 90 项，提出相应监管建议 78 条。集团调研有效揭示了现有日常监管模式下难以发现的问题，优化了上市公司问题发现机制，提升了上市公司监管的有效性。

◆ **建立以股价异动为核心的信息披露监管机制。**股权分置改革后，以信息披露作配合，利用二

级市场谋利的动机增大，信息披露与股价异动的联动性大大增加。2009 年，在股价异动的监管中，中国证监会将信息披露与股价异动的监管相结合，一旦发现上市公司披露重大事项前出现股价异动，立即采取监管行动，并将相关情况通报给证监会稽查部门和市场监察部门，建议其关注或立案稽查。

◆ **加强银行、保险、房地产等特殊行业的信息披露监管。**2007 年 1 月，《上市公司信息披露管理办法》（证监会令第 40 号）出台后，2009 年，中国证监会先后发布实施了对保险、银行等特殊行业信息披露特别规定，还起草了《证券、房地产等特殊行业信息披露特别规定》初稿，拟待调研后完善实施，以提高信息披露的有效性和针对性。

◆ **围绕年报披露建立风险导向型的现场检查制度。**自上市公司完成全流通、2007 年全面实施新《会计准则》及 2008 年金融危机爆发以来，中国上市公司的财务信息环境发生了较大变化，对以年报为代表的财务信息披露监管提出了新的要求。为了进一步强化对上市公司年报事前、事中、事后全过程的连贯监管，及时发现问题、处置问题，中国证监会安排各证监局紧密结合年报披露前的风险排查和披露后的事后审核，在合理怀疑的基础上快速反应，确定了 2008 年年报现场检查公司和会计师事务所。经统计，2009 年各证监局共对 271 家上市公司实施了年报现场检查，占上市公司总数的 16.7%，延伸检查了 164 家执行年报审计任务的会计师事务所。在检查过程中，中国证监会对发现的诸多会计问题进行了解答，防范了上市公司曲解和滥用会计政策的情况，同时通过明确审计机构责任与事后问责机制，提升了年报披露质量。

### 3.4.2 强化证券公司合规管理和风险监控

◆ **全面建立以风险管理能力为基础的分类监管机制。**为合理配置监管资源，提高监管效率，促进证券公司持续规范发展，2009 年 5 月 26 日，中国证监会发布实施了《证券公司分类监管规定》（证监会公告［2009］12 号）。根据上述规定，中国证监会以证券公司风险管理能力为基础，结合公司市场竞争力和持续合规状况来确定证券公司的类别。截至 2009 年 7 月 15 日，中国证监会已完成全部 106 家证券公司 2009 年的分类评价工作，并向全行业通报分类评价过程、结果及重大事项处理依据。目前，证券公司分类监管的思路、办法和效果在业内得到了较高认同，也受到其他行业的关注。

◆ **完善以净资本为核心的动态风险监控系统。**2009 年，中国证监会指导中国证券业协会制定发布了《证券公司风险控制指标动态监控系统指引（试行）》，督促证券公司完善风险控制指标动态监控系统。中国证监会还组织派出机构对证券公司压力测试机制、风险控制指标动态监控系统建设和运行情况进行专项现场检查。此外，中国证监会跟踪分析成熟市场及其他行业压力测试的做法，研究完善中国证券公司压力测试的措施。

◆ **平稳推出、有序实施证券经纪人制度。**为了加强证券经纪业务营销活动的监管，规范营销人员执业行为，2009 年 3 月，中国证监会出台了《证券经纪人管理暂行规定》（证监会公告［2009］2 号）。上述规定对证券经纪人与证券公司之间的法律关系、证券经纪人的资格条件与执业注册登记、证券经纪人的执业行为规范、证券公司的管理责任和制度等作出了规定。根据上述规定，中国证监会指导派出机构对各证券公司经纪业务营销活动情况进行现场检查，督促证券公司严格执行有关规定，平稳有序实施证券经纪人制度，并采取切实有效的措施，规范证券经纪业务营销活动。

◆ **扩大证券公司直接投资业务试点。**2009 年 5 月，中国证监会出台《证券公司直接投资业务试点指引》，进一步明确扩大证券公司直接投资业务试点的条件、监管要求和证券公司住所地派出机构对直接投资子公司的监管职责。根据上述指引，证券公司获得直接投资业务试点的资格要求包括：最近 12 个月净资本不低于 15 亿元；最近 3 个会计年度担任股票、可转债主承销商的项目在 5 个以上，或者股票、可转债主承销金额在 100 亿元以上。证券公司应当设立从事直接投资业务的子公司，由子公司进行直接投资，证券公司应以自有资金对直接投资子公司投资，金额不得超过证券公司净资本的 15%。2009 年新增直接投资试点公司 11 家，累计已有 22 家公司具备直接投资业务资格。

◆ **积极支持证券公司发展集合理财业务。**2009 年，中国证监会调整证券公司集合理财产品的审批政策和监管要求，引导证券公司根据自身实际规范开展集合理财业务，总结证券公司集合理财计划电子签名合同试点情况，明确电子签名合同扩大试点的监管要求。2009 年，中国证监会累计核准证券公司发行 48 只集合理财产品，核准规模 2 165 亿元，批准 5 家证券公司 5 只集合理财产品展期。

◆ **做好启动融资融券试点的各项准备。**2009 年，中国证监会在启动证券公司融资融券业务试点方面所做的工作主要包括：对拟申请融资融券试点的证券公司进行现场检查，督促公司不断完善业务方案和内部控制制度，同时指导证券交易所、登记结算公司和拟试点证券公司继续完善融资融券业务交易系统，此外，还积极开展业内交流，组织编写《证券公司融资融券业务操作指引》和《境外市场融资融券制度比较研究》等资料。截至 2009 年底，融资融券业务试点的各项准备工作已经基本就绪，具备启动试点的条件。

### 3.4.3 推动基金业创新发展和诚信运作

◆ **建立以市场为导向的基金产品分类审核制度，提高审核效率。**2009 年，中国证监会顺应市场细分的需求，按照基金产品和专户产品、境内基金和 QDII 基金、创新产品和普通产品、固定收益类产品和权益类产品实行分类审核制度，对不同类型的基金分类排队、分类审核，同时，简化指数基金和 QDII 基金的审核程序，切实提高了审核效率。

◆ **支持基金管理公司业务拓展和产品创新。**首先，为拓宽基金管理公司的业务范围，引导基金管理公司进行差异化竞争，推动基金业均衡发展，2009 年，中国证监会发布规定，允许基金管理公司开展特定多个客户资产管理业务。这对于改善中国基金行业“零售业务为主、机构理财滞后”的资产管理结构具有积极意义。截至 2009 年底，共有 34 家基金管理公司开展了一对多专户理财业务，管理一对多专户资产 219 亿元。其次，为鼓励 ETF 基金的创新，2009 年，中国证监会制定了《ETF 联接基金内部审核指引》，并将第一批联接基金认定为重大创新产品，在产品审核过程中实行绿色通道制度。再次，中国证监会深入研究论证跨市场 ETF 和跨境 ETF 的运作模式和产品操作方案，充分做好各项试点准备工作。最后，中国证监会对交易所市场房地产投资信

证券公司合规管理座谈会于2010年10月15至16日召开，庄心一副主席出席了该会议并作了重要讲话

托基金（REITs）进行深入研究和论证，牵头成立REITs跨部门工作小组，拟定了交易所市场REITs运作框架的初稿。

◆ **出台基金评价和销售费用管理制度，引导市场长期投资。** 2009年11月6日，中国证监会颁布的《证券投资基金评价业务管理暂行办法》（证监会令第64号，自2010年1月1日起施行），引入多元化的基金评价方法，进一步倡导长期投资，减少市场投机。2009年12月14日，中国证监会颁布了《开放式证券投资基金销售费用管理规定》（证监会公告［2009］32号，自2010年3月15日起施行）。该规定旨在规范销售费用管理，进而规范投资和销售行为，使销售机构的注意力从单纯关注新基金的发行转移到基金的持续营销和保有量增长上，鼓励投资人长期持有基金。

◆ **组织和督促派出机构与协会做好现场检查工作。** 2009年，中国证监会制定了《基金管理公司现场检查规程》，增强现场检查的针对性和有效性，增加对基金管理公司和销售机构联合检查的次数，加大处罚和责任追究力度。2009年，中国证监会共对16家基金管理公司进行现场检查，其中联合检查7家，已对3家公司和11名人员采取了相应的行政监管措施，旨在严厉打击"老鼠仓"、非公平交易和利益输送行为，提高行业公信力。

### 3.4.4 规范证券服务机构执业行为

◆ **完善证券投资咨询业务监管。** 2009年，中国证监会所做的工作主要包括：一是研究明确证券投资咨询业务定位和基础制度安排，初步完成证券公司、证券投资咨询机构发布研究报告业务规则和从事证券投资顾问业务规则的起草工作；二是完成100家证券投资咨询机构的2008年度年检工作，对1家机构采取不予通过年检的措施；三是持续做好证券投资咨询业务的监管，并推动建立健全派出机构和广电部门协作机制，加大对媒体证券节目的监控力度。

◆ 2009年，中国证监会加强对会计师事务所与资产评估机构的监管，建立证券业务签字会计师报备制度，完善律师证券业务执业标准，会同财政部研究制定H股企业审计业务试点工作方案。中国证监会还对5家证券评级机构、12家会计师事务所和10家评估机构进行了现场检查，对18家会计师事务所采取了行政监管措施。

中国证监会会计监管工作会议于2009年11月召开，纪委书记李小雪出席会议并作了重要讲话

◆ **可拓展商业报告语言（XBRL，eXtensible Business Reporting Language）应用工作取得良好进展。** 资本市场XBRL系统能实现拟上市公司、上市公司、证券投资基金公司、证券公司、期货公司等的XBRL数据报送功能，便

于为投资者提供投资决策的有用信息，同时可为监管部门采集、提供日常监管所需的信息。目前，美国证券交易委员会正在建设基于XBRL数据报送的IDEA系统，而中国上交所、深交所在用的上市公司XBRL报送系统已能实现IDEA系统的上市公司数据报送功能。

2009年，在继承上交所、深交所现有上市公司XBRL数据报送系统的基础上，中国证监会组织开展了统一沪、深两所XBRL系统的技术标准和业务模板相关工作。截至2009年底，统一资本市场XBRL标准工作取得了两项重大进展：制定了资本市场上市公司XBRL业务模板、XBRL标引规范指引，并应用于上市公司2009年年度报告的XBRL数据报送试运行，以及组织有关部门有序开展筹建资本市场XBRL系统建设工作。2010年，中国证监会将在围绕XBRL注册管理平台建设基础上，同步推进基金XBRL系统迁移、首发XBRL项目的后续工作。资本市场XBRL系统建设工作完成后，中国证监会将具备由系统内自主开发、独立知识产权的监管信息收集系统。

## 3.5 强化期货市场基础建设，稳步发展期货市场

2009年，中国证监会以加强监管、防范市场风险、促进市场价格发现和套期保值功能发挥为重点，完善中国期货市场制度体系，稳妥推进产品创新，维护市场平稳运行，增强服务国民经济发展的能力。

### 3.5.1 强化期货市场制度建设

◆ **建立期货市场统一开户制度。**2009年8月31日，中国证监会发布了《期货市场客户开户管理规定》（证监会公告［2009］24号，自2009年9月1日起施行）。根据该规定，中国期货市场将实行统一开户制度，即期货公司为客户开户时，统一通过期货保证金监控中心（以下简称监控中心）向各期货交易所申请交易编码，监控中心通过联网公安部身份查询服务系统和全国组织机构代码中心查询服务系统，对客户资料进行复核，并将通过复核的客户资料转发至各期货交易所，各期货交易所根据业务规则为客户分配交易编码，并将交易编码通过监控中心反馈给期货公司，最终完成整个开户过程。在此过程中，监控中心对期货市场客户资料进行管理和维护，为每个客户设置一个统一开户编码，建立并维护一个完整的期货市场客户数据资料库。

全国证券期货监管工作会议于2010年1月13至14日召开，姜洋主席助理出席了该会议

该制度将提高期货市场开户环节的运行效率，促进期货市场严格落实实名制和市场准入制度，同时有利于期货市场客户资料的集中统一管理，从而为分析市场交易行为、监测监控市场风险和防范市场操纵奠定良好的

基础。截至2009年11月底，164家正常经营期货公司已全部完成统一开户系统的上线工作。

◆ **推行期货公司分类监管制度，完成首次分类评价工作。**随着中国期货市场近年来的高速发展，期货公司规模日益壮大，规范化运作水平有了显著提高。中国证监会借鉴其他金融行业的成功经验对期货公司实施分类监管，合理分配监管资源，进而实现分类发展的条件已经基本成熟。2009年8月17日，中国证监会发布了《期货公司分类监管规定（试行）》（证监会公告［2009］22号，自2009年9月1日起施行）。

随后，中国证监会启动并实施了期货公司首次分类评价工作，对165家期货公司进行了分类评价。根据《期货公司分类监管规定（试行）》，分类结果不仅作为日后对不同类别的期货公司采取区别对待监管政策的依据，还将作为期货公司申请增加业务种类、新设营业网点等事项的审慎性条件，作为确定新业务试点范围和推广顺序等事项的依据。

◆ **实施期货公司信息公示制度。**为保护投资者合法权益，发挥社会监督功能，提高期货市场透明度，2009年10月22日，中国证监会发布了《期货公司信息公示管理规定》（证监会公告［2009］28号，自2009年11月16日起施行）。上述规定要求期货公司通过证监会指定的期货公司信息公示平台，将期货公司及其分支机构的基本情况、高级管理人员及从业人员信息、公司股东信息、诚信记录等信息，以及中国证监会规定的其他信息，向社会公开。期货公司填报和更新应公示信息不真实、不准确、不完整和不及时的，或者存在虚假、误导性陈述或者重大遗漏的，中国证监会及派出机构将依法采取监管措施，责令整改；情节严重的，将依法追究有关单位和人员的责任。

### 3.5.2 加强期货市场监管，确保期货市场稳定运行

中国证监会始终坚持把打击市场操纵、防范和化解风险及促进市场功能发挥作为期货市场监管的重点。2009年，中国证监会在加强期货市场监管方面主要采取了以下措施：

◆ 建立市场监控工作机制，初步形成了市场运行情况分析例会制度、逐日盯盘制度、期货市场媒体信息日报制度等市场监管制度，对市场运行情况、运行特点进行研判，并制定有针对性的监管措施。

◆ 重点突出长假后及新品种上市后的风险防范工作，总结以往监管经验，督促、指导期货交易所加强一线风险控制，确保春节、国庆长假后市场平稳运行；密切关注新上市品种的市场运行情况，及早排查隐患，确保不出风险。

◆ 进一步完善市场风险预警、监测工作，指导期货保证金监控中心健全市场风险压力测试机制，推进建设“期货市场运行监测监控系统”，研究建立期货市场大户报告制度。

◆ 加强对期货保证金存管银行的监管，进一步明确存管银行的责任、义务和监管要求，增强期货市场资金汇划的稳定性，切实维护投资者合法权益。

◆ 研究制定对期货交易所期货交割仓库管理、调整保证金及涨跌停板、信息报送等主要业务活动的监管指引。

### 3.5.3 推进股指期货筹备工作

2009年，中国证监会吸取国际金融危机的教训，重新审视和进一步完善了股指期货①的相关制度体系，指导中国金融期货交易所（以下简称中金所）继续从合约规则、技术系统、风险控制体系等方面细化筹备工作。为使参与者的风险认知和风险承受能力与金融创新产品相适应，切实保护投资者的合法权益，中国证监会正在研究建立股指期货市场的投资者适当性制度，目前已基本完成了股指期货投资者适当性制度方案设计②。

### 3.5.4 促进期货市场功能深化

围绕促进功能发挥、更好地服务经济发展的目标，2009年，中国证监会指导、督促期货交易所选择部分已上市期货品种开展功能发挥情况的评估工作，指导期货交易所根据相关行业国家标准变化、现货检验体制改革等情况及时修改完善铜、棉花、大豆等期货合约和业务规则，以更好地适应现货市场、现货产业的发展需要。

## 3.6 全面推进依法行政，市场法治取得新进展

2009年，中国证监会继续坚持提高证券期货监管工作的透明度，坚持依法治市，不断完善证券期货法律体系，全面规范监管行为，优化资本市场法治环境，严厉查处市场违法违规活动，全力维护市场正常秩序，切实保护投资者合法权益。

◆ **推动资本市场法律法规的立、改、废。**2009年2月28日，在中国证监会的推动下，《刑法修正案（七）》及相关司法解释颁布实施，其中新增“利用未公开信息交易罪”，修改“内幕交易、泄露内幕信息罪”的部分规定，明确了金融从业人员“老鼠仓”行为的刑事责任，增强了对证券期货违法犯罪行为的打击力度，有力地提高了法律的震慑力。中国证监会还协调最高法院发布了被进行风险处置证券公司相关案件审理和执行的司法解释。此外，2009年全年，中国证监会共制定、修改规章8件，规范性文件33件，清理、废止41件，证券期货法律体系更加完善。

◆ **全面规范行政行为。**2009年，中国证监会继续着力推进监管执法公开化、透明化，公布了《证监会行政许可实施程序规定》（证监会令第66号，2009年12月16日公布，自2010年2月1日起施行）和《证券期货规章草案公开征求意见试行规则》（证监会公告［2009］7号，自2009年5月8日起施行）。上述规章和规范性文件强化了证监会行政行为的全程约束，显著加强了监管工作的透明度，赢得了市场的广泛好评和支持。此外，中国证监会深化行政审批制度改革，压

---

① 中国证监会于2010年3月24日批准中国金融期货交易所上市沪深300股票指数期货合约；自4月16日起，该期货合约上市交易。

② 中国证监会于2010年2月5日发布《关于建立期货投资者适当性制度的规定（试行）》（证监会公告［2010］4号），该规定从2010年2月8日起施行。

缩合并、减少行政许可项目16项，积极发挥复议、诉讼对前端执法的监督作用。

◆ **诚信数据库不断充实，诚信监督作用日益显现**。2008年11月，中国证监会正式启动证券期货市场诚信档案工作。截至2009年底，中国证券期货市场诚信档案共记录诚信信息约7 950条，实现了近10年来市场参与主体违法失信行为信息的电子化、数据库化。中国证监会及其派出机构在证券发行、并购重组、业务许可、资格审查、创新试点等市场准入环节以及日常监管、调查处罚等工作中，积极使用诚信档案，全面强化诚信约束。同时，证监会大力推进与有关部委的信用信息共享进程，努力构建跨行业的信用监督体系。

◆ **严厉查处违法违规行为**。2009年，中国证监会除了进一步明确稽查职责分工，完善相关调查程序外，还集中力量快速查处了融通基金“老鼠仓”案、高淳陶瓷内幕交易案、五粮液案等一批市场高度关注、社会影响大的案件。2009年全年，中国证监会共立案85起，其中信息披露违法违规案20起、内幕交易案20起、市场操纵案16起、基金“老鼠仓”案4起、其他类型案件25起（见图3-4），非正式调查案件121起；截至2009年底，共办结案件106起，移送公安机关案件及线索261起，新增罚没款5 078.04万元，罚没款收缴到账2.59亿元。2009年，中国证监会对23家机构、218名当事人作出行政处罚，对52名当事人采取市场禁入措施。

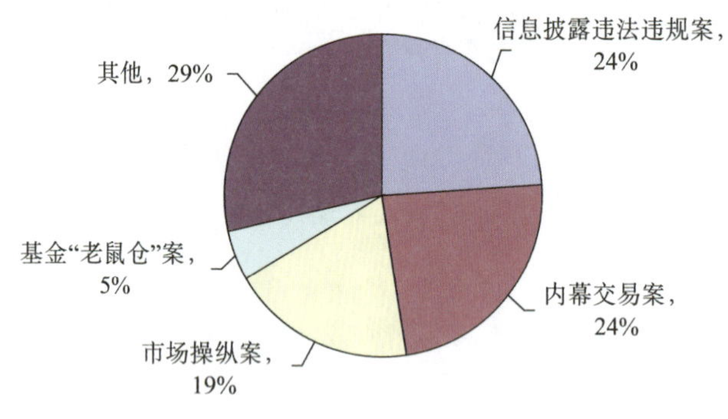


图3-4　2009年案件类型结构图

◆ **继续做好打非工作**。2009年，中国证监会继续严厉打击非法发行股票和非法经营未上市公司股票等违法行为，督办交大保赛案、益尔高科案等重点案件，非法发行股票的信访投诉较上年下降近7成。此外，中国证监会全力整治利用网络等媒体开展非法证券投资咨询活动，协调关闭900多家非法网站，叫停违规证券节目、广告栏目近120个，配合公安机关立案侦破非法证券活动案件近百起，抓捕犯罪嫌疑人300余人，协调工商部门取缔非法机构30多个。

# 4. 对外开放与跨境监管合作

对外开放是促进中国资本市场发展的重要动力。中国证监会始终坚持循序渐进、互利共赢的开放原则，积极、主动地推进对外开放。加入世界贸易组织后，中国不仅认真履行了证券业对外开放的承诺，而且主动采取了一系列开放证券市场的政策措施。此外，中国证监会自身还在2009年引入了近20名海外学成归来的人员。今后，中国证监会将继续坚持渐进式开放原则，借鉴其他市场开放的经验和做法，不断完善对外开放的政策措施，在确保市场稳定运行和维护国家金融安全的前提下，积极主动、适时适度地扩大证券业对外开放，促进证券市场持续健康安全发展。

## 4.1 加入世界贸易组织证券业承诺的实施情况

2001年12月，中国正式成为世界贸易组织成员，对证券服务业的开放作了如下承诺：外国证券机构可以直接从事B股交易；外国证券机构驻华办事处可成为所有中国证券交易所的特别会员；允许外国服务提供者设立合资公司，从事国内证券投资基金管理业务，中国加入后3年内，外资可增加至49%；允许外国证券公司设立合资公司，外资比例不超过1/3，合资公司可以（不通过中方中介）从事A股的承销、外资股以及政府债和公司债券的承销和交易，以及发起设立基金。加入世界贸易组织几年来，这些承诺已全部兑现。

中国证监会于2009年9月23日召开海外归国人员座谈会，中国证监会数位领导与新入会的海外人才汇聚一堂

2008年，中国证监会恢复批准设立合资证券公司，允许符合条件的合资公司扩大业务范围，如批准瑞信方正、中德证券的设立申请，批准华欧国际证券有限公司（现更名为财富里昂证券有限公司）新增证券经纪和证券投资咨询业务，进一步推进证券公司的对外开放。

截至2009年底，中国已批准设立了10家中外合资证券公司（详见附表2）和34家中外合资基金管理公司（详见附表3），其中16家合资基金公司的外资股权已达到49%；上交所、深交所各有 3 家特别会员，并各有 38 家和 22 家境外证券经营机构直接从事 B 股交易。

## 4.2 主动实施的对外开放政策措施

◆ **B 股市场**。20 世纪 90 年代初，在外汇短缺和外汇管制的背景下，为了吸引国际资本，中国于 1991 年底推出 B 股试点，以人民币标明面值，以美元或港元认购和交易。2001 年前，B 股市场投资者仅限于境外投资者；2001 年后境内个人投资者也可以投资 B 股。截至 2009 年底，已有 108 家公司发行 B 股，发行总股本 107 亿股，筹资额达 381 亿元。

◆ **境内企业境外上市**。境外上市是中国引进外资的一种重要方式，也是一项长期政策。中国证监会一向支持符合条件的境内企业根据国家发展战略及自身发展需要，在境内或到境外上市，积极参与国际经济技术合作，不断提高竞争力，做优做强。1993 年起，中国境内企业开始试点在境外上市。截至 2009 年底，已有 159 家境内股份有限公司发行境外上市外资股并到境外上市。

吴利军主席助理出席海外归国人员座谈会并作重要讲话

◆ **允许外资企业在境内发行股票**。根据 2001 年 10 月颁布并实施的《关于上市公司涉及外商投资有关问题的若干意见》，合格的外商投资股份有限公司可以在境内证券市场发行股票并上市。迄今已有多家外商投资企业（包括港、台资）的股票在境内发行上市。

◆ **实施合格境外机构投资者（QFII）制度**。这是在人民币在资本项目下未实现完全自由兑换的情况下，中国有限度地引进外资、开放证券市场的过渡性措施。2006 年 8 月，中国证监会会同有关单位联合发布了《合格境外机构投资者境内证券投资管理办法》（证监会令第 36 号），对 2002 年 11 月发布的有关规定进行修订和完善。目前，QFII 总投资额度已增加至 300 亿美元。

截至 2009 年底，已有 94 家境外机构（详见附表 5）获得 QFII 资格，另有 13 家银行获准开展 QFII 托管业务，其中有 5 家为外资银行在华分行。

◆ **允许外国投资者对上市公司进行战略投资**。中国在 2002 年 11 月允许外资受让上市公司国有股权和法人股权，于 2006 年 1 月底又实施了《外国投资者对上市公司战略投资管理办法》，外国投资者可以对已经完成股权分置改革的上市公司进行战略性投资，但战略投资取得的上市公司 A 股股份 3 年内不得转让。

◆ **实施合格境内机构投资者（QDII）制度**。根据 2007 年 7 月 5 日起施行的《合格境内机构投资者境外证券投资管理试行办法》（证监会令第 46 号），符合条件的境内基金管理公司和证券公司等证券经营机构经批准可以在境内募集资金，以资产组合方式进行境外证券投资。

截至2009年底，已有31家基金管理公司和9家证券公司获得QDII资格。另外，中国证监会已批准了11家基金公司的11只QDII基金产品和1家证券公司的1只理财产品。其中，已成立的QDII资产管理计划的资产净值约738亿元人民币。

◆ **允许国有企业从事境外期货套期保值交易。**根据2001年5月发布的《国有企业境外期货套期保值业务管理办法》的规定，中国证监会对从事境外期货业务企业实行许可证制度。截至2009年底，中国证监会会同国有资产管理委员会、商务部审核并报国务院批准，已允许31家国有大型企业从事境外期货套期保值交易。其他企业、单位和个人则不能参与境外期货交易。

◆ **允许境外证券经营机构或境外证券交易所设立驻华代表机构。**从1999年起，中国即允许符合条件的投资银行、证券公司、基金管理公司等证券经营机构设立驻华代表机构，从事咨询、联络、市场调查等非经营性活动。截至2009年底，经中国证监会批准，境外证券类机构在中国境内设立了166家外资代表机构。

作为2006年12月第一次中美战略经济对话的后续工作安排，2007年7月1日起施行的《境外证券交易所驻华代表机构管理办法》（证监会令第44号）规定，符合条件的境外证券交易所可以设立驻华代表机构。截至2009年底，中国证监会已批准了纽约证券交易所、纳斯达克、东京证券交易所、德意志交易所等8家境外证券交易所（详见附表7）设立北京代表处的申请。

## 4.3 与港澳台证券市场的合作与联系

### 4.3.1 港澳证券市场

根据一国两制和中国内地对香港、澳门特别行政区的《关于建立更紧密经贸关系的安排(CEPA)》及其历次补充协议，证券期货业方面的开放措施包括：

◆ 2004年1月1日起，中国香港特别行政区、澳门特别行政区[①]已获得当地从业资格的专业人员在内地申请证券、期货从业资格，只需通过内地法律法规培训和考试，无须通过专业知识考试。

◆ 2005年1月1日起，允许符合条件的港澳服务提供者参股内地期货经纪公司，外资的参股比例不得超过49%。

◆ 2006年1月1日起，允许符合条件的内地创新试点类证券公司根据相关要求在香港特别行政区设立分支机构；允许符合条件的内地期货公司到香港特别行政区经营期货业务，包括设立分支机构。

◆ 2008年1月1日起，允许符合条件的内地基金管理公司在香港特别行政区设立分支机构，经营有关业务。

---

① 目前，澳门特别行政区尚未建立证券期货市场。

◆ 2009 年 10 月 1 日起，允许符合条件的港澳证券公司与内地具备设立子公司条件的证券公司在广东省设立合资证券投资咨询公司。合资证券投资咨询公司作为内地证券公司的子公司，专门从事证券投资咨询业务，香港证券公司持股比例最高可达 1/3；可从事研究开发港股交易型开放式指数基金（ETF）工作。

截至 2009 年底，中国证监会已批准 3 家香港地区的服务提供者参股内地的期货公司，另外分别有 6 家内地期货公司、14 家内地证券公司和 7 家内地基金公司获准在香港特别行政区设立分支机构（有关名录详见附表 8 至 10）。

### 4.3.2 台湾证券市场

2009 年，在中国政府对台工作的统一部署下，中国证监会积极参与《海峡两岸金融合作协议》的商谈和签署工作。该协议于 2009 年 4 月 26 日在南京签署，标志着两岸金融合作进入新阶段。2009 年 11 月 16 日，作为落实《海峡两岸金融合作协议》的具体举措之一，中国证监会主席尚福林与中国台湾方面金融监督管理机构代表陈冲签署了《海峡两岸证券及期货监督管理合作谅解备忘录》，同意在信息交换、机构设立、协助调查以及人员培训等方面进行合作，共同维护两岸证券期货市场稳定发展。

## 4.4 国际交流与跨境监管合作

国际金融危机的爆发突显了跨境监管合作的重要性。2009 年，中国证监会更加重视与境外证券期货监管机构、国际组织和政府部门的交流合作，并积极参与国际多边、双边和区域性的磋商和对话，维护中国证券业和资本市场的利益，不断提高中国资本市场的国际地位和影响力。

2009 年 9 月 8 日，尚福林主席会见来访的埃及投资部长穆希丁

### 4.4.1 双边合作

◆ **签署双边监管合作谅解备忘录。**签署双边监管合作谅解备忘录是中国证监会加强国际监管合作的重要手段，也是境外金融机构进入中国证券领域，如设立合资证券公司、合资基金管理公司、申请QFII资格等的必备条件之一。2009年10月，中国证监会与西班牙国家证券市场委员会在巴塞尔签署了《证券期货监管合作谅解备忘录》。截至2009年底，包括上文提及的《海峡两岸证券及期货监督管理合作谅解备忘录》在内，中国证监会已与41个国家和地区的监管机构签署了45个监管合作谅解备忘录（详见附表11）。

◆ **其他。**2009年，中国证监会积极参与了世界贸易组织项下服务业双边谈判、中美战略与经济对话、中英经济财金对话、日本经济高层对话等的双边对话机制，坚持以我为主、因势利导、为我所用的原则，妥善应对有关国家对中国证券业和资本市场提出的开放要价，切实维护中国证券业和资本市场的利益。

此外，中国证监会还与美国证监会在上海共同举办了“资本市场执法专题培训研讨会”，与美国公众公司会计监督委员会在北京共同举办了“会计监管培训研讨会”等。在共同举办会议的过程中，双方加深了了解和加强了交流。

2009年9月28日，尚福林主席会见来访的香港特别行政区行政长官曾荫权

### 4.4.2 多边合作

◆ **与国际证监会组织（IOSCO）的合作。**中国证监会1995年成为IOSCO的正式成员，1998年首次当选为执行委员会成员，并连任至今。2006年，尚福林主席首次当选为执委会唯一副主席，2008年6月再次当选该职务。2007年4月，中国证监会正式成为IOSCO多边备忘录的签署方。2009年6月，在IOSCO特拉维夫年会上，中国证监会应邀加入技术委员会，并成功获得IOSCO 2012年年会的承办权。技术委员会是国际证券监管标准的实际制定者，其成员机构均监管着规模

较大、比较成熟和国际化程度较高的市场。

2009年，中国证监会继续积极参与IOSCO的各项活动，如参加IOSCO的各个会议、派员参加各委员会和特别工作组（如监管合作特别工作组、商品期货特别工作组等）的研究活动、对IOSCO有关报告研究提出反馈意见、承办亚太地区委员会中介机构监管负责人年会等。此次金融危机发生后，作为IOSCO执委会成员和技术委员会成员，中国证监会坚决支持IOSCO作为全球证券市场标准制定者在妥善解决全球危机、促进证券市场监管与诚信、维护金融稳定等方面发挥更大的作用。

◆ **其他**。中国证监会还积极参与了G20伦敦和匹斯堡金融峰会、中国与国际货币基金组织（IMF）2009年度磋商、金融评估规划项目（FSAP）等，保持与经济合作组织、亚洲开发银行、世界银行等区域性组织和国际组织的联系，开展相关专题合作等。

作为亚太经合组织金融监管者培训计划咨询委员会（APEC FRTI AG）的轮值主席，中国证监会于2009年4月初承办了APEC FRTI的“市场中介机构检查培训研讨会”，来自APEC 14个成员的金融监管机构代表参加了会议。会议期间，证监会与参会代表分享了中国在中介机构监管方面，尤其是证券公司综合治理方面的经验和做法。

### 4.4.3 跨境协查合作

在双边监管备忘录和IOSCO多边备忘录的框架下，中国证监会与境外证券监管机构通过跨境协查合作，有力地促进了各自监管职能的履行，提高了执法效率，保护了投资者的利益，维护了各自市场的稳定和发展。

2009年，中国证监会收到境外监管机构提出的协查请求63件，已办结38件，对外提出的跨境协查请求共有11件。

CHINA SECURITIES REGULATORY COMMISSION ANNUAL REPORT

# 附　　录

# 附录 1　2009 年中国证券市场大事记

## 1.1　中国证监会颁布的部门规章

证监会令第 60 号　《证券期货市场统计管理办法》，2009 年 1 月 12 日公布，自 2009 年 3 月 1 日起施行

证监会令第 61 号　《首次公开发行股票并在创业板上市管理暂行办法》，2009 年 3 月 31 日公布，自 2009 年 5 月 1 日起施行

证监会令第 62 号　《关于修改〈证监会发行审核委员会办法〉的决定》，2009 年 5 月 14 日公布，自 2009 年 6 月 14 日起施行

证监会令第 63 号　《关于修改〈证券发行上市保荐业务管理办法〉的决定》《证券期货市场统计管理办法》，2009 年 5 月 14 日公布，自 2009 年 6 月 14 日起施行

证监会令第 64 号　《证券投资基金评价业务管理暂行办法》，2009 年 11 月 17 日公布，自 2010 年 1 月 1 日起施行

证监会令第 65 号　《关于修改〈证券登记结算管理办法〉的决定》，2009 年 11 月 20 日公布，自 2009 年 12 月 21 日起施行

证监会令第 66 号　《证监会行政许可实施程序规定》，2009 年 12 月 16 日公布，自 2010 年 2 月 1 日起施行

## 1.2　中国证监会颁布的重要规范性文件

证监会公告

[2009] 2 号　《证券经纪人管理暂行规定》，2009 年 3 月 13 日公布，自 2009 年 4 月 13 日起施行

[2009] 3 号　《基金管理公司投资管理人员管理指导意见》，2009 年 3 月 20 日公布，自 2009 年 4 月 1 日起施行

[2009] 4 号　《发行证券的公司信息披露内容与格式准则第 27 号——发行保荐书和发行保荐工作报告》，2009 年 3 月 27 日公布，自 2009 年 4 月 1 日起施行

[2009] 5 号 《证券发行上市保荐业务工作底稿指引》，2009 年 3 月 27 日公布，自 2009 年 4 月 1 日起施行

[2009] 7 号 《证券期货规章草案公开征求意见试行规则》，2009 年 4 月 20 日公布，自 2009 年 5 月 8 日起施行

[2009] 10 号 《关于基金管理公司开展特定多个客户资产管理业务有关问题的规定》，2009 年 5 月 12 日公布，自 2009 年 6 月 1 日起施行

[2009] 12 号 《证券公司分类监管规定》，2009 年 5 月 31 日公布，自发布之日起施行

[2009] 13 号 《关于进一步改革和完善新股发行体制的指导意见》，2009 年 6 月 10 日公布，自 2009 年 6 月 11 日起施行

[2009] 17 号 《公开发行证券的公司信息披露内容与格式准则第 28 号——创业板招股说明书》，2009 年 7 月 20 日公布，自公布之日起施行

[2009] 18 号 《公开发行证券的公司信息披露内容与格式准则第 29 号——首次公开发行股票并在创业板上市申请文件》，2009 年 7 月 20 日公布，自公布之日起施行

[2009] 22 号 《期货公司分类监管规定（试行）》，2009 年 8 月 19 日公布，自 2009 年 9 月 1 日起施行

[2009] 24 号 《期货市场客户开户管理规定》，2009 年 8 月 31 日公布，自 2009 年 9 月 1 日起施行

[2009] 27 号 《关于修改〈关于进一步规范证券营业网点的规定〉的决定》，2009 年 10 月 15 日公布，自 2009 年 11 月 1 日起施行

[2009] 28 号 《期货公司信息公示管理规定》，2009 年 11 月 10 日公布，自 2009 年 11 月 16 日起施行

[2009] 32 号 《开放式证券投资基金销售费用管理规定》，2009 年 12 月 14 日公布，自 2010 年 3 月 15 日起施行

## 1.3 中国证券市场重要发展事件

2009 年 3 月 27 日，中国境内首次公开发行地方政府债券，年内又发行了 2 000 亿元地方政府债券，部分债券在上交所发行上市。

2009 年 6 月 19 日，桂林三金药业股份有限公司（SZ，002275）发布招股意向书，停滞半年多的 IPO 重新启动。

2009 年 10 月 23 日，创业板开板仪式在深圳举行；2009 年 10 月 30 日，首批 28 家创业板企业正式开始挂牌交易。

2009 年，中国商品期货交易所共推出 4 个新品种，即郑州商品交易所推出早籼稻，上海期货交易所推出螺纹钢和线材，大连商品交易所推出 PVC。

# 附录 2　主要证券监管制度

## 2.1　证券法律框架

法治是资本市场健康发展的基础和保障。中国资本市场的健康稳步发展，与近年来国家高度重视市场基础性制度建设，尤其是建立健全法律制度体系密不可分。中国证券法律法规体系分三个层次：

**第一，法律。**法律由全国人民代表大会或其常务委员会制定，除《中华人民共和国宪法》外，在证券法律体系中，证券法律具有最高的法律效力。现行的证券法律包括《证券法》、《中华人民共和国公司法》（以下简称《公司法》）和《证券投资基金法》等 3 部。

- 《证券法》为规范证券发行和交易行为，保护投资者的合法权益，维护社会经济秩序和社会公共利益，促进社会主义市场经济的发展而制定。该法对证券发行、交易和上市①、信息披露、上市公司收购、禁止交易行为、证券交易所、证券公司和证券服务机构、证券登记结算公司、中国证券业协会和中国证监会以及违反该法的法律责任等作出了规定。
- 《公司法》为规范公司的组织和行为，保护公司、股东和债权人的合法权益，维护社会经济秩序，促进社会主义市场经济的发展而制定。该法对公司的设立、合并、分立、增减资，公司治理和组织机构，公司股权转让，股份有限公司的股份发行，公司董事、监事、高级管理人员的资格和义务以及违反该法的法律责任等作出了规定。上市公司是股票在证券交易场所上市交易的股份有限公司，投资者购买上市公司发行的股票、公司债券，依据《公司法》行使权利、履行义务。
- 《基金法》是为规范证券投资基金活动，保护投资人及相关当事人的合法权益，促进证券投资基金和证券市场的健康发展而制定。该法对基金管理人，基金托管人，基金的募集、运作与信息披露，基金份额持有人权利及其行使以及违反该法的法律责任等作出了规定。

**第二，行政法规。**行政法规由国家最高行政机关——国务院根据《宪法》和有关法律制定。现行的证券行政法规、法规性文件有 17 个，其中，2007 年 3 月 6 日发布的《期货交易管理条例》

① 中国境内股票、公司债券和国务院依法认定的其他证券的发行和交易、政府债券和证券投资基金份额的上市交易均适用《证券法》。《证券法》同时规定，证券衍生品种发行、交易的管理办法，由国务院依照《证券法》的原则规定。

是对 1999 年 6 月 2 日国务院发布的《期货交易管理暂行条例》的全面修订，旨在规范商品期货、金融期货的交易行为，保护期货交易各方的合法权益和社会公共利益。2008 年 4 月 23 日国务院发布的《证券公司监督管理条例》、《证券公司风险处置条例》，贯彻保护投资者合法权益的理念，精心设计证券公司的运行规范和监管制度，为实现证券行业的规范发展，进而促进资本市场的健康发展提供了有力的法律保障。

**第三，部门规章和规范性文件。**部门规章和规范性文件由中国证券监督管理机构根据法律和国务院行政法规制定，其法律效力次于法律和行政法规。现行的部门规章有 63 个，如《上市公司证券发行管理办法》（证监会令第 30 号）、《首次公开发行股票并上市管理办法》（证监会令第 32 号）、《上市公司信息披露管理办法》（证监会令第 40 号）、《上市公司重大资产重组管理办法》（证监会令 53 号）、《证券期货规章制定程序规定》（证监会令 59 号）等。现行有效的证券期货规范性文件合计 366 个。

上述 3 个层次相互联系形成整体，每个居于较低层位的法律法规都是对上一个层位法律法规的具体化和必要补充，形成了涵盖证券发行法律制度、证券期货交易法律制度、证券期货经营与服务机构法律制度、上市公司法律制度、信息披露法律制度、机构投资者法律制度、监督管理与法律责任制度等部分的证券期货市场法律制度体系。

此外，《物权法》、《刑法》、《企业破产法》、《反洗钱法》、《企业国有资产法》等法律以及《最高人民法院关于审理证券市场因虚假陈述引发的民事赔偿案件的若干规定》、《最高人民法院关于冻结、扣划证券交易结算资金有关问题的通知》等司法解释也与资本市场有着紧密的联系，它们共同为资本市场的健康稳定发展、高效安全运营提供了良好的外部法律环境。在对证券期货市场实施监督管理时，中国证监会还应当遵守《立法法》、《行政许可法》、《行政处罚法》、《行政复议法》等法律的规定，依法行政、依法治市。

## 2.2 证券发行及上市监管制度

### 2.2.1 境内发行主要制度介绍

中国证券市场上市交易的金融产品包括股票、债券、证券投资基金和权证等。根据《证券法》、《公司法》等有关法律法规的规定，首次公开发行股票、公开发行公司债券、上市公司发行新股和可转换公司债券需获得中国证监会的核准，国债、金融债、企业债的发行由其他政府主管部门负责核准；股票、可转换公司债券、公司债券、国债、企业债的上市交易由证券交易所进行核准和监督。

#### 2.2.1.1 境内证券发行核准制度

中国资本市场是在经济体制转轨条件下诞生和发展起来的，发行体制不可避免地带有明显的时代烙印。资本市场建立初期，限于当时各方面的局限和市场环境，在证券发行管理体制方面实行的是带有很强行政色彩的审批制度。2001 年 3 月以后，行政审批取消，新股发行实施核准制，由公司提出发行申请，保荐机构根据市场需要向中国证监会推荐，中国证监会进行合规性初审后，提交发行审核委员会审核，最终经中国证监会核准后发行。核准制不仅强调企业信息披露，还要求证券发行企业必须符合一定的实质性条件，如企业盈利能力、公司治理水平等。核准制的核心就是监管部门进行合规性审核，强化中介机构的责任，加大市场参与各方的行为约束，减少新股发行中的行政干预。

#### 2.2.1.2 证券发行上市保荐制度

2003 年 12 月，中国证监会发布《证券发行上市保荐制度暂行办法》（证监会令第 18 号），标志着保荐制度的正式建立。2005 年 10 月，《证券法》修订时以法律的形式正式确立了这一制度。2008 年 10 月，中国证监会对保荐制度进行了进一步的充实和完善，并公布了修订后的《证券发行上市保荐业务管理办法》（以下简称《保荐办法》）（证监会令第 58 号），为证券发行核准制向注册制过渡打下了基础。2009 年 5 月，根据创业板市场建设的安排，考虑到创业企业的特点及其对保荐业务的独特性要求，为更好地发挥保荐制度的作用，强化市场约束和风险控制，对《保荐办法》进行了适当修改（证监会令第 63 号），加强了保荐机构及其保荐代表人对创业板发行上市的责任。修订后的《保荐办法》自 2009 年 6 月 14 日起施行。

证券发行上市保荐制是指由保荐机构及其保荐代表人负责发行人证券发行上市的推荐和辅导，经尽职调查核实公司发行文件资料的真实性、准确性和完整性，协助发行人建立严格的信息披露制度。具体来讲，证券发行上市保荐主要包括以下内容：（1）公司发行股票或可转换公司债券须由保荐机构推荐，中国证监会或证券交易所只接受由保荐机构推荐的发行或上市申请文件。（2）保荐机构及保荐代表人应当尽职调查，对发行或上市申请人的申请文件和信息披露资料进行审慎核查，并对相关文件的真实性、准确性和完整性负连带责任。（3）保荐机构对其所推荐的公司在上市后的一段期间负有持续督导义务，并对公司督导期间的不规范行为承担责任。（4）保荐机构要建立完备的内部管理制度、内部控制制度和工作底稿制度。（5）中国证监会对保荐机构及其保荐代表人实行持续监管。

保荐制度的核心是对企业发行上市提出了“双保”要求，即企业发行上市必须要由保荐机构进行保荐，并由具有保荐代表人资格的从业人员具体负责保荐工作。这样既明确了机构的责任，也将责任具体落实到了个人。

#### 2.2.1.3 发行审核委员会制度

发行审核委员会（以下简称发审委）制度是证券发行核准制的重要组成部分。根据《证券法》、《中国证券监督管理委员会发行审核委员会办法》（以下简称《发审委办法》）（证监会令第 31 号）以及相关规定，发审委的职责是根据有关法律、行政法规和中国证监会的规定，审核股票发行申请是否符合相关条件；审核保荐机构、会计师事务所、律师事务所、资产评估机构等证券服务机构及相关人员为股票发行所出具的有关材料及意见书；审核中国证监会有关职能部门出具的初审报告；依法对股票发行申请提出审核意见。2009 年 5 月，考虑到创业板主要服务对象是自主创新型企业和其他成长型创业企业，在发行条件、信息披露、持续监管方面较主板存在差异，需要在同一发审委制度下，根据不同层次市场的特点设立单独的发审委，因此对《发审委办法》进行了修改（证监会令第 62 号）。

发审委委员由中国证监会的专业人员和中国证监会外的有关专家组成，由中国证监会聘任，部分发审委委员可以为专职。主板发审委委员为 25 名，其中中国证监会的人员 5 名，中国证监会以外的人员 20 名；创业板发审委委员为 35 名，其中证监会的人员 5 名，证监会以外的人员 30 名。发审委以记名投票方式对发行申请进行独立表决，提出审核意见；证监会依照法定条件和法定程序作出予以核准或者不予核准股票发行申请的决定。

发审委会议程序分为普通程序和特别程序。发行人公开发行股票申请和可转换公司债券等证监会认可的其他公开发行证券申请，适用普通程序。普通程序应在发审委会议召开 5 日前，通知参会委员，递送发行人相关材料，并在中国证监会网站上公布发行人名单、会议时间、发审委委员名单等，每次参加普通程序审核的委员共 7 名，表决投票时同意票数达 5 票为通过，未达到 5 票为未通过，中国证监会在网站上公布表决结果。上市公司非公开发行股票申请、公司债券发行申请和中国证监会规定的其他非公开发行证券申请，适用特别程序，本程序应在发审委会议召开前，通知参会委员，递送申请材料，每次参加发审委会议的委员为 5 名，表决投票时同意票数达到 3 票为通过，未达到 3 票为未通过，中国证监会不公布发审委会议审核的发行人名单、会议时间、参会委员名单和表决结果。

发审委制度通过不断提高透明度，强化发审委委员的专家功能，加大发审委委员的审核责任，使发审委审核在贯彻“三公”原则、把好上市公司准入关等方面发挥了积极作用。

#### 2.2.1.4 询价制度

中国 A 股市场 IPO 定价方式正逐步实现从行政定价向市场化定价的转变。2005 年 1 月 A 股 IPO 开始试行询价制度，初步建立了市场化的定价机制。2006 年 9 月，中国证监会发布了《证券发行与承销管理办法》（证监会令第 37 号），进一步完善了 IPO 询价制度。

询价制度是指发行人及其主承销商通过向专业机构投资者询价的方式确定股票发行价格。专业机构投资者包括符合条件的基金公司、证券公司、保险机构、财务公司、信托公司及合格境外机构投资者等。询价分为两个阶段：第一阶段是通过初步询价，确定发行价格区间。专业机构投资者在专门的电子报价平台向主承销商提交对本次发行股票的估值意见，发行人及其主承销商在此基础上确定发行价格区间并对外公布。第二阶段通过专业机构投资者累计投标确定发行价格。在公布的发行价格区间和发行规模内，专业机构投资者根据自己的意愿申报申购价格及对应的股份数量，并向主承销商预先缴付申购资金，发行人及其主承销商根据簿记情况结合其他因素确定最终的发行价格，申购价格在发行价以上的报单按照发行价格以既定的股份分配原则获得配售，余款退还。

### 2.2.1.5 首次公开发行股票并在主板上市制度

2005 年 10 月修订的《证券法》第十三条在法律层面原则规定了在境内公开发行新股需具备的基本条件，即：(1) 具备健全且运行良好的组织机构。(2) 具有持续盈利能力，财务状况良好。(3) 最近三年财务会计文件无虚假记载，无其他重大违法行为。(4) 经国务院批准的国务院证券监督管理机构规定的其他条件。

2006 年 5 月，中国证监会发布的《首次公开发行股票并上市管理办法》及其后发布的配套规则，对首次公开发行 A 股的条件、发行程序及信息披露要求进行了规范。首次公开发行股票需符合 5 个方面的条件：

◆ **主体资格**。发行人应当是依法设立且合法存续的股份有限公司。除经国务院批准外，自股份公司成立后，发行人持续经营时间应当在 3 年以上。发行人注册资本已足额缴纳。发行人的生产经营符合法律、行政法规和公司章程的规定，符合国家产业政策。发行人最近 3 年内主营业务和董事、高级管理人员没有发生重大变化，实际控制人没有发生变更。发行人的股权清晰。

◆ **独立性**。独立性即人员独立、财务独立、业务独立于控股股东和实际控制人及其控制的其他企业，资产完整。

◆ **规范运行**。发行人已经依法建立健全股东大会、董事会、监事会、独立董事、董事会秘书制度，相关机构和人员能够依法履行职责。发行人的董事、监事和高级管理人员符合法律、行政法规和规章规定的任职资格。发行人在最近 36 个月不得有重大违法、违规记录。发行人的公司章程中已明确对外担保的审批权限和审议程序。发行人有严格的资金管理制度。

◆ **财务与会计**。发行人资产质量良好，资产负债结构合理，盈利能力较强，现金流量正常。发行人的内部控制在所有重大方面是有效的，并由注册会计师出具了无保留结论的内部控制鉴证报告。发行人会计基础工作规范，并由注册会计师出具了无保留意见的审计报告。发行人还应当具备如下财务指标条件：(1) 最近 3 个会计年度净利润均为正数且累计超过人民币 3 000 万元，净利润以扣除非经常性损益前后较低者为计算依据。(2) 最近 3 个会计年度经营活动产生的现金流量净额累计超过人民币 5 000 万元，或者最近 3 个会计年度营业收入累计超过人民币 3 亿元。(3) 发行前股本总额不少于人民币 3 000 万元。(4) 最近一期末无形资产（扣除土地使用权、水面养殖权和采矿权等后）占净资产的比例不高于 20%。(5) 最近一期末不存在未弥补亏损。发行人依法纳税，经营成果对税收优惠不存在严重依赖。发行人不存在重大偿债风险，不存在影响持续经营的担保、诉讼以及仲裁等重大或有事项。发行人不得有影响持续盈利能力的情形。

◆ **募集资金运用**。募集资金应当有明确的使用方向，原则上应当用于主营业务。募集资金数额和投资项目应当与发行人现有生产经营规模、财务状况、技术水平和管理能力等相适应。募集资金投资项目应当符合国家产业政策、投资管理、环境保护、土地管理以及其他法律、法规和规章的规定。发行人董事会应当对募集资金投资项目的可行性进行认真分析，确信投资项目具有较好的市场前景和盈利能力。募集资金投资项目实施后，不会产生同业竞争或者对发行人的独立性产生不利影响。发行人应当建立募集资金专项存储制度，募集资金应当存放于董事会决定的专项账户。

#### 2.2.1.6 首次公开发行股票并在创业板上市制度

2009 年 3 月，中国证监会发布了《首次公开发行股票并在创业板上市管理暂行办法》（以下简称《暂行办法》）。创业板作为多层次资本市场体系的重要组成部分，旨在促进自主创新企业及其他成长型创业企业的发展。

在股票发行条件上，创业板与主板相比，在财务与会计方面存在较大的不同。根据《暂行办法》，创业板首次公开发行股票需符合以下财务与会计方面的条件：（1）最近 2 年连续盈利，最近 2 年净利润累计不少于一千万元，且持续增长；或者最近 1 年盈利，且净利润不少于五百万元，最近一年营业收入不少于五千万元，最近两年营业收入增长率均不低于百分之三十。净利润以扣除非经常性损益前后孰低者为计算依据。（2）最近一期末净资产不少于两千万元，且不存在未弥补亏损。（3）发行后股本总额不少于三千万元。发行人依法纳税，经营成果对税收优惠不存在严重依赖。发行人不存在重大偿债风险，不存在影响持续经营的担保、诉讼以及仲裁等重大或有事项。发行人应当具有持续盈利能力，不存在以下情形：（1）发行人的经营模式、产品或服务的品种结构已经或者将发生重大变化，并对发行人的持续盈利能力构成重大不利影响。（2）发行人的行业地位或发行人所处行业的经营环境已经或者将发生重大变化，并对发行人的持续盈利能力构成重大不利影响。（3）发行人在用的商标、专利、专有技术、特许经营权等重要资产或者技术的取得或者使用存在重大不利变化的风险。（4）发行人最近一年的营业收入或净利润对关联方或者有重大不确定性的客户存在重大依赖。（5）发行人最近一年的净利润主要来自合并财务报表范围以外的投资收益。（6）其他可能对发行人持续盈利能力构成重大不利影响的情形。

#### 2.2.1.7 上市公司再融资制度

上市公司再融资一般指境内上市公司在境内证券市场进行再次融资的行为。目前，上市公司可通过增发、配股、非公开发行股票、可转换公司债券、认股权证和债券分离交易的可转换公司债券以及公司债券进行再融资。此外，发行境外上市外资股的境内股份有限公司在境内证券市场发行公司债券，上市公司股东可申请发行可交换债券。中国证监会发布了《上市公司证券发行管理办法》（证监会令第 30 号）、《公司债券发行试点办法》（证监会令第 49 号）、《上市公司股东可交换公司债券试行规定》（证监会公告［2008］41 号）及上述规章规范性文件的配套规则，对再融资的发行条件、发行程序及信息披露等进行了规范。

上市公司需达到一定的收益率指标和净资产指标以及其他的规定才能实行再融资方案：

- **增发**。上市公司向不特定对象公开募集股份（以下简称增发），应当符合下列规定：（1）最近 3 个会计年度加权平均净资产收益率平均不低于 6%。扣除非经常性损益后的净利润与扣除前的净利润相比，以低者作为加权平均净资产收益率的计算依据。（2）除金融类企业外，最近一期末不存在持有金额较大的交易性金融资产和可供出售的金融资产、借予他人款项、委托理财等财务性投资的情形。(3) 发行价格应不低于公告招股意向书前20个交易日公司股票均价或前一个交易日的均价。

◆ **配股**。向原股东配售股份（以下简称配股），应当符合下列规定：(1) 拟配售股份数量不超过本次配售股份前股本总额的30%。(2) 控股股东应当在股东大会召开前公开承诺认配股份的数量。(3) 采用证券法规定的代销方式发行。(4) 控股股东不履行认配股份的承诺，或者代销期届满，原股东认购股票的数量未达到拟配售数量70%的，发行人应当按照发行价并加算银行同期存款利息返还已经认购的股东。

◆ **非公开发行股票**。上市公司采用非公开方式，向特定对象发行股票，应当符合下列规定：(1) 发行价格不低于定价基准日前20个交易日公司股票均价的90%。(2) 本次发行的股份自发行结束之日起，12个月内不得转让；控股股东、实际控制人及其控制的企业认购的股份，36个月内不得转让。(3) 本次发行将导致上市公司控制权发生变化的，还应当符合证监会的其他规定。非公开发行股票的发行对象不得超过10名。发行对象为境外战略投资者的，应当经国务院相关部门事先批准。

◆ **可转换公司债券**。公开发行可转换公司债券的公司，应当符合下列规定：(1) 最近3个会计年度加权平均净资产收益率平均不低于6%。扣除非经常性损益后的净利润与扣除前的净利润相比，以低者作为加权平均净资产收益率的计算依据。(2) 本次发行后累计公司债券余额不超过最近一期末净资产额的40%。(3) 最近3个会计年度实现的年均可分配利润不少于公司债券1年的利息。可转换公司债券的期限最短为1年，最长为6年。

◆ **认股权和债券分离交易的可转换公司债券**。公开发行分离交易的可转换公司债券，除应符合前述可转换公司债券的条件，还应当符合下列规定：(1) 公司最近一期末经审计的净资产不低于人民币15亿元。(2) 最近3个会计年度实现的年均可分配利润不少于公司债券1年的利息。(3) 最近3个会计年度经营活动产生的现金流量净额平均不少于公司债券1年的利息或者最近3个会计年度加权平均净资产收益率平均不低于6%。扣除非经常性损益后的净利润与扣除前的净利润相比，以低者作为加权平均净资产收益率的计算依据。(4) 本次发行后累计公司债券余额不超过最近一期末净资产额的40%，预计所附认股权全部行权后募集的资金总量不超过拟发行公司债券金额。分离交易的可转换公司债券的期限最短为1年。

◆ **公司债券**。上交所、深交所上市的公司及发行境外上市外资股的境内股份有限公司可以申请发行公司债券，即纯A股公司、H股公司和B股公司，均可以申请发行公司债券。公开发行公司债券，应当符合下列规定：(1) 最近3个会计年度实现的年均可分配利润不少于公司债券1年的利息。(2) 本次发行后累计公司债券余额不超过最近一期末净资产额的40%；金融类公司的累计公司债券余额按金融企业的有关规定计算。(3) 经资信评级机构评级，债券信用级别良好。公司债券最短期限为1年，最长期限未作限定。

◆ **可交换公司债券**。上市公司的股东可以发行在一定期限内依据约定的条件可以交换成该股东所持有的上市公司股份的公司债券。可交换公司债券虽不是上市公司发行的，但也归入再融资进行管理。上市公司的股东申请发行可交换公司债券，应当符合下列规定：(1) 公司最近一期末的净资产额不少于人民币3亿元。(2)公司最近3个会计年度实现的年均可分配利润不少于公司债券1年的利息。(3)本次发行后累计公司债券余额不超过最近一期末净资产额的40%。(4)本次发行债券的金额不超过预备用于交换的股票按募集说明书公告日前20个交易日均价计算的市值的70%,且应当将预备用于交换的股票设定为本次发行的公司债券的担保物。(5)经资信评级机构评级,债券信用级别良好。可交换公司债券的期限最短为1年,最长为6年。

此外,预备用于交换的上市公司股票应当符合下列规定:(1)该上市公司最近一期末的净资产不低于人民币15亿元,或者最近3个会计年度加权平均净资产收益率平均不低于6%。扣除非经常性损益后的净利润与扣除前的净利润相比,以低者作为加权平均净资产收益率的计算依据。(2)用于交换的股票在提出发行申请时应当为无限售条件股份,且股东在约定的换股期间转让该部分股票不违反其对上市公司或者其他股东的承诺。(3)用于交换的股票在本次可交换公司债券发行前,不存在被查封、扣押、冻结等财产权利被限制的情形,也不存在权属争议或者依法不得转让或设定担保的其他情形。

公开发行可转换公司债券、分离交易的可转换公司债券、公司债券以及上市公司股东发行的可交换公司债券,其利率由发行公司与主承销商协商确定,但必须符合国家的有关规定,同时均应当委托经中国证监会认定、具有从事证券服务业务资格的资信评级机构进行信用评级,在债券有效存续期间,资信评级机构每年至少公告一次跟踪评级报告。

### 2.2.2 境外发行上市监管制度

《证券法》第二百三十八条规定,境内企业直接或者间接到境外发行证券或者将其证券在境外上市交易,必须经国务院证券监管管理机构依照国务院的规定批准。具体来讲,境内企业到境外上市的可分为两个类型:

- **境内注册的股份有限公司发行境外上市外资股并到境外上市**。此类公司到境外发行股票均由中国证监会核准,相关规定包括《国务院关于股份有限公司境外募集股份上市的特别规定》(国务院令第160号)、《到境外上市公司章程必备条款》、《关于境外上市公司进一步做好信息披露工作的若干意见》、《关于企业申请境外上市有关问题的通知》、《境内企业申请到香港创业板上市审批与监管指引》、《关于境外上市公司非境外上市股份集中登记存管有关事宜的通知》等。
- **境外注册的中资控股上市公司(即红筹股公司)**。此类公司在境外上市视情况需取得中国证监会的核准或事后到证监会备案。相关的规定包括《国务院关于进一步加强在境外发行股票和上市管理的通知》、《关于外国投资者并购境内企业的规定》等。

申请到境外首次公开发行股票的企业,由中国证监会就有关事宜征求投资主管部门或其他有关部门的意见。有关部门如无不同意见,中国证监会即对企业的申请材料依法进行审查。

# 2.3　证券交易结算及市场监管制度

## 2.3.1　证券交易制度

中国的证券交易采用会员制组织形式和集中交易方式。上交所、深交所为集中交易提供场所和设施，投资者通过委托证券交易所的会员参与证券买卖，会员可通过人工方式或电话、自助终端、互联网等自助委托方式受理并执行客户的委托买卖指令。

◆　**委托方式**。投资者采用限价委托或市价委托的方式委托会员买卖证券。限价委托指客户要求按其限定的价格买卖证券，会员必须按限价或低于限价买入证券，按限价或高于限价卖出证券。市价委托指客户的申报指令只给出买卖数量，而不给出具体的交易价格，要求会员按市场价格买卖证券。

◆　**交易时间**。上交所、深交所交易日为每周一至周五（国家规定的法定节假日除外）。每个交易日9:15至9:25为开盘集合竞价时间，9:30至11:30、13:00至15:00为连续竞价时间，大宗交易时间延长至15:00至15:30。集合竞价是指对一段时间内接受的买卖申报一次性集中撮合的竞价方式。连续竞价是指对买卖申报逐笔连续撮合的竞价方式。

◆　**交易规则**。证券交易按价格优先、时间优先的原则撮合成交。成交时价格优先的原则为：较高价格买进申报优先于较低价格买进申报，较低价格卖出申报优先于较高价格卖出申报。成交时时间优先的原则为：买卖方向、价格相同的，先申报者优先于后申报者。买卖申报经交易主机撮合成交后，交易即告成立，成交结果以证券交易所指定的登记结算机构发送的结算数据为准。

> **术语解释**
>
> **ST和＊ST**：上市公司出现财务状况异常或者其他异常情况，导致其股票存在被终止上市的风险，或者投资者难以判断公司前景，投资权益可能受到损害的，证券交易所对该公司股票实行特别处理（Special Treatment，缩写为ST），包括警示存在终止上市风险的特别处理和其他特别处理，分别在公司股票简称前冠以“＊ST”和“ST”字样，以区别于其他股票。

◆　**涨跌幅制度**。上交所、深交所1996年12月16日起对股票、基金交易实行价格涨跌幅限制，涨跌幅比例为10%，其中ST和＊ST股票价格涨跌幅比例为5%。股票、基金上市首日不受涨跌幅限制。制定股票价格涨跌幅制度的目的，是防止股价剧烈波动，维护证券市场的稳定，保护中小投资者的利益。

◆　**信息发布**。每个交易日证券交易所会发布证券交易即时行情、证券指数、证券交易公开信息等交易信息。开盘集合竞价期间，即时行情内容包括：证券代码、证券简称、前收盘价、开盘参考价格、匹配量和未匹配量等。连续竞价期间，即时行情内容包括：证券代码、证券简称、前收盘价、最新成交价、当日最高价、当日最低价、当日累计成交数量、当日累计成交金额、实时最高5个价位买入申报价和数量、实时最低5个价位卖出申报价和数量等。

### 2.3.2 证券登记结算制度

中国证券登记结算业务采取全国集中统一的运营方式，由证券登记结算机构依法集中统一办理。具体来讲，由中国证券登记结算有限责任公司为证券交易所上市证券提供登记、存管、清算和交收服务。

◆ **证券账户实名制**。投资者开立证券账户应当向证券登记结算机构或其授权的开户代理机构提出申请，投资者应当保证其提交的开户申请资料真实、准确、完整。投资者不得将本人的证券账户提供给他人使用。目前可以开立证券账户的投资者包括中国公民、中国法人、中国合伙企业及法律、行政法规、证监会规章规定的其他投资者。

◆ **结算参与人制度**。证券公司参与证券和资金的集中清算交收，应当向证券登记结算机构申请取得结算参与人资格，与证券登记结算机构签订结算协议，明确双方的权利义务。没有取得结算参与人资格的证券公司，应当与结算参与人签订委托结算协议，委托结算参与人代其进行证券和资金的集中清算交收。通过对结算参与人实行准入制度，制订风险控制和财务指标要求，证券登记结算机构可以有效控制结算风险，维护结算系统安全。

◆ **分级结算制度**。证券结算实行分级结算制度，即证券登记结算机构负责办理证券登记结算机构与结算参与人之间的集中清算交收；结算参与人负责办理该参与人与其客户之间的清算交收。

◆ **净额结算原则**。证券交易所达成的大多数证券交易均采取多边净额结算方式。证券登记结算机构采取多边净额结算方式的，应当根据业务规则，作为结算参与人的共同对手方，按照货银对付（Delivery versus Payment，DVP）的原则，以结算参与人为结算单位办理清算交收。

### 2.3.3 市场监控制度

中国证监会及其派出机构、证券交易所按照分工协作的原则共同负责中国证券市场的监控工作，重点打击内幕交易和市场操纵等违法违规行为。

在此监控制度下，上交所、深交所负责证券市场的一线监控，通过其所建立的监控系统实时盯盘，及时发现并查处异常交易，案情较重大的提请证监会调查处理；中国证监会负责指导交易所市场检查工作，在日常监管中及时发现违法违规的线索，依法对涉嫌内幕交易或市场操纵等行为采取调查处理措施。中国证监会有关部门对于交易所提交的报告，综合各方面信息进行分析研究，认为确实有内幕交易或者市场操纵嫌疑的，形成正式文件提请会稽查部门进行进一步调查。

# 2.4 上市公司监管制度

## 2.4.1 上市公司信息披露

信息披露制度，也称公示制度、公开披露制度，是上市公司及其信息披露义务人依照法律规定必须将其自身的财务变化、经营状况等信息和资料向社会公开或公告，以便使投资者充分了解情况的制度。它既包括发行前的披露，也包括上市后的持续信息公开。目前，中国证券市场已基本建立了以《证券法》、《公司法》和《上市公司信息披露管理办法》为主体，相关规范性文件为补充的全方位、多层次的上市公司信息披露制度。该制度借鉴了国际通行的规范，披露标准较高，从原则性规范到操作性规范，从信息披露的内容、形式到手段，都基本达到了成熟市场水平。

上市公司披露的信息按照其内容可以分为证券招股说明书（发行信息）、定期报告和临时报告三大类。

### 2.4.1.1 招股说明书

公司在首次公开发行股票和上市后再融资时，都要披露招股说明书。为使投资者对公司情况能有较为全面的了解，中国证监会分别制定了首次公开发行和再融资招股说明书的内容与格式指引，对公司信息披露内容提出了具体要求。

### 2.4.1.2 定期报告

上市公司定期报告包括年度报告、半年度报告和季度报告：

◆ **年度报告**。根据法律法规规定，上市公司应当在每一会计年度结束之日起4个月内披露年度报告。年度报告至少包括以下内容：公司基本情况；公司财务会计报表及经营情况；股本变动及股东情况；董事、监事、高级管理人员和员工情况；公司治理结构、股东大会召开情况、董事会报告、监事会报告以及公司重大事项等。年度报告中的财务会计报告应当经具有证券、期货相关业务资格的会计师事务所审计。

◆ **半年度报告**。上市公司应当在每一会计年度的上半年结束之日起2个月内披露半年度报告。半年度报告至少包括以下内容：公司基本情况；股本变动及主要股东持股情况；董事、监事、高级管理人员情况；管理层讨论与分析；公司重大事项；公司财务报告。

◆ **季度报告**。上市公司应当在会计年度前3个月、9个月结束后的1个月内披露季度报告。季度报告披露公司主要财务数据及管理层讨论与分析的内容。半年度报告和季度报告均不需要经具有证券、期货相关业务资格的会计师事务所审计。

#### 2.4.1.3 临时报告

发生可能对影响上市公司证券及其衍生品种交易价格产生较大影响的重大事件，上市公司应及时披露临时报告，说明事件起因、目前状态及可能产生的影响。重大事件包括：公司的经营方针及经营范围的重大变化；公司的重大投资行为和重大购置财产决定；公司订立重要合同；公司发生重大亏损；公司董事、1/3 以上监事或者经理发生变动；持有公司 5% 以上股份的股东或者实际控制人，其持有股份或者控制公司的情况发生较大变化；公司减资、合并、分立、解散及申请破产的决定；公司涉嫌犯罪被有权机关调查等。

### 2.4.2 上市公司治理

中国证监会为推动上市公司完善治理结构，增强透明度，提高规范化运作水平，出台了一系列法律法规，采取了多项有效措施，基本建立起了中国上市公司治理的制度框架。公司治理概念已得到社会的广泛接受与认同，上市公司治理结构也得到明显改善，规范运作水平有了很大提高。

中国证监会对上市公司治理结构的监管要求主要体现在 2002 年 1 月发布的《上市公司治理准则》（以下简称《准则》）。该《准则》根据经济合作与发展组织（OECD）公司治理原则，并结合中国证券市场实际情况而制定。《准则》阐明了中国上市公司治理的基本原则、投资者权利保护的实现方式，以及上市公司董事、监事、经理等高级管理人员所应当遵循的基本行为准则和职业道德。《准则》要求上市公司公平对待所有股东；上市公司可采取代理投票制与累计投票制保护中小股东权益；要求上市公司完全独立于其母公司；关联交易必须公平而透明；提倡股东积极主义，提倡机构投资者积极参与等。

#### 2.4.2.1 独立董事制度

根据《准则》及《关于在上市公司建立独立董事制度的指导意见》[①]（2001 年 8 月 16 日颁布实施），境内上市公司应建立独立董事制度；上市公司的独立董事应至少占董事会成员的 1/3，且其中至少包括一名会计专业人士；如果上市公司董事会下设薪酬、审计、提名等专门委员会，独立董事应占多数并担任召集人；独立董事应当对上市公司重大事项发表独立意见，重大事件包括提名或任免董事、聘任或解聘高级管理人员、公司董事和高级管理人员的薪酬、重大关联交易（指上市公司拟与关联人达成的总额高于 300 万元或高于上市公司最近经审计净资产值的 5% 的关联交易）、独立董事认为可能损害中小股东权益的事项等。

---

① 《上市公司治理准则》的中文全文可登陆中国证监会的网站（www. csrc. gov. cn/n575458/n776436/n804965/n3300690/n3300837/n3330750/3330844. html）；《关于在上市公司建立独立董事制度的指导意见》的中文全文可登陆中国证监会的网站（www. csrc. gov. cn/n575458/n575742/n2529771/256242. html）。

#### 2.4.2.2 股权激励机制

为进一步促进上市公司建立、健全激励和约束机制，中国证监会颁布了《上市公司股权激励管理办法（试行）》（简称《股权激励办法》），于2006年1月1日起施行。根据《股权激励办法》，上市公司股权激励的主要方式为限制性股票和股票期权；股权激励计划的激励对象不应当包括独立董事；上市公司全部有效的股权激励计划所涉及的标的股票总数累计不得超过公司股本总额的10%；独立董事应当就股权激励计划是否有利于上市公司的持续发展、是否存在明显损害上市公司及全体股东利益发表独立意见；董事会审议通过股权激励计划后，上市公司应将有关材料报证监会备案，同时抄送证券交易所及公司所在地证监局，在证监会未提出异议的情况下，上市公司可以发出召开股东大会的通知，审议并实施股权激励计划。

### 2.4.3 并购重组

#### 2.4.3.1 上市公司收购制度

上市公司的收购，一般是指取得或巩固对上市公司的控制权，包括：投资者通过直接收购上市公司的股份成为上市公司的控股股东，或者虽不是上市公司股东，但通过直接或间接方式取得对上市公司的控制权的行为。根据现行《证券法》，中国证监会已出台的上市公司收购的监管规章主要是《上市公司收购管理办法》（以下简称《收购办法》）和配套的细则。

◆ 《上市公司收购管理办法》等相关规则。中国证监会于2002年9月发布了《上市公司收购管理办法》和《上市公司股东持股变动信息披露管理办法》。上述规则施行后，上市公司收购和相关权益变动在总体上得到了有效规范，但实践中也出现了某些有意规避监管的控制权转移行为（例如签订先行转让表决权的股权托管协议）。为此，中国证监会于2004年7月发布了《关于规范上市公司实际控制权转移行为有关问题的通知》，及时填补了监管漏洞。

2005年《公司法》、《证券法》修订，对上市公司收购的有关机制作了明确调整。伴随股权分置改革后市场发生的新变化，中国证监会对《收购办法》及相关规则进行了修订，并于2006年7月31日正式发布，2006年9月1日起实施。新《收购办法》充分体现了鼓励上市公司收购的立法精神，将原来的强制性全面要约收购制度调整为强制性（部分）要约制度，并且为收购人增加了以证券支付收购价款的收购工具，从而降低了收购成本，有利于活跃上市公司的收购活动。同时，新《收购办法》充分发挥财务顾问对收购人事前把关、事后持续督导的把关作用，简化证监会审核程序、提高市场效率。由此，中国证监会对上市公司收购活动的监管机制发生了两个根本性变化：一是从证监会直接监管下的全面要约收购，转变为财务顾问把关下的部分要约收购；二是从完全依靠证监会的事前监管，转变为证监会适当的事前监管与重点强化事后监管相结合。

2007年第四季度以后，为维护市场稳定，进一步引导和规范上市公司控股股东增持股份的行为，中国证监会于2008年8月27日发布了《关于修改〈上市公司收购管理办法〉第六十三条的决定》，对于上市公司持股30%以上的大股东一年内在二级市场增持2%以内的股份，由事前核准调整为事后报备，增加了增持制度的灵活性。

◆ **国有股权和外资收购的特别规定。**上市公司收购，按照收购主体的性质还可进一步分为外资收购、国有股转让等类别。针对这些特定类型的并购活动，中国证监会也适时制定了专门规章或规范性文件，明确了相关配套监管机制。

中国证监会于2001年10月与原外经贸部联合发布了《关于上市公司涉及外商投资有关问题的若干意见》。随着外资并购的日益活跃，为进一步配合执行国家的对外开放、外资准入和相关产业政策，规范外资并购活动，中国证监会先后于2002年11月与财政部、原经贸委联合发布了《关于向外商转让上市公司国有股和法人股有关问题的通知》，2005年12月与商务部、税务总局、工商总局、外管局联合发布了《外国投资者对上市公司战略投资管理办法》，2006年8月与商务部、国资委、税务总局、工商总局联合发布了《关于外国投资者并购境内企业的规定》。根据上述特别规定，外国投资者对上市公司进行战略投资或者收购，均须先获得商务部的批准；涉及上市公司并购行政许可事项的，还须依法报中国证监会核准。

另一方面，为规范股权分置改革后的国有单位转让和受让上市公司股权的相关活动，中国证监会与国资委于2007年6月联合发布了《国有股东转让所持上市公司股份管理暂行办法》、《上市公司国有股东标识管理暂行规定》，要求通过证券交易系统转让所持股份的须遵守特定的时间和数量限制标准，通过协议方式转让的须履行特定信息披露和公开征集受让方程序，并向国资管理部门申报批准。

#### 2.4.3.2 上市公司重大资产重组

依据《证券法》和《公司法》，中国证监会于2008年4月发布了《上市公司重大资产重组管理办法》(简称《重组办法》)。这一办法与《上市公司收购管理办法》共同构成了中国上市公司并购重组活动的基本制度框架。《重组办法》主要内容包括：

◆ 优化重大资产重组的财务计算指标，在原指标基础上细化净资产额的计算指标。交易的成交金额达到资产净额的50%以上且超过5 000万元的，为重大重组。

◆ 细化构成重大重组的资产交易方式，包括资产购买和出售行为等，并将上市公司的控股子公司所进行的资产交易纳入监管范围，以减少监管盲点。

◆ 对上市公司以发行股份作为支付方式向特定对象购买资产的行为作了具体规范，以更好地规范和引导市场创新。

◆ 依据审慎监管原则确立主动监管机制。对未达到重大重组标准，但存在重大问题可能损害上市公司或者投资者合法权益或者蓄意规避监管的资产交易，证监会发现后有权要求公司披露补充相关信息、责令其暂停交易。

#### 2.4.3.3 财务顾问管理制度

为了充分发挥财务顾问在上市公司并购重组中的积极作用，促使上市公司规范运作，保护投资者的合法权益，中国证监会2008年7月4日发布了《上市公司并购重组财务顾问业务管理办法》（证监会令第54号，以下简称《财务顾问办法》）。《财务顾问办法》主要规定了证券公司、证券投资咨询机构以及其他财务顾问机构从事上市公司并购重组财务顾问业务的资格许可及财务顾问主办人资格条件、财务顾问及财务顾问主办人的职责及工作程序、对财务顾问及财务顾问主办人的不当执业或违法违规行为的监管措施和处罚等内容。考虑到中国现阶段证券行业的发展水平，《财务顾问办法》把能够从事财务顾问业务的机构范围仅限定于证券公司、投资咨询机构和其他符合条件的财务顾问机构。

《财务顾问办法》明确了财务顾问应当履行的6项基本职责，包括尽职调查、提供专业化服务、规范化运作辅导、发表专业意见、组织协调和持续督导，规定了财务顾问应履行的工作程序和内控制度要求。通过尽职调查制度、内核机构审查、内部报告、内部检查及保留完整工作档案的规定，确保财务顾问及财务顾问主办人切实履行职责；要求内核机构必须独立于财务顾问业务部门，保证内部管理应有的制衡和风险控制。

## 2.5 证券公司监管制度

### 2.5.1 业务许可制度

根据《证券法》第一百二十五条的规定，经中国证监会批准，证券公司可以经营下列部分或者全部业务：（一）证券经纪。（二）证券投资咨询。（三）与证券交易、证券投资活动有关的财务顾问。（四）证券承销与保荐。（五）证券自营。（六）证券资产管理。（七）其他证券业务。其他证券业务包括外资股业务、融资融券业务、证券公司合格境内机构投资者境外证券投资管理业务等。拟从事上述业务的证券公司需按照《证券法》、《证券公司监督管理条例》、《证券公司业务范围审批暂行规定》、《境内及境外证券经营机构从事外资股业务资格管理暂行规定》、《合格境内机构投资者境外证券投资管理实行办法》等规定，报中国证监会批准后方可从事有关业务。此外，按照《证券公司监督管理条例》第四十七条的规定，证券公司使用多个客户的资产进行集合投资，或者使用客户资产专项投资于特定目标产品的，应当报中国证监会批准。

### 2.5.2 分类监管制度

在总结近两年证券公司分类监管试行经验的基础上，中国证监会于2009年5月正式发布《证券公司分类监管规定》（以下简称《规定》）。该《规定》以证券公司的风险管理能力为基础，结合公司市场竞争力和持续合规状况，对证券公司进行综合评价，并根据评价分值的高低，将证券公司分为A（AAA、AA、A）、B（BBB、BB、B）、C（CCC、CC、C）、D、E等5类11个级别。

针对不同类别的证券公司，中国证监会实施了扶优限劣、区别对待的监管政策。一是将分类结果作为公司申请发行上市、新设营业网点的条件之一，也作为确定新业务、新产品试点范围和推广顺序的依据；二是不同类别的公司缴纳比例不同的投资者保护基金、适用宽严标准不同的风险控制指标；三是对不同类别的公司，在监管资源分配、现场检查和非现场检查频率等方面有所不同。

分类监管制度取得了初步效果，也得到了行业的普遍认同。一是从制度上确立了证券公司各类风险均须控制在净资本可承受范围内的要求，为动态的风险监测、预警及控制提供了定量标准和操作手段；二是增强了监管工作的针对性、适当性和主动性，有利于抓住重点，合理配置监管资源；三是强化了证券公司的动力和压力，日常财务、风控、合规状态与各自的业务空间、缴费数额、受监管程度直接挂钩，能够持续地发挥激励约束作用；四是促使证券公司把分类监管指标层层分解落实到经营管理的各个环节，将外部监管要求转化为加强风险控制和严格内部管理的具体措施；五是有利于行业新业务、新产品在公平公开的原则和清晰合理的预期下循序渐进，逐步推开，也便于控制创新风险。

### 2.5.3 合规管理制度

2008 年 7 月，中国证监会发布实施了《证券公司合规管理试行规定》，要求证券公司全面建立内部合规管理制度，设立合规总监和合规部门，强化对公司经营管理行为合规性的事前审查、事中监督和事后检查，有效预防、及时发现并快速处理内部机构和人员的违规行为，迅速改进完善内部管理制度。中国证监会把合规管理的有效性作为评价证券公司的重要指标，并据此决定对其违规行为的惩处方式和力度，以激励其加强自我管理。

实施合规管理制度，是健全证券公司内部约束机制、实现内部约束与外部监管有机互动的重要措施，有利于推动监管机制从行政监管为主向行政监管、行业自律和公司自我约束有机结合转变，持续提升证券公司自我管理、规范发展的能力。

### 2.5.4 证券公司分公司监管制度

2008 年 6 月，中国证监会对外公布了《证券公司分公司监管规定（试行）》，确立了对证券公司分公司的监管制度。该项制度是适应证券公司完善组织体系、有效隔离存在利益冲突的不同业务，规范分公司的设立和经营活动，并将证券公司所有经营性机构和非经营性机构纳入监管范围、消除监管漏洞的需要建立的。

《证券公司分公司监管规定（试行）》的主要内容包括：证券公司分公司的定义、业务范围及其设立条件；证券公司对其分公司的管理要求；证监会及其派出机构对证券公司分公司的监管职责分工；证券公司对《证券公司分公司监管规定（试行）》公布前在住所地外设立的从事经营活动的各类业务总部、管理总部、业务中心等机构及已获准设立的分公司，代表处、办事处等从事联络、研究、市场调查或者信息技术管理等非经营性活动的机构，以及证券公司驻地与主要办事机构所在地不一致情况的规范要求。

目前，中国证监会已基本完成了证券公司经营性机构的规范工作，对证券公司分公司的监管取得了初步成效。

### 2.5.5 净资本为核心的风险监控和预警制度

2006年7月，中国证监会发布《证券公司风险控制指标管理办法》，建立了较为完备的以净资本为核心的风险监管制度。该制度具有三个特点：一是建立了公司业务范围与净资本充足水平动态挂钩的机制。二是建立了公司业务规模与风险资本准备动态挂钩机制。三是建立了风险资本准备与净资本水平动态挂钩的机制。

2008年6月，中国证监会发布《关于修改〈证券公司风险控制指标管理办法〉的决定》，修改完善了《证券公司风险控制指标管理办法》，调整了净资本计算规则，对长期资产进行了全额扣除，进一步夯实了证券公司的资本水平，同时提高了有关业务风险资本准备的计算比例，适当扩大了计算范围，以适应市场发展和行业状况的变化。修改完善后的《证券公司风险控制指标管理办法》于2008年12月1日开始实施。这将有利于进一步完善证券公司风险的监控与防范，促使证券公司在风险可测、可控、可承受前提下进行业务创新，促进证券行业的规范发展。

### 2.5.6 客户交易结算资金第三方存管制度

客户交易结算资金第三方存管制度是落实《证券法》“客户的交易结算资金应当存放在商业银行，以每个客户的名义单独立户管理”和《证券公司监督管理条例》关于保护客户资产的有关规定，在原有客户资金存管制度基础上，按照保障客户资产安全、防止风险传递、方便投资者、有利于证券公司业务创新等原则设计和实施新的客户交易结算资金存管制度。

2004年初，中国证监会即在证券公司风险处置中开始试点第三方存管制度，2006年初在试点基础上对客户资金存管方案进行了改进，2006年7月开始在所有证券公司中推行。证券公司在接受客户委托，承担申报、清算、交收责任的基础上，在多家商业银行开立专户存放客户的交易结算资金，商业银行根据客户资金存取和证券公司提供的交易清算结果，记录每个客户的资金变动情况，建立客户资金明细账簿，并实施总分核对和客户资金的全封闭银证转账，以防止证券公司挪用。截至2008年4月底，证券公司已全面实施了客户交易结算资金的第三方存管。第三方存管制度实施后，客户交易结算资金安全性得到了有效保障。

### 2.5.7 信息报送与披露制度

对证券公司信息报送与披露方面的监管要求包括：

- **信息报送制度**。根据法律法规，证券公司应当自每一会计年度结束之日起4个月内，向中国证监会报送年度报告；自每月结束之日起7个工作日内，报送月度报告。发生影响或者可能影响证券公司经营管理、财务状况、风险控制指标或者客户资产安全的重大事件的，证券公司应当立即向证监会报送临时报告，说明事件的起因、目前的状态、可能产生的后果和拟采取的相应措施。
- **信息公开披露制度**。该制度主要包括基本信息公示和财务信息公开披露。目前，证券公司均通过中国证券业协会网站、公司网站、营业网点投资者园地等渠道进行基本信息公示，内容包括公司基本情况、经营性分支机构、业务许可类新产品、高管人员等信息，公示信息发生变动的，需要进行持续更新。同时，证券公司在每一会计年度结束后通过中国证券业协会网站、公司网站等渠道进行财务信息公开披露，内容包括公司上一年度审计报告、经审计会计报表及附注。

◆ **年报审计监管**。证券公司年报审计监管是证券公司非现场检查和日常监管的重要手段。在证券公司年报审计工作中，中国证监会督促证券公司向会计师事务所提供审计证据及相关资料；对审计过程中发现的问题，及时采取措施，督促整改。

### 2.5.8 证券经纪人制度

近年来，随着中国证券市场的持续发展和证券行业竞争的加剧，一些证券公司为扩大其证券经纪业务的市场覆盖面，积极探索委托外部人员从事证券经纪业务营销活动模式。外部营销人员队伍的发展，对扩大投资者群体、增强证券公司服务能力、促进证券市场发展发挥了积极作用，但由于实践中部分证券公司管理不到位、外部营销人员总体素质有待提高等原因，也出现了少数人为招揽客户而无序竞争、接受客户全权委托、诱导客户频繁交易等扰乱市场秩序、损害投资者合法权益的问题。

2008 年 4 月颁布的《证券公司监督管理条例》，明确规定证券公司从事证券经纪业务，可以委托证券公司以外的人员作为证券经纪人，代理其进行客户招揽、客户服务活动，并确立了证券经纪人执业行为的基本准则及监管的基本框架。为落实《证券法》、《证券公司监督管理条例》等法律法规的有关规定，规范证券公司对证券经纪人的管理及证券经纪人的执业行为，以兴利除弊，促进证券公司经纪业务营销活动健康发展，2009 年 3 月，中国证监会公布实施了《证券经纪人管理暂行规定》（以下简称《暂行规定》），分别对证券经纪人与证券公司之间的法律关系、证券经纪人的资格条件与执业注册登记、证券经纪人的执业行为规范、证券公司的管理责任和制度、行业协会的自律管理等作了明确规定。

《暂行规定》发布实施后，证券公司加强了对包括证券经纪人在内的营销人员的管理，进一步规范了证券经纪业务营销活动。截至 2009 年底，共有 31 家证券公司按照有关要求实施了证券经纪人制度，共计 5 800 多名证券经纪人取得了中国证券业协会颁发的证券经纪人证书。

## 2.6 基金监管制度

中国证监会对证券投资基金产品、相关机构、从业人员、专户理财以及 QFII 等的监管要求体现在基金监管法规体系中（基金监管内容见附图 1）。现行的基金监管法规体系由三部分组成，一是以《基金法》为代表的法律；二是《证券投资基金信息披露管理办法》（证监会令第 19 号）、《证券投资基金销售管理办法》（证监会令第 20 号）等 10 个部门规章；三是以基金管理公司治理准则、内部控制指导意见等为代表的规范性文件。

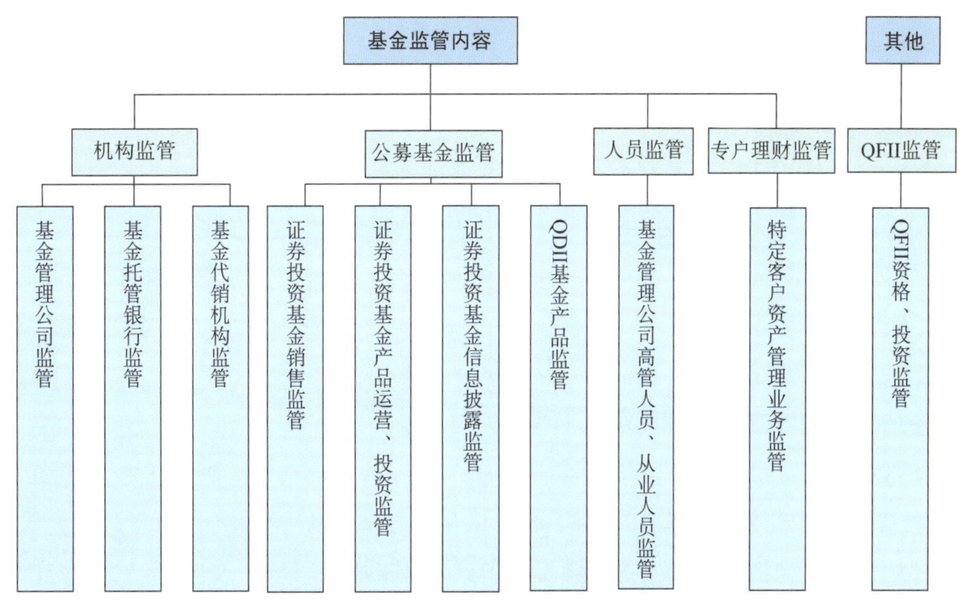


附图 1　基金监管框架结构图

资料来源：中国证监会。

在上述法规体系框架下，中国证监会通过建立良好有序的竞争环境和有效的制衡机制，设定机构、人员和产品的准入标准，不断提高监控水平、打击违规行为等监管政策，达到保护基金投资人的合法利益、防范系统风险和不断提高市场透明度的监管目标。

## 2.6.1　相关机构监管

与证券投资基金相关的机构包括基金管理公司、基金托管银行和基金代销机构等。

### 2.6.1.1　基金管理公司

《基金法》规定基金管理人由基金管理公司担任。基金管理公司的设立、变更和解散需要得到中国证监会的批准。中国证监会根据有关规定和审慎监管原则，对基金管理公司及其业务活动实施监管，包括但不限于以下方面：

◆ 在信息披露方面，一是定期报告，基金管理公司应当自年度结束之日起 3 个月内向证监会和所在地证监会派出机构报送该公司年度报告和年度评价报告；自季度结束之日起 15 日内报送监察稽核季度报告，自年度结束之日起 30 日内报送监察稽核年度报告；二是临时报告，基金管理公司发生《证券投资基金管理办法》第 58 条规定的情形时应当自发生之日起 5 日内向中国证监会和所在地证监会派出机构报告。

◆ 在公司治理方面，一是基金公司应当建立健全独立董事制度，独立董事人数不得少于 3 人，且不得少于董事会人数的 1/3；二是应当建立督察长制度，督察长由董事会聘任，对董事会负责，对公司经营运作的合法合规进行监察和稽核；三是建立科学合理、控制严密、运行高效的内部监控体系，制定科学完善的内部监控制度，保持经营运作合法、合规，保持公司内部监控健全、有效等。

#### 2.6.1.2 基金托管银行

《基金法》规定基金托管人由商业银行担任。商业银行从事证券投资基金托管业务，需经中国证监会和中国银监会核准，依法取得基金托管资格。中国证监会、中国银监会依法对商业银行基金托管业务活动进行监督管理。申请基金托管资格的商业银行应当具备下列条件：

◆ 最近3个会计年度的年末净资产均不低于20亿元人民币，资本充足率符合监管部门的有关规定。

◆ 设有专门的基金托管部门，并与其他业务部门保持独立。

◆ 基金托管部门拟任高级管理人员符合法定条件，拟从事基金清算、核算、投资监督、信息披露、内部稽核监控等业务的执业人员不少于5人，并具有基金从业资格。

◆ 有安全保管基金财产的条件和安全高效的清算、交割系统。

◆ 基金托管部门有满足营业需要的固定场所、配备独立的安全监控系统和独立的托管业务技术系统，包括网络系统、应用系统、安全防护系统、数据备份系统。

◆ 有完善的内部稽核监控制度和风险控制制度。

◆ 最近3年无重大违法违规记录。

◆ 法律、行政法规规定的和经国务院批准的中国证监会、中国银监会规定的其他条件。

#### 2.6.1.3 基金代销机构

基金销售由基金管理人负责办理，基金管理人可以委托取得基金代销业务资格的其他机构代为办理。商业银行、证券公司、证券投资咨询机构、专业基金销售机构，以及中国证监会规定的其他机构可以向中国证监会申请基金代销业务资格。基金管理人和基金代销机构的基金宣传推介材料，应当事先经基金管理人的督察长检查，出具合规意见书，并报中国证监会备案。

### 2.6.2 证券投资基金产品

#### 2.6.2.1 证券投资基金运作

基金管理人募集证券投资基金，须向中国证监会提出申请并得到其批准。基金管理人运用基金财产进行证券投资，不得有下列情形：

◆ 一只基金持有一家上市公司的股票，其市值超过基金资产净值的10%。

◆ 同一基金管理人管理的全部基金持有一家公司发行的证券，超过该证券的10%。

◆ 基金财产参与股票发行申购，单只基金所申报的金额超过该基金的总资产，单只基金所申报的股票数量超过拟发行股票公司本次发行股票的总量。

◆ 违反基金合同关于投资范围、投资策略和投资比例等约定。

◆ 证监会规定禁止的其他情形。

完全按照有关指数的构成比例进行证券投资的基金品种可以不受上述前两项规定的比例限

制。

#### 2.6.2.2　证券投资基金信息披露

基金信息披露义务人包括基金管理人、基金托管人、召集基金份额持有人大会的基金份额持有人等法律、行政法规和证监会规定的自然人、法人和其他组织。它们应当中国在证监会规定的时间内，将应予披露的基金信息通过中国证监会指定的全国性报刊和基金管理人、基金托管人的互联网网站等媒介披露，并保证投资人能够按照基金合同约定的时间和方式查阅或者复制公开披露的信息资料。这些应予公开披露的基金信息包括基金招募说明书、基金合同、基金定期报告（包括基金年度报告、基金半年度报告和基金季度报告等）。中国证监会及其派出机构依法对基金信息披露活动进行监督管理。

### 2.6.3　合格境外机构投资者（QFII）

中国证监会对合格境外机构投资者（QFII）的监管以《合格境外机构投资者境内证券投资管理办法》（证监会令第36号）为依据。中国从2002年12月起开始试行QFII制度。根据有关规定，QFII可以投资在证券交易所挂牌交易的除B股以外的股票、国债、可转换债券和企业债券以及中国证监会批准的其他金融工具。向中国证监会申请QFII资格，申请人应当具备下列主要条件：

◆ 财务稳健，资信良好，达到中国证监会规定的资产规模等条件。

◆ 申请人的从业人员符合所在国家或者地区的有关从业资格的要求。

◆ 有健全的治理结构和完善的内部控制制度，近3年未受到所在国家或者地区监管机构的重大处罚。

◆ 申请人所在国家或者地区证券监管机构已与证监会签订监管合作谅解备忘录，并保持着有效的监管合作关系。

### 2.6.4　合格境内机构投资者（QDII）

中国证监会对合格境内机构投资者（QDII）的监管主要以《合格境内机构投资者境外证券投资暂行管理办法》（证监会令第46号）为依据。中国从2007年7月5日起开始试行QDII制度。QDII在境内募集资金，运用所募集的部分或者全部资金以资产组合方式进行境外证券投资管理。境内基金管理公司和证券公司等证券经营机构向中国证监会申请QDII资格的，应当具备下列主要条件：

◆ 财务稳健，资信良好，资产管理规模、经营年限等符合中国证监会的规定。对基金管理公司来说，净资产需不少于2亿元人民币；经营证券投资基金管理业务达2年以上；在最近一个季度末资产管理规模不少于200亿元人民币或等值外汇资产。对证券公司来讲，各项风险控制指标符合规定标准；净资本不低于8亿元人民币；净资本与净资产比例不低于70%；经营集合资产管理计划业务达1年以上；在最近一个季度末资产管理规模不少于20亿元人民币或等值外汇资产。

◆ 拥有符合规定的具有境外投资管理相关经验的人员。

◆ 具有健全的治理结构和完善的内部控制制度，经营行为规范。

◆ 最近3年没有受到监管机构的重大处罚，没有重大事项正在接受司法部门、监管机构的立案调查。

## 2.7 期货市场与期货业监管制度

### 2.7.1 期货交易制度

期货交易制度主要包括保证金制度、当日无负债结算制度、涨跌停板制度、限仓制度和大户报告制度等。

◆ **保证金制度**。保证金是期货交易者按照所买卖期货合约价值的一定比率缴纳的资金，用于担保其期货合约的履行。客户向期货公司缴纳；期货公司作为会员向期货交易所缴纳。在实行会员分级结算制度的期货交易所，期货交易所的非结算会员向结算会员缴纳保证金。只有所缴纳的保证金达到规定标准并在不足时及时补足的，交易者才能继续其交易。保证金制度对于确保期货交易的双方当事人履行合约义务，有效避免会员或客户违约的风险，从而保障期货市场的正常运行具有重要作用。

◆ **当日无负债结算制度**。当日交易结束后，期货交易所按照当日结算价对会员结算所有合约的盈亏、交易保证金及手续费、税金等费用，对应收应付的款项实行净额一次划转，相应增加或减少结算准备金。会员在期货交易所结算完成后，再按照同样的原则对客户进行结算。在实行会员分级结算制度的期货交易所，期货交易所只对结算会员结算；非结算会员由结算会员为其结算。如果会员、客户未能按要求及时补足保证金，期货交易所、会员在开市前对其交易采取限制开仓、强行平仓等措施。

◆ **涨跌停板制度**。期货合约在一个交易日中的交易价格不得高于或者低于规定的涨跌幅度，超出该涨跌幅度的报价将被视为无效，不能成交。涨跌停板制度的实施，使期货交易所、会员的损失被控制在一定幅度内，从而为保证金制度的实施创造了有利条件。

◆ **持仓限额制度**。期货交易所为了防范操纵市场价格的行为和防止期货市场风险的过度集中，对会员及客户的持仓数量进行限制的制度，超过限额的将被禁止开新仓或者强制平仓。持仓限额一般可以根据不同情形作一定调整。如可以根据会员、客户资信情况和保证金水平，适当调整其持仓限额；可以根据某种合约距离交割月份的远近来确定其持仓限额。中国期货交易实行客户编码管理制度，贯彻一户一码的具体管理规定，对期货公司代理的客户实行编码下的持仓限额，即每一个交易编码下的持仓不得超过一定限额，客户在不同会员处开户的，要合并计算。

◆ **大户持仓报告制度**。在实施持仓限额制度的前提下，当某一会员或者客户的持仓量达到了期货交易所规定的限额时，必须向期货交易所报告，报告的内容一般包括其开户情况、交易情况、

资金来源、交易动机等。大户持仓报告制度的实施，可以使期货交易所更好地检查市场持仓集中的情况，防范大户操纵市场价格并进而能更好地控制市场风险。

◆ **风险准备金制度**。风险准备金用于维护期货市场正常运转而提供财务保障和弥补因不可预见的风险带来的亏损，期货交易所、期货公司、非期货公司结算会员应当按照证监会和财政部的规定提取、管理和使用风险准备金。

◆ **结算担保金制度**。实行分级结算制度的期货交易所建立结算担保金制度。结算担保金包括基础结算担保金和变动结算担保金，由结算会员以自有资金向期货交易所缴纳，属于结算会员所有，用于应对结算会员违约风险。结算担保金制度作为一种联保制度，可以增强期货交易所抵御风险的能力。

## 2.7.2　期货公司监管

### 2.7.2.1　业务许可制度

根据《期货交易管理条例》等有关规定，期货公司业务实行许可制度，由中国证监会按照其商品期货、金融期货业务种类颁发许可证；期货公司除申请经营境内期货经纪业务外，还可以申请经营境外期货经纪、期货投资咨询等业务；期货公司不得从事与期货业务无关的活动，法律、行政法规或者中国证监会另有规定的除外；期货公司不得从事或者变相从事期货自营业务。

### 2.7.2.2　公司治理

根据《公司法》的基本要求，结合期货公司的经营特点和期货业务的风险特征，《期货交易管理条例》、《期货公司管理办法》以及《期货公司首席风险官管理规定（试行）》等，对期货公司治理作出全面系统的规定。

期货公司应当按照明晰职责、强化制衡、加强风险管理的原则，建立并完善公司治理。具体要求包括：

◆ 期货公司应设立董事会和监事会或监事，应当合理设置业务部门及其职能，对关键岗位及业务实施重点控制，确保前、中、后台业务分开。

◆ 期货公司应与其控股股东在业务、人员、资产、财务、场所等方面严格分开，独立经营，独立核算。

◆ 期货公司对营业部实行统一结算、统一风险管理、统一资金调拨、统一财务管理和会计核算。

◆ 期货公司应当设首席风险官，负责对期货公司经营管理行为的合法合规性、风险管理进行监督、检查，首席风险官发现涉嫌占用、挪用客户保证金等违法违规行为或者可能发生风险的，应当立即向中国证监会派出机构、公司董事会报告。

◆ 具有实行会员分级结算制度期货交易所结算业务资格的期货公司和独资期货公司等应当设独立董事。

### 2.7.2.3　客户资产保护

为保护期货投资者资产安全，在总结期货保证金封闭运行和期货保证金安全存管监控前期实践的基础上，《期货公司管理办法》（第五章）对客户资产保护作出规定：一是强化期货保证金归客户所有的法律属性，除期货公司依法划转外，禁止任何单位或者个人以任何形式占用、挪用；期货保证金要与期货公司自有资产分别管理，不得被非法查封、冻结、扣划或者强制执行；期货公司破产或者清算时，客户的保证金不属于破产财产或者清算财产。二是明确了期货公司对期货保证金账户的备案、披露等管理要求，严禁期货公司在规定账户之外存放客户保证金，期货公司应及时报送期货保证金安全监控信息。三是客户从事期货交易实行实名制，客户要报备存取保证金的期货结算账户，保证金必须通过转账方式存取划转。四是明确提出了期货公司以自有资金缴存结算担保金、最低结算准备金的缴纳义务，以及期货公司在客户违约保证金不足时的垫付义务。

为保护期货投资者的资金安全，从制度上防止期货公司挪用投资者保证金，按照安全优先、兼顾效率的总体原则，中国证监会建立了期货保证金安全存管系统，设立中国期货保证金监控中心，利用技术系统每日对交易所、结算银行和期货公司三方的保证金数据进行核对，并提供客户直接查询保证金数据。

为建立投资者救助和利益补偿机制，国家设立了期货投资者保障基金。对于由于期货公司出现严重违法违规或者风险控制不力等导致保证金出现缺口的，根据《期货投资者保障基金管理暂行办法》，由保障基金对无辜客户遭受的保证金损失进行一定比例的补偿。

#### 2.7.2.4 风险监管指标标准

期货公司代理客户从事期货交易，吸收客户资金，风险突发性较强，因此，期货公司需要持续符合风险监管指标标准，确保具有抵御风险的能力。中国证监会于2007年4月19日发布实施的《期货公司风险监管指标管理试行办法》要求，期货公司应当持续符合以下风险监管指标标准：

- 净资本不得低于人民币1 500万元。
- 净资本不得低于客户权益总额的6%。
- 净资本按营业部数量平均折算额（净资本/营业部家数）不得低于人民币300万元。
- 净资本与净资产的比例不得低于40%。
- 流动资产与流动负债的比例不得低于100%。
- 负债与净资产的比例不得高于150%。
- 规定的最低限额的结算准备金要求。

期货公司委托其他机构提供中间介绍业务的，净资本不得低于人民币3 000万元；从事交易结算业务的期货公司，净资本不得低于人民币4 500万元；从事全面结算业务的期货公司，净资本不得低于以下标准：（1）人民币9 000万元。（2）客户权益总额与其代理结算的非结算会员权益或者非结算会员客户权益之和的6%。

# 2.8 会计和财务信息披露监管制度

## 2.8.1 新《企业会计准则》与国际会计准则的趋同

2006年2月，财政部颁布了新《企业会计准则》（以下简称新会计准则）。新会计准则包括1项基本准则和38项具体准则，以及配套的应用指南、解释公告、讲解和实施问题专家工作组意见。修订后的会计准则与国际会计准则实现了实质性趋同。继2006年与国际会计准则委员会签订会计准则趋同联合声明后，2007年12月，中国会计准则委员会与香港会计师公会就两地会计准则签署了等效联合声明；2009年9月，财政部发布了《中国企业会计准则与国际财务报告准则持续全面趋同路线图》（征求意见稿）；世界银行于2009年10月完成了ROSC（Report on Observance of Standards and Codes）中国会计审计评估工作，对中国会计、审计准则的制定和执行效果给予了充分肯定。以上均标志着中国会计准则的等效工作取得了实质性进展。中国会计准则与美国会计准则等效的工作也正在积极推进中。中国会计准则与境外上市地的会计准则等效后，中国企业按中国会计准则编制的报表将直接被境外资本市场接受，有利于促进跨境经济活动的开展和推动国际监管合作。

在会计准则执行监管层面，中国证监会建立了相关业务部门和专业部门、辖区证监局、证券交易所“三位一体”的综合动态监管体系，全面加强对会计准则的执行监管。新会计准则执行以来，中国证监会不断推动完善上市公司内部控制，增加内在约束力。2009年，中国证监会完善了重大会计问题的征询、反馈机制，通过出具监管函件和印发《上市公司执行企业会计准则监管问题解答》的方式统一会计监管标准，同时中国证监会继续与会计准则制定机构保持密切沟通协调，保证了会计准则的执行效果，提高了资本市场会计信息质量。

## 2.8.2 上市公司财务信息披露规范

上市公司需按照中国证监会制定的相关信息披露规范的要求，在定期报告中披露有关财务信息。目前的信息披露规范体系涉及财务相关信息披露的规范涵盖了财务报告的一般规定、净资产收益率和每股收益的计算及披露、非标准无保留审计意见及其涉及事项的处理、财务信息的更正及披露等内容，以信息披露解释公告的方式对涉及非经常性损益、中高级管理人员奖励基金、累计亏损的弥补、会计估计差异等内容进行了说明和规范。

## 2.8.3 首席会计师联席会议制度

2007年，中国证监会建立了首席会计师联席会议制度。首席会计师联席会议由中国证监会首席会计师召集，成员来自证监会发行部、上市部等12个部门和上交所、深交所。首席会计师联席会议将作为加强证券监管系统专业沟通和交流的平台，进一步促进资本市场财务信息披露质量的提高。

### 2.8.4 证券监管系统会计专业技术小组

中国证监会的派出机构，各证券、期货交易所和中国登记结算公司均于2005年成立了会计专业技术小组（以下简称会计小组），并于2008年重新完善了架构。中国证监会会计部具体负责证券监管系统会计专业标准制定、技术指导和工作协调。会计小组是非行政性专业机构，负责证券市场会计专业监管工作，主要职责包括：就日常证券市场监管过程中遇到的重点和难点问题进行沟通，统一相关问题的处理标准；定期召开证券市场会计专业技术协调会，通报证券市场中执行会计准则、会计制度等方面的重点、难点问题，探讨相应的处理标准；开展证券监管系统会计专业培训，提高证券监管人员的会计专业水平。会计小组成立以来，在统一证券监管系统会计专业监管标准、增强监管系统会计监管的协调性以及提高监管人员专业素质方面发挥了积极作用，有助于加强会计监管、提高上市公司会计信息质量和促进资本市场稳定健康发展。

## 2.9 审计和资产评估监管制度

### 2.9.1 中国审计准则与国际审计准则的趋同

2005年底，中国审计准则委员会与国际审计与鉴证准则理事会（International Auditing and Assurance Standard Board，以下简称IAASB）签署了联合声明，高度认可了中国在审计准则国际趋同方面所做的努力和取得的重大进展。2006年初，财政部颁布了《中国注册会计师鉴证业务基本准则》。该基本准则在内容上充分吸收了国际审计准则的基本原则和核心程序，在审计的目标与原则、风险的评估与应对、审计证据的获取和分析，审计结论的形成和报告，以及注册会计师执业责任等重大方面与国际审计准则保持一致。2007年底，中国审计准则委员会与香港会计师公会发布了联合声明宣布内地审计准则与香港审计准则等效。2009年11月3日，国际会计师联合会（IFAC）在其公布的《世界各国（地区）采用国际审计准则情况的报告》中指出，中国已基本采用了国际审计准则，并对其作出了必要的调整，所作的调整符合IAASB公布的调整政策。

2009年，在国际审计准则完成明晰性项目后，为保持中国审计准则体系和国际审计准则的持续全面趋同，中国注册会计师协会针对国际审计准则的新变化，正在对中国审计准则进行全面修订，并计划于2010年10月发布修订后的审计准则。

### 2.9.2 审计和评估机构的辖区监管责任制制度

中国证监会2009年修订了《会计师事务所与资产评估机构证券期货相关业务监管责任制》（以下简称辖区监管责任制），进一步加强和完善了独具特色的审计监管模式——辖区监管责任制。

在辖区监管责任制的框架下，中国证监会会计部负责组织检查组对具有证券期货相关业务资格的会计师事务所和资产评估所（以下简称审计与评估机构）进行全面检查、专项检查，并进行持续性的监督。会计部实施的全面检查是针对审计与评估机构内部治理、业务质量控制体系及具体执业质量进行的定期检查，检查重点包括：（1）内部治理的合法性和有效性。（2）业务质量控制体系的完备性和有效性。（3）具体项目执业质量。专项检查可根据特定需求，针对上述任何内容进行特定的检查。

证监局针对具体项目执业质量进行业务检查，主要检查审计与评估机构是否按照《中国注册会计师执业准则》、《资产评估准则》实施了必要的审计（评估）程序，获取了充分、适当的审计证据（评估依据），形成了恰当的审计意见（评估结论）。在业务检查中，可以对有证券期货相关业务资格的相关机构进行延伸检查，必要时可延伸检查审计（评估）机构的内部治理、业务质量控制体系。

会计部约每3年全面检查所有审计（评估）机构，同时进行日常监督，各证监局对辖区内执业的审计（评估）机构每年进行业务检查，实现了全面、持续监管，不留监管漏洞。

### 2.9.3 监管信息系统

为了不断增强监管透明度，掌握审计（评估）机构的持续、实时信息，中国证监会建立了审计（评估）机构监管信息系统。系统内容分为两部分：一部分是审计（评估）机构人员和业务信息；另一部分是监管部门的检查信息（包括检查通知、检查报告等）、对审计（评估）机构采取的监管措施、行政处罚和市场禁入等信息。

### 2.9.4 跨境监管合作

中国证监会历来重视资本市场监管与审计监管的国际合作，并于2007年4月成为国际证监会组织（IOSCO）多边备忘录的签署方。2009年，中国证监会会同财政部制定了内地事务所从事H股企业审计业务试点工作方案，推动内地会计师事务所做大做强。中国证监会还在相互尊重主权、法律体系和对等互信的基础上，协调财政部等相关部门积极地与美国公众公司会计监督委员会（PCAOB）和欧盟等国际会计监管机构进行跨境监管合作谈判工作，进一步加强监管合作。

## 2.10 证券执法制度

2009年，中国证监会继续落实证券执法新体制和《关于稽查工作分工协作的指导意见》的各项要求，稽查局（首席稽查办公室）、稽查总队和派出机构稽查力量分工协作，行政处罚委员会专司审理的证券执法工作机制逐渐形成了具有统一指挥、反应迅速、协调有序、运转高效特点的稽查体系。证券执法程序见附图2。

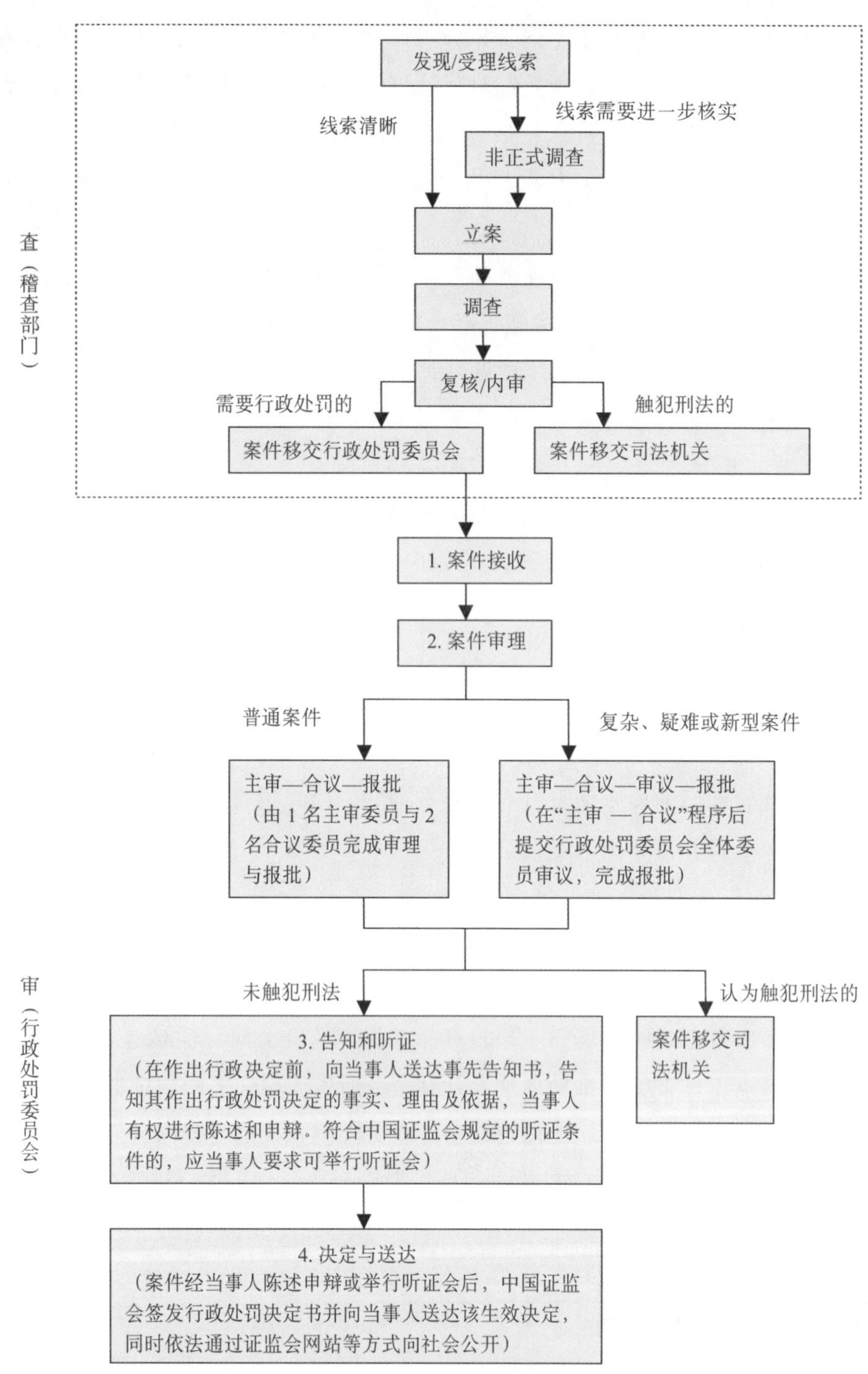


**附图2　证券执法程序**

### 2.10.1　案件稽查

案件的立案和调查权由中国证监会稽查部门执行。首席稽查负责统一协调、指挥全系统的稽查工作。稽查局（首席稽查办公室）负责拟订证券期货执法的法规、规章和规则，组织非正式调查，办理立案、撤案等事宜，组织重大案件查办，协调、指导、督导案件调查及相关工作，复核案件调查报告，统一负责案情发布，协调跨境案件的办理，组织行业反洗钱工作，办理稽查边控、查封、冻结等强制手续，组织、协调行政处罚的执行，组织稽查培训、考评、奖励，负责案件统计工作。稽查总队承办跨区域的重大案件，紧急、敏感、复杂类案件；负责所承办案件的调查、内审和移送；负责总队干部的培训；负责与承办案件相关的课题研究。派出机构负责辖区内市场主体违法违规行为的立案和调查，承办稽查局交办的案件，办理协助调查事项，协同反洗钱工作，落实行政处罚的执行。

### 2.10.2 案件审理

所有案件的审理由行政处罚委员会进行。2007 年新设立的行政处罚委员会主要负责制定证券期货违法违规认定规则，审理稽查部门移交的案件，依照法定程序主持听证，拟定行政处罚意见。该委员会下设办公室，作为行政处罚委员会的日常办事机构。委员会及其办公室编制为 20 人（含委员）。

# 附录3 自律机构简介

## 3.1 上海证券交易所

上海证券交易所（以下简称上交所）成立于1990年11月26日。截至2009年12月底，上交所共有上市公司870家，上市证券数1 351个，市价总值184 655.23亿元。2009年全年，上交所股票成交金额346 511.91亿元，股票筹资总额3 343.15亿元。上交所现有证券类会员107家，境内外特别会员7家。

上交所下设交易管理部、公司管理部、发行上市部、会员部、债券基金部、市场监察部、产品开发部、法律部、国际发展部、技术中心、信息中心、研究中心等21个部门及上海证券通信有限责任公司、上证所信息网络有限公司两家全资子公司。

上交所市场交易主要采用电子竞价交易方式，通过电脑主机进行公开申报竞价，由主机按照价格优先、时间优先的原则自动撮合成交。目前，核心交易系统A股日累计可申报上限1.8亿笔，日累计成交上限1.8亿笔；B股日累计可申报上限400万笔，日累计成交上限1 100万笔；持续申报处理能力超过85 000笔/秒。另外，上交所还支持大宗交易及固定收益类产品的报价、协议申报交易。

## 3.2 深圳证券交易所

深圳证券交易所（以下简称深交所）成立于1990年12月1日。深交所致力于多层次资本市场体系建设，设有主板、中小企业板、创业板以及报价转让系统。

截至2009年底，深交所挂牌交易的各类证券有1 165只，总市值9.3万亿元；有上市公司830家，股票总市值5.9万亿元，其中主板、中小板和创业板上市公司数分别为467家、327家和36家，总市值分别为4.08万亿元、1.69万亿元和0.16万亿元；报价转让系统共有挂牌公司114家。

深交所积极推进产品创新，其中上市股票数872只，基金产品55只（其中封闭式基金20只，开放式基金33只，ETF 2只），债券237只（其中企业债66只，国债168只，可转债3

只），资产证券化产品 7 只，股票权证 1 只。

## 3.3 中国金融期货交易所

中国金融期货交易所（以下简称中金所）成立于 2006 年 9 月 8 日，是经国务院同意，中国证监会批准，由上海期货交易所、郑州商品交易所、大连商品交易所、上海证券交易所和深圳证券交易所共同发起设立的公司制交易所。

中金所的首个金融期货产品是沪深 300 股指期货。之后，中金所根据市场需求，陆续推出其他股指期货和期权产品，并深入研究开发国债、外汇期货及期权等金融衍生产品，构造出一个不断丰富、不断完善的金融衍生品产品体系。

## 3.4 上海期货交易所

上海期货交易所（以下简称上期所）成立于 1999 年 12 月，其前身为上海金属交易所、上海粮油商品交易所、上海商品交易所。上海期货交易所目前上市交易的有黄金、铜、铝、锌、螺纹钢、线材、燃料油、天然橡胶 8 种期货合约。

上期所现有会员 200 多家（其中经纪公司会员占 81% 以上），指定交割仓库 26 家，在全国各地开通远程交易终端近 400 个。2009 年全年，上期所共成交合约 8.7 亿手，累计成交金额 73.8 万亿元，同比分别增长 210.03% 和 155.47%。

## 3.5 大连商品交易所

大连商品交易所（以下简称大商所）成立于 1993 年 2 月 28 日。成立以来，大商所规范运营、稳步发展，已经成为中国重要的期货交易中心之一。目前，上市交易的有玉米、黄大豆 1 号、黄大豆 2 号、豆粕、豆油、棕榈油、线型低密度聚乙烯（LLDPE）和聚氯乙烯（PVC）8 个期货品种。

截至 2009 年底，大商所共有会员 189 家，指定交割库 137 家，投资者开户数约 92 万户。2009 年全年，大商所共成交期货合约 8.3 亿手，累计成交金额 37.6 万亿元，同比分别增长 30.59% 和 36.96%。

## 3.6 郑州商品交易所

郑州商品交易所（以下简称郑商所）成立于1990年10月12日，是经国务院批准的首家期货市场试点单位。1998年8月，郑商所被国务院确定为全国3家期货交易所之一。“郑州价格”在传导宏观调控政策和促进国民经济平稳运行的重要作用正在逐步发挥。

2009全年，郑商所共成交合约4.5亿手，成交金额19.1万亿元，同比分别增长2.04%和22.83%。

## 3.7 中国证券业协会

中国证券业协会成立于1991年8月28日，为全国性证券业自律性组织，属非营利性社会团体法人，实行会长负责制，接受中国证监会和国家民政部的业务指导和监督管理。中国证券业协会的最高权力机构是由全体会员组成的会员大会，理事会为其执行机构，由会员理事和非会员理事组成。中国证券业协会设常务理事会，对理事会负责，由会长、副会长、秘书长和非会员常务理事组成。

中国证券业协会的宗旨是：在国家对证券业实行集中统一监督管理的前提下，进行证券业自律管理；发挥政府与证券行业间的桥梁和纽带作用；为会员服务，维护会员的合法权益；维持证券业的正当竞争秩序，促进证券市场的公开、公平、公正，推动证券市场的健康稳定发展。

截至2009年底，中国证券业协会共有会员327家，其中，证券公司107家，基金公司61家，咨询公司95家，资信评估机构5家，资产管理公司3家，特别会员56家（其中交易所2家，登记结算公司1家，基金托管机构17家，地方证券业协会36家）。

## 3.8 中国期货业协会

中国期货业协会成立于2000年12月29日，是根据《社会团体登记管理条例》设立的全国期货行业自律性组织。其为非营利性的社会团体法人，实行会长负责制。会员大会是协会的最高权力机构，理事会是会员大会闭会期间的协会常设权力机构，由会员理事、特别会员理事和非会员理事组成。理事会下设纪律、申诉、信息技术、研究发展、期货分析师5个专业委员会，委员会为理事会议事机构。目前，中国期货业协会常设办事机构设办公室、会员部、培训部、研究部、合规调查部、资格考试与认证部、信息技术部7个部门。

中国期货业协会以“自律、服务、传导”为宗旨，在国家对期货业实行集中统一监督管理的前提下，进行期货业自律管理；发挥政府与期货行业间的桥梁和纽带作用，为会员服务，维护会员的合法权益；坚持期货市场的公开、公平、公正，维护期货业的正当竞争秩序，保护投资者利益，推动期货市场的健康稳定发展。

截至2009年底，中国期货业协会共有会员201家，其中，期货交易所特别会员4家，地方期货业协会联系会员33家，期货公司会员164家。

## 3.9 中国证券登记结算有限责任公司

中国证券登记结算有限责任公司（以下简称中国结算）成立于2001年3月30日，是不以营利为目的的法人，其维护的证券登记结算系统是证券市场的主要基础设施，是支撑和保障证券市场稳定运行的后台中枢。按照《证券法》和《证券登记结算管理办法》的相关规定，中国结算依法履行证券账户的设立和管理，证券集中登记、存管等职能，并以结算参与人为单位，提供多边净额和全额等多种结算服务。

截至2009年底，公司管理的投资者股票账户约14 027.88万户，登记存管证券2 240只，总市值约为25.21万亿元，全年日均处理过户笔数约2 897.37万笔，日均结算总额约7 770.59亿元。

## 3.10 中国证券投资者保护基金有限责任公司

2005年6月，经国务院批准，中国证监会、财政部、人民银行发布《证券投资者保护基金管理办法》，同意设立国有独资的保护基金公司，并批准了公司章程。2005年8月30日，中国证券投资者保护基金有限责任公司（以下简称公司）在国家工商总局注册成立，由国务院出资，财政部一次性拨入注册资金63亿元。公司性质为非营利性企业法人，归口中国证监会管理。

公司主要职责包括筹集、管理和运作证券投资者保护基金；监测证券公司风险，参与证券公司风险处置工作；证券公司被撤销、关闭和破产或被中国证监会采取行政接管、托管经营等强制性监管措施时，按照国家有关政策规定对债权人予以偿付；组织、参与被撤销、关闭或破产证券公司清算工作；管理和处分受偿资产，维护基金权益；发现证券公司经营管理中出现可能危及投资者利益和证券市场安全的重大风险时，向中国证监会提出监管、处置建议；对证券公司运营中存在的风险隐患会同有关部门建立纠正机制。近年来，按照中国证监会党委统一部署，公司进一步加大了投资者保护工作力度，相继成立了投资者呼叫中心，投资者调查中心和投资者教育中心，初步建成了投资者调查、投资者教育、投资者服务、投资者偿付四位一体、积极主动的投资者保护长效机制。

## 3.11 中国期货保证金监控中心有限责任公司

中国期货保证金监控中心有限责任公司（以下简称中国期货保证金监控中心）是经国务院同意、中国证监会决定设立，由上海期货交易所、郑州商品交易所、大连商品交易所共同出资，于2006年3月16日在国家工商行政管理总局注册登记的非营利性公司制法人。该单位的主管部门是中国证监会，其业务接受证监会领导、监督和管理，主要职能是：

- 建立和完善期货保证金监控、预警机制，及时发现并向监管部门报告影响期货保证金安全的问题，为期货投资者提供有关期货交易结算信息查询及其他服务。
- 代管期货投资者保障基金，参与期货公司风险处置。
- 负责期货市场运行监测监控系统建设，并承担期货市场运行的监测、监控及研究分析等工作。
- 承担全国统一开户系统建设以及相关工作。

# 附　　表

## 附表 1 中国证券市场的主要统计数据（1999～2009 年）

| 指 标 | 1999 年 | 2000 年 | 2001 年 | 2002 年 | 2003 年 | 2004 年 | 2005 年 | 2006 年 | 2007 年 | 2008 年 | 2009 年 |
|---|---|---|---|---|---|---|---|---|---|---|---|
| 境内上市公司数（A、B 股）（家） | 949 | 1 088 | 1 160 | 1 224 | 1 287 | 1 377 | 1 381 | 1 434 | 1 550 | 1 625 | 1 718 |
| 境内上市外资股（B 股）（家） | 108 | 114 | 112 | 111 | 111 | 110 | 109 | 109 | 109 | 109 | 108 |
| 境外上市公司数（家） | 46 | 52 | 60 | 75 | 93 | 111 | 122 | 143 | 148 | 153 | 159 |
| 股票总发行股本（亿股） | 3 088.95 | 3 791.71 | 5 218.01 | 5 875.45 | 6 428.46 | 7 149.43 | 7 629.51 | 14 926.35 | 22 416.85 | 24 522.85 | 26 162.85 |
| 其中：流通股本 | 1 079.65 | 1 354.26 | 1 813.17 | 2 036.90 | 2 269.92 | 2 577.18 | 2 914.77 | 3 444.50 | 10 331.52 | 12 578.91 | 19 759.53 |
| 股票市价总值（亿元） | 26 471.17 | 48 090.94 | 43 522.20 | 38 329.12 | 42 457.72 | 37 055.57 | 32 430.28 | 89 403.89 | 327 140.89 | 121 366.44 | 243 939.12 |
| 其中：股票流通市值 | 8 213.97 | 16 087.52 | 14 463.17 | 12 484.55 | 13 178.52 | 11 688.64 | 10 630.53 | 25 003.64 | 93 064.35 | 45 213.90 | 151 258.65 |
| 股票成交金额（亿元） | 31 319.60 | 60 826.65 | 38 305.18 | 27 990.46 | 32 115.27 | 42 333.95 | 31 663.16 | 90 468.92 | 460 556.22 | 267 112.64 | 535 986.74 |
| 上证综合指数（收盘） | 1 366.58 | 2 073.48 | 1 645.97 | 1 357.65 | 1 497.04 | 1 266.50 | 1 161.06 | 2 675.47 | 5 261.56 | 1 820.81 | 3 277.14 |
| 深证综合指数（收盘） | 402.18 | 635.73 | 475.94 | 388.76 | 378.62 | 315.81 | 278.74 | 550.59 | 1 447.02 | 553.30 | 1 201.34 |
| 投资者开户数（万户） | 4 810.63 | 6 154.53 | 6 965.90 | 7 202.16 | 7 344.41 | 7 215.74 | 7 336.07 | 7 849.27 | 13 887.02 | 15 198.01 | 17 149.67 |
| 交易所债券成交金额（亿元） | 18 284.12 | 19 119.16 | 20 417.76 | 33 249.53 | 62 136.36 | 50 323.50 | 28 367.85 | 18 279.32 | 20 667.21 | 28 601.49 | 38 812.72 |
| 证券投资基金只数（只） | 16 | 34 | 51 | 71 | 95 | 161 | 218 | 307 | 346 | 439 | 557 |
| 证券投资基金规模（亿份） | 505.00 | 560.00 | 811.26 | 1 330.36 | 1 632.76 | 3 308.79 | 4 714.92 | 6 220.69 | 22 339.84 | 25 741.25 | 24 535.89 |
| 证券投资基金成交金额（亿元） | 1 623.12 | 2 465.79 | 2 561.88 | 1 166.58 | 682.65 | 728.58 | 773.13 | 1 879.05 | 8 620.10 | 5 831.06 | 10 249.58 |
| 期货总成交量（万手） | 7 363.91 | 5 461.07 | 12 046.35 | 13 943.37 | 27 992.43 | 30 569.76 | 32 287.41 | 44 947.41 | 72 800 | 136 396 | 215 743 |
| 期货总成交额量（亿元） | 22 343.01 | 16 082.29 | 30 144.98 | 39 490.28 | 108 396.59 | 146 935.32 | 134 462.71 | 210 046.32 | 410 000.00 | 719 173.35 | 1 305 107.20 |

注：1. 数据来源：中国证监会、各证券、期货交易所。

2. 本表中有关股票的指标数值均涵盖 A、B 股。

## 附表 2 外资参股证券公司一览表

| 序号 | 公司名称 | 境外股东名称 |
|---|---|---|
| 1 | 中国国际金融有限责任公司 | 摩根士丹利国际公司 |
| 2 | 中银国际证券有限责任公司 | 中银国际控股有限公司 |
| 3 | 光大证券有限公司 | 中国光大控股有限公司 |
| 4 | 财富里昂证券有限公司 | 法国里昂证券资本市场公司 |
| 5 | 海际大和证券有限公司 | 日本大和证券公司 |
| 6 | 高盛高华证券有限公司 | 高盛集团 |
| 7 | 瑞银证券有限责任公司 | 瑞士银行有限公司 |
| 8 | 瑞信方正证券有限责任公司 | 瑞士信贷 |
| 9 | 中德证券有限责任公司 | 德意志银行 |

注：经中国证监会批准，长江巴黎百富勤证券有限公司外资方法国巴黎银行已于2006年12月8日将所持的33%的股权全部转让给长江证券，长江巴黎百富勤证券有限公司从而成为长江证券的全资子公司。

## 附表 3 外资参股基金管理公司一览表

| 序号 | 公司名称 | 境外股东名称 |
|---|---|---|
| 1 | 招商基金管理公司 | 荷兰国际集团 |
| 2 | 华宝兴业基金管理公司 | 法国兴业资产管理公司 |
| 3 | 国联安基金管理公司 | 德国安联集团 |
| 4 | 海富通基金管理公司 | 欧洲富通基金管理公司 |
| 5 | 景顺长城基金管理公司 | 美国景顺资产管理公司 |
| 6 | 富国基金管理公司 | 加拿大蒙特利尔银行 |
| 7 | 泰达荷银基金管理公司 | 荷兰资产管理（亚洲）有限公司 |
| 8 | 光大保德信基金管理公司 | 美国保德信投资管理有限公司 |
| 9 | 申万巴黎基金管理公司 | 法国巴黎资产管理有限公司 |
| 10 | 上投摩根基金管理有限公司 | 摩根富林明资产管理有限公司 |
| 11 | 中银基金管理公司 | 贝莱德投资管理（英国）有限公司 |
| 12 | 国海富兰克林基金管理公司 | 美国坦伯顿国际股份有限公司 |
| 13 | 友邦华泰基金管理公司 | 友邦投资管理公司 |
| 14 | 国投瑞银基金管理公司 | 瑞银集团 |
| 15 | 嘉实基金管理有限公司 | 德意志资产管理（亚洲）公司 |
| 16 | 工银瑞信基金管理公司 | 瑞士信贷 |
| 17 | 交银施罗德基金管理公司 | 施罗德投资管理公司 |
| 18 | 信诚基金管理有限公司 | 英国保诚集团股份有限公司 |
| 19 | 建信基金管理有限公司 | 美国信安金融服务公司 |
| 20 | 汇丰晋信基金管理有限公司 | 汇丰环球投资管理（英国）有限公司 |
| 21 | 信达澳银基金管理有限公司 | 康联首域集团有限公司 |
| 22 | 诺德基金管理有限公司 | 美国诺德·安博特公司 |
| 23 | 中欧基金管理有限公司 | 意大利意联银行股份合作公司 |

续表

| 序号 | 公司名称 | 境外股东名称 |
| --- | --- | --- |
| 24 | 金元比联基金管理有限公司 | 比利时联合资产管理公司 |
| 25 | 长盛基金管理公司 | 新加坡星展资产公司 |
| 26 | 鹏华基金管理公司 | 意大利欧利盛资本资产管理股份公司 |
| 27 | 融通基金管理公司 | 日兴资产管理公司 |
| 28 | 浦银安盛基金管理公司 | 法国安盛投资管理公司 |
| 29 | 兴业全球基金管理公司 | 荷兰全球人寿保险国际公司 |
| 30 | 农银汇理基金管理公司 | 东方汇理资产管理公司 |
| 31 | 摩根士丹利华鑫基金管理公司 | 摩根士丹利国际控股公司 |
| 32 | 民生加银基金管理有限公司 | 加拿大皇家银行 |
| 33 | 中海基金管理有限公司 | 法国爱德蒙得洛希尔银行 |
| 34 | 国泰基金管理有限公司 | 意大利忠利集团 |

## 附表 4　外资参股期货公司一览表

|  | 境内期货公司 | 境外股东名称 |
| --- | --- | --- |
| 1 | 银河期货经纪有限公司 | 苏皇金融期货亚洲有限公司 |
| 2 | 中信新际期货经纪有限公司 | 新际经纪香港有限公司 |
| 3 | 摩根大通期货有限公司 | 摩根大通经纪（香港）有限公司 |

## 附表 5　合格境外机构投资者一览表

| 序号 | 合格境外机构投资者（QFII）名称 | 批准时间 | 注册地 |
| --- | --- | --- | --- |
| 1 | 瑞士银行 | 2003 年 5 月 23 日 | 瑞士 |
| 2 | 野村证券株式会社 | 2003 年 5 月 23 日 | 日本 |
| 3 | 花旗环球金融有限公司 | 2003 年 6 月 5 日 | 英国 |
| 4 | 摩根士丹利国际股份有限公司 | 2003 年 6 月 5 日 | 英国 |
| 5 | 高盛公司 | 2003 年 7 月 4 日 | 美国 |
| 6 | 德意志银行 | 2003 年 7 月 30 日 | 德国 |
| 7 | 香港上海汇丰银行有限公司 | 2003 年 8 月 4 日 | 中国香港 |
| 8 | 荷兰安智银行股份有限公司 | 2003 年 9 月 10 日 | 荷兰 |
| 9 | 摩根大通银行 | 2003 年 9 月 30 日 | 美国 |
| 10 | 瑞士信贷（香港）有限公司 | 2003 年 10 月 24 日 | 中国香港 |
| 11 | 日兴资产管理有限公司 | 2003 年 12 月 11 日 | 日本 |
| 12 | 渣打银行（香港）有限公司 | 2003 年 12 月 11 日 | 中国香港 |
| 13 | 恒生银行有限公司 | 2004 年 5 月 10 日 | 中国香港 |
| 14 | 大和证券 SMBC 株式会社 | 2004 年 5 月 10 日 | 日本 |
| 15 | 美林国际 | 2004 年 4 月 30 日 | 英国 |
| 16 | 雷曼兄弟国际（欧洲）公司 | 2004 年 7 月 6 日 | 英国 |

续表

| 序号 | 合格境外机构投资者（QFII）名称 | 批准时间 | 注册地 |
|---|---|---|---|
| 17 | 比尔及梅林达盖茨信托基金会 | 2004年7月19日 | 美国 |
| 18 | 景顺资产管理有限公司 | 2004年8月4日 | 英国 |
| 19 | 荷兰银行有限公司 | 2004年9月2日 | 荷兰 |
| 20 | 法国兴业银行 | 2004年9月2日 | 法国 |
| 21 | 巴克莱银行 | 2004年9月15日 | 英国 |
| 22 | 德雷斯登银行股份公司 | 2004年9月27日 | 德国 |
| 23 | 富通银行 | 2004年9月29日 | 比利时 |
| 24 | 法国巴黎银行 | 2004年9月29日 | 法国 |
| 25 | 加拿大鲍尔公司 | 2004年10月15日 | 加拿大 |
| 26 | 东方汇理银行 | 2004年10月15日 | 法国 |
| 27 | 高盛国际资产管理公司 | 2005年5月9日 | 英国 |
| 28 | 新加坡政府投资有限公司 | 2005年10月25日 | 新加坡 |
| 29 | 马丁可利投资管理有限公司 | 2005年10月25日 | 英国 |
| 30 | 美国国际集团环球投资公司 | 2005年11月14日 | 美国 |
| 31 | 淡马锡富敦投资有限公司 | 2005年11月15日 | 新加坡 |
| 32 | JF资产管理有限公司 | 2005年12月28日 | 中国香港 |
| 33 | 日本第一生命保险相互会社 | 2005年12月28日 | 日本 |
| 34 | 新加坡星展银行 | 2006年2月13日 | 新加坡 |
| 35 | 安保资本投资有限公司 | 2006年4月10日 | 澳大利亚 |
| 36 | 加拿大丰业银行 | 2006年4月10日 | 加拿大 |
| 37 | 比联金融产品英国有限公司 | 2006年4月10日 | 英国 |
| 38 | 法国爱德蒙得洛希尔银行 | 2006年4月10日 | 法国 |
| 39 | 耶鲁大学 | 2006年4月14日 | 美国 |
| 40 | 英国保诚资产管理（香港）有限公司 | 2006年7月7日 | 中国香港 |
| 41 | 摩根士丹利投资管理公司 | 2006年7月7日 | 美国 |
| 42 | 斯坦福大学 | 2006年8月5日 | 美国 |
| 43 | 通用电气资产管理公司 | 2006年8月5日 | 美国 |
| 44 | 大华银行有限公司 | 2006年8月5日 | 新加坡 |
| 45 | 施罗德投资管理有限公司 | 2006年8月29日 | 英国 |
| 46 | 汇丰环球投资管理（香港）有限公司 | 2006年9月5日 | 中国香港 |
| 47 | 新光证券株式会社 | 2006年9月5日 | 日本 |
| 48 | 瑞银环球资产管理（新加坡）有限公司 | 2006年9月25日 | 新加坡 |
| 49 | 三井住友资产管理株式会社 | 2006年9月25日 | 日本 |
| 50 | 挪威中央银行 | 2006年10月24日 | 挪威 |
| 51 | 百达资产管理有限公司 | 2006年10月25日 | 英国 |
| 52 | 哥伦比亚大学 | 2008年3月12日 | 美国 |
| 53 | 保德信资产运用株式会社 | 2008年4月7日 | 韩国 |
| 54 | 荷宝基金管理公司 | 2008年5月5日 | 荷兰 |
| 55 | 道富环球投资管理亚洲有限公司 | 2008年5月16日 | 中国香港 |
| 56 | 铂金投资管理有限公司 | 2008年6月2日 | 澳大利亚 |

续表

| 序号 | 合格境外机构投资者（QFII）名称 | 批准时间 | 注册地 |
|---|---|---|---|
| 57 | 比利时联合资产管理有限公司 | 2008 年 6 月 2 日 | 比利时 |
| 58 | 未来资产基金管理公司 | 2008 年 7 月 25 日 | 韩国 |
| 59 | 安达国际控股有限公司 | 2008 年 8 月 5 日 | 美国 |
| 60 | 魁北克储蓄投资集团 | 2008 年 8 月 22 日 | 加拿大 |
| 61 | 哈佛大学 | 2008 年 8 月 22 日 | 美国 |
| 62 | 三星投资信托运用株式会社 | 2008 年 8 月 25 日 | 韩国 |
| 63 | 联博有限公司 | 2008 年 8 月 28 日 | 英国 |
| 64 | 华侨银行有限公司 | 2008 年 8 月 28 日 | 新加坡 |
| 65 | 首域投资管理（英国）有限公司 | 2008 年 9 月 11 日 | 英国 |
| 66 | 大和证券投资信托委托株式会社 | 2008 年 9 月 11 日 | 日本 |
| 67 | 壳牌资产管理有限公司 | 2008 年 9 月 12 日 | 荷兰 |
| 68 | 普信国际公司 | 2008 年 9 月 12 日 | 美国 |
| 69 | 法国兴业资产管理有限公司 | 2008 年 10 月 14 日 | 法国 |
| 70 | 瑞士信贷 | 2008 年 10 月 14 日 | 瑞士 |
| 71 | 大华资产管理有限公司 | 2008 年 11 月 28 日 | 新加坡 |
| 72 | 阿布达比投资局 | 2008 年 12 月 3 日 | 阿拉伯联合酋长国 |
| 73 | 德盛安联资产管理卢森堡 | 2008 年 12 月 16 日 | 卢森堡 |
| 74 | 资本国际公司 | 2008 年 12 月 18 日 | 美国 |
| 75 | 三菱日联证券股份有限公司 | 2008 年 12 月 29 日 | 日本 |
| 76 | 韩华投资信托管理株式会社 | 2009 年 2 月 5 日 | 韩国 |
| 77 | 新兴市场管理有限公司 | 2009 年 2 月 10 日 | 美国 |
| 78 | DWS 投资管理公司 | 2009 年 2 月 24 日 | 卢森堡 |
| 79 | 韩国产业银行 | 2009 年 4 月 23 日 | 韩国 |
| 80 | 韩国友利银行股份有限公司 | 2009 年 5 月 4 日 | 韩国 |
| 81 | 马来西亚国家银行 | 2009 年 5 月 19 日 | 马来西亚 |
| 82 | 罗祖儒投资管理（香港）有限公司 | 2009 年 5 月 27 日 | 中国香港 |
| 83 | 邓普顿投资顾问有限公司 | 2009 年 6 月 5 日 | 美国 |
| 84 | 东亚联丰投资管理有限公司 | 2009 年 6 月 18 日 | 中国香港 |
| 85 | 日本住友信托银行股份有限公司 | 2009 年 6 月 26 日 | 日本 |
| 86 | 韩国投资信托运用株式会社 | 2009 年 7 月 21 日 | 韩国 |
| 87 | 霸菱资产管理有限公司 | 2009 年 8 月 6 日 | 英国 |
| 88 | 安石投资管理公司 | 2009 年 9 月 14 日 | 英国 |
| 89 | 纽约银行梅隆资产管理国际有限公司 | 2009 年 11 月 6 日 | 英国 |
| 90 | 宏利资产管理（香港）有限公司 | 2009 年 11 月 20 日 | 中国香港 |
| 91 | 野村资产管理株式会社 | 2009 年 11 月 23 日 | 日本 |
| 92 | 东洋投资信托运用株式会社 | 2009 年 12 月 11 日 | 韩国 |
| 93 | 加拿大皇家银行 | 2009 年 12 月 23 日 | 加拿大 |
| 94 | 英杰华投资集团全球服务有限公司 | 2009 年 12 月 28 日 | 英国 |

## 附表 6　合格境外机构投资者托管行一览表

| 序号 | QFII 托管行中文名称 | 序号 | QFII 托管行中文名称 |
|---|---|---|---|
| 1 | 汇丰银行（中国）有限公司 | 8 | 中国建设银行股份有限公司 |
| 2 | 花旗银行（中国）有限公司 | 9 | 中国光大银行股份有限公司 |
| 3 | 渣打银行（中国）有限公司 | 10 | 中国招商银行股份有限公司 |
| 4 | 中国工商银行股份有限公司 | 11 | 德意志银行 |
| 5 | 中国银行股份有限公司 | 12 | 新加坡星展银行 |
| 6 | 中国农业银行股份有限公司 | 13 | 中国中信银行股份有限公司 |
| 7 | 交通银行股份有限公司 | | |

## 附表 7　设立驻华代表处的境外交易所一览表

| 序号 | 境外交易所名称 | 序号 | 境外交易所名称 |
|---|---|---|---|
| 1 | 香港交易所 | 5 | 韩国证券期货交易所 |
| 2 | 纽约证券交易所 | 6 | 新加坡交易所 |
| 3 | 纳斯达克股票市场股份有限公司 | 7 | 伦敦交易所 |
| 4 | 东京证券交易所 | 8 | 德国德意志交易所 |

## 附表 8　在香港特别行政区设立分支机构的内地证券公司一览表

| 序号 | 公司名称 | 序号 | 公司名称 |
|---|---|---|---|
| 1 | 广发证券 | 8 | 中信证券 |
| 2 | 国泰君安 | 9 | 申银万国 |
| 3 | 国元证券 | 10 | 平安证券 |
| 4 | 海通证券 | 11 | 国信证券 |
| 5 | 华泰证券 | 12 | 国都证券 |
| 6 | 招商证券 | 13 | 安信证券 |
| 7 | 中金公司 | 14 | 东方证券 |

## 附表 9　在香港特别行政区设立分支机构的内地基金管理公司一览表

| 序号 | 公司名称 | 序号 | 公司名称 |
|---|---|---|---|
| 1 | 南方基金 | 5 | 汇添富基金 |
| 2 | 易方达基金 | 6 | 大成基金 |
| 3 | 嘉实基金 | 7 | 博时基金 |
| 4 | 华夏基金 | | |

## 附表10　在香港特别行政区设立分支机构的内地期货公司一览表

| 序号 | 公司名称 | 序号 | 公司名称 |
|---|---|---|---|
| 1 | 格林期货 | 4 | 中国国际期货 |
| 2 | 浙江永安 | 5 | 金瑞期货 |
| 3 | 广发期货 | 6 | 南华期货 |

## 附表11　双边监管合作谅解备忘录一览表

| 序号 | 时间 | 境外机构 | 备忘录名称 | 签署地 |
|---|---|---|---|---|
| 1 | 1993年6月19日 | 香港证券暨期货事务监察委员会 | 监管合作备忘录 | 北京 |
| 2 | 1994年4月28日 | 美国证券与交易委员会 | 关于合作、磋商及技术协助的谅解备忘录 | 北京 |
| 3 | 1995年7月4日 | 香港证券暨期货事务监察委员会 | 有关期货事宜的监管合作备忘录 | 北京 |
| 4 | 1995年11月30日 | 新加坡金融管理局 | 关于监管证券和期货活动的相关合作与信息互换的备忘录 | 新加坡 |
| 5 | 1996年5月23日 | 澳大利亚证券委员会 | 证券期货监管合作谅解备忘录 | 堪培拉 |
| 6 | 1996年10月7日 | 英国财政部、证券与投资委员会 | 证券期货监管合作谅解备忘录 | 北京 |
| 7 | 1997年3月18日 | 日本大藏省 | 谅解备忘录 | 东京 |
| 8 | 1997年4月18日 | 马来西亚证券委员会 | 证券期货监管合作谅解备忘录 | 北京 |
| 9 | 1997年11月13日 | 巴西证券委员会 | 证券监管合作谅解备忘录 | 北京 |
| 10 | 1997年12月22日 | 乌克兰证券与股市委员会 | 证券监管合作谅解备忘录 | 北京 |
| 11 | 1998年3月4日 | 法国证券委员会 | 证券期货监管合作谅解备忘录 | 北京 |
| 12 | 1998年5月18日 | 卢森堡证券委员会 | 证券期货监管合作谅解备忘录 | 北京 |
| 13 | 1998年10月8日 | 德国联邦证券监管委员会 | 证券监管合作谅解备忘录 | 法兰克福 |
| 14 | 1999年11月3日 | 意大利国家证券监管委员会 | 证券期货监管合作谅解备忘录 | 罗马 |
| 15 | 2000年6月22日 | 埃及资本市场委员会 | 证券监管合作谅解备忘录 | 邮寄方式 |
| 16 | 2001年6月19日 | 韩国金融监督委员会 | 证券期货监管合作安排 | 北京 |
| 17 | 2002年1月18日 | 美国商品期货交易委员会 | 期货监管合作谅解备忘录 | 华盛顿 |
| 18 | 2002年6月27日 | 罗马尼亚国家证券委员会 | 证券期货监管合作谅解备忘录 | 北京 |
| 19 | 2002年10月29日 | 南非共和国金融服务委员会 | 证券期货监管合作谅解备忘录 | 比勒陀利亚 |
| 20 | 2002年11月1日 | 荷兰金融市场委员会 | 证券期货监管合作谅解备忘录 | 邮寄方式 |
| 21 | 2002年11月26日 | 比利时银行及金融委员会 | 证券期货监管合作谅解备忘录 | 北京 |
| 22 | 2003年3月21日 | 加拿大证券监管机构初始参与成员 | 证券期货监管合作谅解备忘录 | 邮寄方式 |
| 23 | 2003年5月22日 | 瑞士联邦银行委员会 | 证券期货监管合作谅解备忘录 | 邮寄方式 |
| 24 | 2003年12月9日 | 印度尼西亚资本市场监管委员会 | 关于相互协助和信息交流的谅解备忘录 | 雅加达 |
| 25 | 2004年2月20日 | 新西兰证券委员会 | 证券期货监管合作谅解备忘录 | 惠灵顿 |
| 26 | 2004年10月14日 | 印度尼西亚商品期货交易监管局 | 期货监管合作谅解备忘录 | 北京 |
| 27 | 2004年10月26日 | 葡萄牙证券市场委员会 | 证券期货监管合作谅解备忘录 | 蒙特利尔 |
| 28 | 2005年6月14日 | 尼日利亚证券交易委员会 | 证券期货监管合作谅解备忘录 | 北京 |
| 29 | 2005年6月27日 | 越南证券委员会 | 证券期货监管合作谅解备忘录 | 北京 |

续表

| 序号 | 时间 | 境外机构 | 备忘录名称 | 签署地 |
|---|---|---|---|---|
| 30 | 2006 年 9 月 15 日 | 印度共和国证券交易委员会 | 证券期货监管合作谅解备忘录 | 北京 |
| 31 | 2006 年 9 月 20 日 | 阿根廷国家证券委员会 | 证券期货监管合作谅解备忘录 | 上海 |
| 32 | 2006 年 9 月 20 日 | 约旦证券委员会 | 证券期货监管合作谅解备忘录 | 上海 |
| 33 | 2006 年 9 月 26 日 | 挪威金融监管委员会 | 证券期货监管合作谅解备忘录 | 奥斯陆 |
| 34 | 2006 年 11 月 10 日 | 土耳其资本市场委员会 | 证券期货监管合作谅解备忘录 | 伊斯坦布尔 |
| 35 | 2006 年 11 月 21 日 | 印度远期市场委员会 | 商品期货监管合作谅解备忘录 | 新德里 |
| 36 | 2006 年 12 月 6 日 | 阿联酋证券商品委员会 | 证券期货监管合作谅解备忘录 | 邮寄方式 |
| 37 | 2007 年 04 月 12 日 | 泰国证券交易委员会 | 证券期货监管合作谅解备忘录 | 孟买 |
| 38 | 2008 年 1 月 15 日 | 列支敦士登金融管理局 | 证券期货监管合作谅解备忘录 | 北京 |
| 39 | 2008 年 1 月 24 日 | 蒙古金融监督委员会 | 证券监管合作谅解备忘录 | 北京 |
| 40 | 2008 年 8 月 8 日 | 俄罗斯联邦金融市场监督总局 | 证券期货监管合作谅解备忘录 | 北京 |
| 41 | 2008 年 9 月 27 日 | 迪拜金融服务局 | 证券期货监管合作谅解备忘录 | 迪拜 |
| 42 | 2008 年 10 月 23 日 | 爱尔兰金融服务监管局 | 证券期货监管合作谅解备忘录 | 北京 |
| 43 | 2008 年 10 月 30 日 | 奥地利金融市场管理局 | 证券期货监管合作谅解备忘录 | 邮寄方式 |
| 44 | 2009 年 10 月 6 日 | 西班牙国家证券市场委员会 | 证券期货监管合作谅解备忘录 | 巴塞尔 |
| 45 | 2009 年 11 月 16 日 | 中国台北金融监督管理委员会 | 海峡两岸证券及期货监督管理合作谅解备忘录 | 邮寄方式 |

# 联系方式

**中国证券监督管理委员会**

总　　机：010－88061000

主席热线：010－66210182

投诉电话：010－88060124

传　　真：010－66210119

电子邮件：csrcbgt@ csrc. gov. cn

网　　址：www. csrc. gov. cn

地　　址：北京市西城区金融大街19号富凯大厦A座（100033）

**中国证券登记结算有限责任公司**

联系电话：010－58598888

传　　真：010－66210938

电子邮件：zbshi@ chinaclear. com. cn

网　　址：www. chinaclear. com. cn

地　　址：北京市西城区金融街27号投资广场22－23层（100140）

**中国证券业协会**

联系电话：010－66575897

传　　真：010－66575958

电子邮件：ird@ sac. net. cn

网　　址：www. sac. net. cn

地　　址：北京市西城区金融大街19号富凯大厦B座2层（100140）

**中国期货业协会**

联系电话：010－88087239

传　　真：010－88087060

电子邮件：cfa@ cfachina. org

网　　址：www. cfachina. org

地　　址：北京市西城区金融街33号通泰大厦C座8层（100140）

**上海证券交易所**

联系电话：021－68808888

传　　真：021－68804868

电子邮件：webmaster@ secure. sse. com. cn

网　　址：www. sse. com. cn

地　　址：上海市浦东南路528号证券大厦（200120）

**深圳证券交易所**

联系电话：0755－82083333

传　　真：0755－82083947

电子邮件：cis@ szse. cn

网　　址：www. szse. cn

地　　址：广东省深圳市深南东路5045号（518010）

**中国金融期货交易所**

联系电话：021－50160666

传　　真：021－50160606

电子邮件：rd@ cffex. com. cn

网　　址：www. cffex. com. cn

地　　址：上海市浦东新区世纪大道1600号浦项广场6楼（200122）

**上海期货交易所**

联系电话：021－68400000

传　　真：021－68401198

电子邮件：info@ shfe. com. cn

网　　址：www. shfe. com. cn

地　　址：上海市浦东新区浦电路500号（200122）

**大连商品交易所**

联系电话：0411－84808888

传　　真：0411－84808588

电子邮件：dce@ dce. com. cn

网　　址：www. dce. com. cn

地　　址：辽宁省大连市会展路18号（116023）

**郑州商品交易所**

联系电话：0371－65610069

传　　真：0371－65613068

电子邮件：zhaorong@ czce. com. cn

网　　址：www. czce. com. cn

地　　址：河南省郑州市未来大道69号（450008）

**中国证券投资者保护基金有限责任公司**

联系电话：010－66580788

传　　真：010－66580616

电子邮件：tzzbhw@ sipf. com. cn

地　　址：北京市西城区金融大街5号新盛大厦B座22层（100033）

**中国期货保证金监控中心有限责任公司**

联系电话：010－66555088

传　　真：010－66555038

网　　址：www. cfmmc. com

地　　址：北京市西城区金融大街5号新盛大厦B座17层（100033）

# 后 记

《中国证券监督管理委员会年报》(2009)是中国证监会成立以来编写的第三份年报，中国证监会国际合作部主要承担了具体的编写工作，经过近四个月的努力，终于付梓。在本年报的编写过程中，我们得到了中国证监会领导的关心和指导，也得到了会内外有关单位的大力支持和配合，他们为我们提供了大量资料。同时，我们还要特别感谢年报领导小组和写作小组成员在年报编写过程中付出辛勤劳动。另外，中国财政经济出版社在本年报的编辑、出版及发行过程中也给予我们大力的支持。我们在此对上述单位表示衷心感谢。

若对年报内容有何疑问、意见或建议，欢迎发送邮件至中国证监会国际部(intl@csrc.gov.cn)，我们将及时给予反馈。

年报领导小组：童道驰(组长)

王 林 刘洪涛 孙树明 张思宁 杨 华 吴 清
季向宇 宋安平 赵争平 高卫兵 黄红元 黄 炜
谢 庚 焦津洪 谢世坤 韩 萍 卢嘉红

年报写作小组：

华一沨 杨智颖 焦彩霞 刘世盛 郑 凯 李 嘉
李 宁 陈华文 祝 欢 竺 煜

中国证监会国际合作部

2010年4月

CSRC

# China Securities Regulatory Commission
# Annual Report (2009)

2009

# Message from Chairman

Mr. Shang Fulin
Chairman of CSRC

Over the past year or so, the unfolding of the global financial crisis caused great shocks to the international financial system and the real economies. Triggered by the subprime mortgage crisis in the United States, the global crisis forced the countries across the world to launch programs to stimulate domestic economy, reform financial systems, step up monitoring and disposal of systemic risks, and enhance international coordination of supervisory policies.

Although the worst part of the crisis is gone, its impact on the global financial system, the real economy, development patterns, and mindsets will be profound. It also exerts great influence on world politics, economies, the financial landscape and the trend of development. Meanwhile, the effects of the massive stimulus packages in various countries need to be further observed, and some potential risks merit great alert.

The year 2009 has been the most difficult one for the administrators of the Chinese economy since the beginning of the 21st century. Nevertheless, the Chinese capital market withstood severe tests and sought new development amidst adversity. The China Securities Regulatory Commission (hereinafter referred to as CSRC) committed itself to implementing the decisions by the Chinese Central Government, which launched a package of stimulus plans to address the international financial crisis and to boost economic development at home. With maintaining stable and healthy development of China's capital market as its primary task, CSRC took into consideration both the long-term and the short-term goals of regulation as well as the macro and micro perspectives. It enhanced the market infrastructure and pushed forward the reform and innovation, so that new development was achieved while overall stability of the market was maintained. To sum up, the year 2009 witnessed CSRC making important contributions to the goals of the Chinese government in "maintaining growth, expanding domestic demand, and adjusting economic structure" . Major reform efforts and achievements by CSRC are as follows:

First, the reform of the Initial Public Offering (IPO) system was conducted smoothly. Since 2009, relevant reform measures has been implemented in a phased and orderly manner. The first phase of reform is on the pricing, which has become completely market driven. Issuers, investors, underwriters, and sponsors as well as other market players have been urged to hold accountable for their own behaviour in the offering process.

Second, the Growth Enterprise Board market (GEB, also known as ChiNext) achieved a good start. The launch of the GEB is fundamental in the development of a multi-tiered capital market system. After long-term and careful preparation, in October, 2009, the GEB was officially launched where 28 companies successfully got listed on it on the first day of trading.

Third, the corporate bond market made breakthroughs in its development. For institutional and historical reasons, the development of corporate bond market has lagged behind that of the equity market. CSRC attached great importance to the development of the corporate bond market and expanded the size of corporate bond financing. One of the important progress made on the corporate bond market was to allow the listed banks to trade bonds on the exchange market.

Fourth, the futures market went through a great leap forward. . The development of the futures market has great significance in supporting the real economy, hedging risks, and stablizing the price of the major commodities. In 2009, the market infrastructure of the futures market was further improved and the risk of futures brokerage companies were under control. New products like steel rebar, steel wire, early rice, and PVC were launched, increasing the number of futures products to 23. A commodity trading portfolio that has a bearing on national economy and people's livelihood has gradually taken into shape.

Fifth, corporate governance, internal control and compliance made further progress. In 2009, CSRC initiated a campaign on improving corporate governance in listed companies and strengthened internal control of securities companies and mutual funds. Meanwhile, CSRC intensified its oversight on fund managers, emphasizing the fiduciary duty of market intermediaries, and continued to crack down upon front-running, speculation and manipulation, and insider trading as well as other illegal activities.

Against the backdrop of an overall economic recovery in the country, the Chinese stock market in the past year took the lead to rebound among markets across the world. With expanding market scale and trading volume, it gradually increased its dynamism and influence, and had its functions fully leveraged. It successfully withstood the severe test of the international financial crisis and made its due contribution to the sound operation of the national and global financial systems.

In the aftermath of the financial crisis, we fully understand that analysis and study of the crisis is important. Questions like how it has spread, how it has affected the world and what should be done to tackle the problems are worth thinking and would be helpful for us to understand the laws which govern the market development. The CSRC will consistently improve the market infrastructure and give a full play to the market to increase its efficiency. At the same time, it will clamp down on illegal activities to maintain openness, fairness and equitibility of the market, and to protect the legitimate rights and interests of investors, the large number of retail investors in particular. In addition, the CSRC will continue to enhance its supervisory cooperation and coordination with foreign counterparts to maintain the stability of the global capital market.

We are confident that with the joint effort of the governments and regulators, the world economy and financial markets will continue to recover and rebond from the crisis, and march toward a bright future in the year 2010 and beyond.

尚福林

Chairman of China Securities Regulatory Commission

April, 2010

# Contents

|  |  |
|---|---|
| 1 | 1. Overview of CSRC |
| 4 | 1.1 Senior Management |
| 5 | 1.2 International Advisory Council (IAC) |
| 6 | 1.3 Funding |
| 6 | 1.4 Human Resources |
| 6 | 1.5 Statutory Regulatory Duties |
| 8 | 1.6 Statutory Regulatory Measures |
| 10 | 1.7 Regulatory Framework |
| 13 | 2. Overview of China's Capital Market in 2009 |
| 16 | 2.1 Equity Offering |
| 17 | 2.2 Equity Market |
| 19 | 2.3 Exchange-traded Bond Market |
| 20 | 2.4 Warrant Market |
| 21 | 2.5 Commodity Futures Market |
| 22 | 2.6 Institutional Investors |
| 23 | 2.7 Market Intermediaries |
| 25 | 3. Major Regulatory Policies and Initiatives in 2009 |
| 27 | 3.1 Actively responding to the international financial crisis, and supporting the steady and sound development of the economy |
| 33 | 3.2 Consolidating market foundation, developing and improving market- oriented operation mechanism |
| 37 | 3.3 Launching the Growth Enterprise Board in a steady manner to support the development of China as an innovative country |

39 3.4 Strengthening regular supervision and promoting the rational development of market participants

46 3.5 Enhancing the foundation of futures market and maintain its steady development

49 3.6 Implementing rule of law on all fronts and making new progress in market regulation

53 4. Opening-up of the Market and Cooperation in Cross-border Regulation

55 4.1 Fulfillment of WTO Commitments on Securities Services Sector

56 4.2 Other Opening-up Initiatives beyond WTO Commitments

58 4.3 Cooperation with Hong Kong, Macao and Taiwan in Securities Markets

60 4.4 International Exchanges and Cooperation in Cross-border Regulation

63 Appendices

65 Appendix 1 List of Key Facts of China's Securities Market during 2009

65 1.1 Departmental Rules Promulgated by CSRC

66 1.2 Important Regulatory Documents Promulgated by CSRC

67 1.3 Important Facts of China's Securities Market

69 Appendix 2 Key Aspects of the Securities Regulatory System

69 2.1 Legal Framework

71 2.2 Supervision of Securities Offering and Listing

82 2.3 Securities Trading, Clearing and Market Oversight

85 2.4 Supervision of Listed Companies

91 2.5 Supervision of Securities Companies

96 2.6 Supervision of Securities Investment Funds

100 2.7 Supervision of Futures Market

104 2.8 Supervision of Accounting and Financial Information Disclosure

106 2.9 Supervision of Auditing and Assets Evaluation

108 2. 10 Securities Law Enforcement System

111 **Appendix 3 Introduction of Self-regulatory Organizations**

111 3. 1 Shanghai Stock Exchange

111 3. 2 Shenzhen Stock Exchange

112 3. 3 China Financial Futures Exchange

112 3. 4 Shanghai Futures Exchange

113 3. 5 Dalian Commodity Exchange

113 3. 6 Zhengzhou Commodity Exchange

113 3. 7 Securities Association of China

114 3. 8 China Futures Association

114 3. 9 China Securities Depository and Clearing Corporation Limited

115 3. 10 China Securities Investor Protection Fund Corporation Limited

116 3. 11 China Futures Margin Monitoring Center Co. Ltd.

117 Tables

119 **Table 1 Key Statistics of China's Securities Market (1999-2009)**

120 **Table 2 List of Foreign-invested Securities Companies**

120 **Table 3 List of Foreign-invested Fund Management Companies**

121 **Table 4 List of Foreign-invested Futures Companies**

121 **Table 5 List of QFIIs**

124 **Table 6 List of QFIIs Custodian Banks**

124 **Table 7 List of Overseas Exchanges with Representative Offices in China**

124 **Table 8 List of Domestic Securities Companies with Branches in Hong Kong**

125 **Table 9 List of Domestic Fund Management Companies with Branches in Hong Kong**

125 **Table 10 List of Domestic Futures Companies with Branches in Hong Kong**

125 Table 11 List of Bilateral MOUs on Regulatory Cooperation between CSRC and its Counterparts

128 Contacts

130 Acknowledgement

# 1. Overview of CSRC

China Securities Regulatory Commission (CSRC) was established in October 1992. As a ministry-level government agency, CSRC is under direct leadership of the State Council, the Chinese cabinet. With due authorization of the State Council, CSRC carries out regulation and supervision of the securities and futures markets nationwide according to the Securities Law, the *Securities Investment Fund Law*, *the Regulations on the Administration of Securities Companies*, the *Regulations on Administration of Futures Trading* and other applicable laws and regulations.

Headquartered in Beijing, CSRC comprises 19 functional departments①, 4 affiliated institutions and 4 special committees. Its senior management consists of 1 Chairman, 5 Vice Chairmen and 3 Assistant Chairmen. CSRC also has 36 regional offices located in various provinces, autonomous regions, municipalities and independent-budget cities and 2 securities supervision offices stationed at Shanghai Stock Exchange and Shenzhen Stock Exchange respectively (see Figure 1-1 CSRC Organizational Chart).

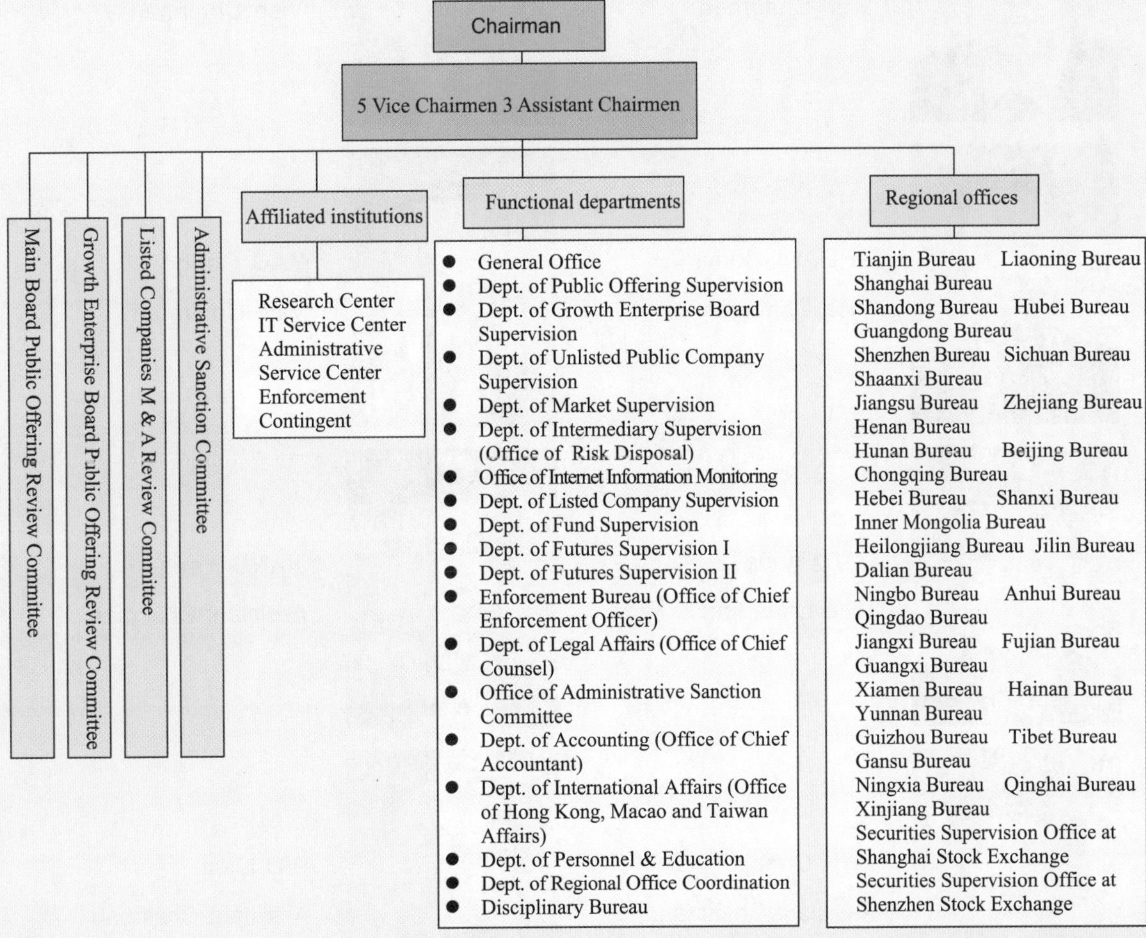


**Figure 1-1 CSRC Organizational Chart**

① See CSRC's Website (www.csrc.gov.cn) for responsibilities of the functional departments.

## 1.1 Senior Management

SHANG Fulin
Chairman

GUI Minjie
Vice Chairman

LI Xiaoxue
Vice Chairman

ZHUANG Xinyi
Vice Chairman

YAO Gang
Vice Chairman

LIU Xinhua
Vice Chairman

JIANG Yang
Assistant Chairman

ZHU Congjiu
Assistant Chairman

WU Lijun
Assistant Chairman

## 1.2 International Advisory Council (IAC)

The International Advisory Council (IAC) of CSRC was set up in June 2004 upon the approval of the State Council. The IAC is tasked with keeping CSRC up-to-date with the latest development and trends of overseas securities markets and advising CSRC on how to further open up China's securities market and bolster the sound development of the market. As an *ad-hoc* advisory body, the IAC is chaired by CSRC Chairman and has one vice chairman. Members of the council include former senior executives of securities regulators in major international markets, industry leaders and luminaries from the academia. By the end of 2009, the IAC comprised 13 members, including 12 from other jurisdictions. According to its *Terms of Reference*, IAC members from other jurisdictions shall serve a term of two years, which may be renewed by the Chairman.

**Chairman**

Mr. SHANG Fulin

Chairman, CSRC

**Vice Chairman**

Mrs. Laura M. CHA SBS, JP

Former Vice Chairman, CSRC

Former Vice Chairman, Securities and Futures Commission, Hong Kong (SFC)

**Members(in alphabetical order of family names)**

Mr. Thaddeus T. BECZAK

Chairman, Latitude Capital Group

Former Member of Advisory Committee, Hong Kong SFC

Mr. Alan CAMERON

Former Chairman, Australian Securities and Investment Commission

Former Chairman, Executive Committee of IOSCO

Mr. Linin DAY

Former Chairman, Securities and Exchange Commission (presently known as Financial Supervisory Commission), Chinese Taipei

Mr. Peter J. DEY

Former Chairman, Ontario Securities Commission, Canada

Former Chairman, Morgan Stanley Canada Limited

Mr. William DONALDSON

Former Chairman, U.S. Securities and Exchange Commission

Former Chairman and CEO, New York Stock Exchange

Mr. Hasung JANG

Dean and Professor of Finance, Business School of Korea University Advisor, Financial Supervisory Commission, Korea

Mr. Anthony F. NEOH
Former Chief Advisor, CSRC
Former Chairman, Securities and Futures Commission of Hong Kong (SFC)

Mr. Michel PRADA
Former Chairman, Autorité des Marchés Financiers (A. M. F.), France
Former Chairman, Executive Committee of IOSCO
Former Chairman, Technical Committee of IOSCO

Mr. John L. THORNTON
Professor, Tsinghua University, China Director, HSBC Holdings plc
Former President and Co-Chief Operating Officer, Goldman Sachs Group. Inc.

Mr. John S. WADSWORTH
Honorary Chairman, Morgan Stanley Asia Limited

Mr. ZHANG Weiguo
Full-Time Member, International Accounting Standards Board (IASB) Former Chief Accountant, Director-General of Department of Accounting & Department of International Affairs, CSRC

## 1.3 Funding

All revenue and expenditures of CSRC are included into the fiscal budget of the central government. That is, the supervision fees levied by CSRC on securities and futures market participants are paid directly into the national Treasury, and expenditures of CSRC are covered by budgetary appropriation.

## 1.4 Human Resources

By the end of 2009, CSRC had 2 621 staff members, of which 696 or 26. 6% were based in Beijing headquarters and the rest were located in various regional offices. CSRC is staffed with highly educated young professionals. The average age of staff located at the headquarters and regional offices was 36. 1 and 36. 2 years respectively. In terms of education level, 53. 6% of staff hold either Master or Ph. D. degrees.

## 1.5 Statutory Regulatory Duties

CSRC's statutory regulatory duties are set forth in Article 179 of the *Securities Law*, Article 76 of the *Securities Investment Fund Law*, and Article 50 of the *Regulations on Administration of Futures Trading*. They are as follows:

### 1.5.1 Article 179 of the *Securities Law*:

- Formulating, according to law, rules and regulations concerning the supervision of the securities market and lawfully exercising its power of approval or authorization;
- Supervising, according to law, offering, listing, trading, registration, custody and clearing and settlement of securities;

Mr. Gui Minjie, Vice Chairman of CSRC, attended the New Year's Meeting on Legal System Construction of China's Capital Market on Feb. 5, 2009.

- Supervising, according to law, business activities of securities issuers, listed companies, securities companies, securities investment fund management companies, securities service providers, stock exchanges, securities registration and clearing institutions;
- Formulating, according to law, qualification criteria and codes of conduct for securities practitioners, and overseeing that the criteria and codes are observed;
- Supervising and inspecting, according to law, information disclosure in connection with securities offering, listing and trading;
- Guiding and superving activities of securities industry associations according to law;
- Investigating and sanctioning violations of laws and administrative ordinances concerning supervision of the securities market; and
- Other duties prescribed by laws and administrative ordinances.

CSRC may establish cooperative mechanisms with securities regulatory authorities in other jurisdictions and conduct cross-border supervision and enforcement.

### 1.5.2 Article 76 of the *Securities Investment Fund Law*:

- In accordance with law, formulating rules and regulations relating to supervision and regulation of the activities in respect of investment of funds in securities and exercising the power of approval or verification;
- Handling registration of funds;
- Supervising and regulating the activities carried out by fund managers, fund custodians and other institutions in investing funds in securities, and investigating, and imposing penalties on, violations of law and making the violations known to the public;
- Formulating professional qualifications and code of conduct for fund employees and supervising the implementation thereof;
- Supervising and inspecting disclosure of fund-related information;
- Providing guidance to and supervising the activities of fund industry associations; and
- Other duties prescribed by laws and administrative regulations.

### 1.5.3 Article 50 of the *Regulations on Administration of Futures Trading*:

- Formulating regulations and rules for supervision and administration of the futures market and exercising the power of examination and approval in accordance with law;
- Supervising and administering futures trading, including the listing, trading, clearing and delivery of products and other relevant activities;
- Supervising and administering the futures business activities of futures exchanges, futures companies as well as other market participants, such as other futures business institutions, non-futures company clearing members, institutions for monitoring the safe preservation of futures margins, futures margins preservation banks and delivery warehouses;
- Formulating standards of qualifications for the employees of futures business and measures for their administration, and supervising the implementation;
- Supervising and inspecting the disclosure of information on futures trading;
- Providing guidance to and supervising the activities of the association of the futures industry;
- Investigating and penalizing violations of the laws or administrative regulations on supervision and administration of the futures market;
- Carrying out international exchange and cooperation relating to supervision and administration of the futures market; and
- Other functions and duties prescribed by laws or administrative regulations.

## 1.6 Statutory Regulatory Measures

Statutory regulatory measures that CSRC is authorized to take when performing its above-mentioned duties are also set forth in Article 180 of the *Securities Law*, Article 77 of the *Securities Investment Fund Law* and Article 51 of the *Regulations on Administration of Futures Trading*. They are as follows:

### 1.6.1 Article 180 of the *Securities Law*:

- Making field inspections on securities issuers, listed companies, securities companies, securities investment fund management companies, securities service providers, stock exchanges and securities registration and clearing institutions;
- Entering the site where a suspected illegal act has been committed to investigate and obtain evidence;
- Questioning the parties concerned and any entity or individual involved in the event

under investigation, and requiring them to give explanations concerning matters connected with the event under investigation;

- Inspecting and making copies of any title registrations and communication records among other data in connection with the event under investigation;
- Inspecting and making copies of the securities trading records, records of registration of change in ownership, financial and accounting information and other relevant documents and materials of the parties concerned and any entity or individual involved in the event under investigation, and sealing up documents or materials likely to be removed, concealed or destroyed;
- Examining the brokerage accounts, escrow accounts and related bank accounts of the parties concerned and any entity or individual involved in the event under investigation, and if there is evidence to substantiate signs that illegally obtained funds or securities have been or may be removed or concealed or key evidences have been or may be concealed, forged or destroyed, freezing or sealing up the assets or evidences upon due approval of the primary person responsible for the securities regulatory authorities under the State Council; and
- Restricting, upon due approval of the primary person responsible for the securities regulatory authorities under the State Council, securities trading of the parties concerned for the purpose of investigating major illegal securities activities, such as market manipulation and insider trading, for a period up to 15 trading days, which may be extended by another 15 trading days as required in complicated cases.

### 1.6.2 Article 77 of the *Securities Investment Fund Law*:

- Entering the premises where illegal activities take place in order to conduct investigation and collect evidence;
- Questioning the parties concerned and the entities and individuals who are involved in the matter under investigation, and requiring them to provide explanations in respect of the matter under investigation;
- Checking and making copies of the records of securities transactions, records of securities registrations and transfers, financial and accounting information and other related documents and information of the parties concerned and the entities and individuals that are involved in the matter under investigation, and sealing up the documents and information which are likely to be transferred or concealed;
- Checking the capital accounts, securities accounts or fund accounts of the parties concerned and the entities and individuals that are involved in the matter under inves-

tigation, and where there is evidence to show signs of transfer or concealment of illegal funds and securities, applying to a judicial organ for the freezing of the accounts in question; and

- Taking other measures prescribed by laws and administrative regulations.

### 1.6.3 Article 51 of the *Regulations on Administration of Futures Trading*:

- Conducting an on-the-spot inspection of futures exchanges, futures companies as well as other futures business institutions, non-futures company clearing members, institutions for monitoring the safe preservation of futures margins and delivery warehouses;
- Being on the scene of suspected violations of law to conduct investigations and collect evidence;
- Querying the parties and the units or individuals involved in the event under investigation, and requiring them to give explanations on the matters related to the event under investigation;
- Looking through and copying such materials as registration of property rights which are related to the event under investigation;
- Looking through and copying the futures trading records and financial and accounting data of the parties and of the units or individuals involved in the event under investigation, as well as other relevant documents and materials; and sealing up and keeping the documents or materials which are likely to be transferred, concealed, damaged or destroyed;
- Inquiring about the margins accounts and bank accounts of the units involved in the event under investigation;
- When investigating such material violations of law as manipulation of futures trading prices and insider trading, restricting, upon approval by the principal responsible person of the futures regulatory authority of the State Council, futures trading of the parties involved in the event under investigation, provided that the period of restriction does not exceed 15 trading days; and if the case is complicated, such period may be extended to 30 trading days; and
- Other measures prescribed by laws or administrative regulations.

## 1.7 Regulatory Framework

China adopts a sectoral supervision model for its financial industry, with securities, insurance, trust and banking sectors under separate supervision by CSRC, China Insurance Regulatory Commission (CIRC) and China Banking Regulatory Commission (CBRC) respectively.

With due authorization of the State Council,

CSRC performs centralized regulation of the nation's securities and futures market according to law. The CSRC headquarters is responsible for formulating, revising and amending laws and regulations concerning the securities and futures market, making market development plans, processing key approval cases, guiding and coordinating risk management, organizing investigation of and enforcement against major irregularities as well as guiding, inspecting, overseeing and coordinating nation-wide supervision efforts. The regional offices are responsible for front-line regulation within the provincial-level jurisdictions with a focus on the following three aspects: 1) to gain a deep understanding of the local market and identify and address risks therein; 2) to exercise continuous supervision by using both on-site and off-site inspections and to reinforce market infrastructure to promote compliance; and 3) to crack down on irregularities in the securities and futures market as directed by the headquarters, and to protect investors' interests.

To supplement the regulatory efforts of CSRC, self-regulatory organizations (SROs) including securities and futures exchanges, the Securities Association of China (SAC), China Futures Association (CFA), China Securities Depository & Clearing Corporation Limited (SD&C) conduct self-regulation and front-line supervision over securities trading activities of their members or listed companies.

# 2. Overview of China's Capital Market[①] in 2009

① This Annual Report does not cover the securities markets in Hong Kong SAR, Macau SAR and Taiwan Province of China.

China's reform and opening-up campaign, since its commencement in the late 1970s,
has been the major driving force behind the evolution of China's capital market. The launch of Shanghai Stock Exchange and Shenzhen Stock Exchange in 1990 marked the formation of a national capital market. In the following 20 years, the fledgling market enjoyed rapid growth in tandem with the incremental development of China's market economy, with market size expanding steadily, institutional infrastructure improved constantly and intermediaries and investors becoming increasingly sophisticated. Today, China's capital market has developed into one that is consistent with internationally accepted standards in terms of legal framework, trading rules and regulatory regime.

Currently, China has two stock exchanges (Shanghai Stock Exchange and Shenzhen Stock Exchange), three commodity futures exchanges (Dalian Commodity Exchange, Shanghai Futures Exchange and Zhengzhou Commodity Exchange) and one financial futures exchange (China Financial Futures Exchange). China is committed to building a multi-tiered securities market comprising a main board (including the Small and Medium Enterprise Board), Growth Enterprise Board (GEB) and Stock Transfer Agent System (an over-the-counter share transfer system). The main board and the stock transfer agent system are operating smoothly and the GEB has debut from October 2009.

At present, securities products available in China include stocks, bonds, securities investment funds, warrants and commodity futures. Stocks are divided into A-shares, B-shares and H-shares while bonds are divided into T-bonds, financial bonds, corporate bonds, enterprise bonds, convertible bonds and asset-backed securities. Methods of bond trading include spot trading and repo trading.

------------------------------ Glossary ------------------------------

**A-shares:** RMB-denominated ordinary shares issued by PRC-incorporated companies and traded on the Shanghai and Shenzhen Stock Exchanges. Trading of A-shares is restricted to investors from Mainland of China who are either institutions or individuals.

**B-shares:** RMB-denominated shares issued by PRC-incorporated joint stock companies and traded on the Shanghai and Shenzhen Stock Exchanges. B-shares are subscribed to and traded in foreign currencies.

**H-shares:** Literally refers to shares issued by PRC-incorporated companies and listed on the Hong Kong market. Also refers to shares listed on other overseas markets such as U.S., U.K. and Singapore, etc.

## 2.1 Equity Offering

### 2.1.1 A-shares

Proceeds raised in China's domestic equity market in 2009 hit RMB 389.452 billion (see Figure 2-1). The figure included RMB 187.9 billion from A-share initial public offerings (IPOs) by 99 companies (see Figure 2-2), RMB 161.483 billion from private placement by 116 listed companies, RMB 25.586 billion from follow-on offerings by 14 listed companies and RMB 10.597 billion from rights issues by 10 listed companies, and RMB 3.886 billion from exercise of warrants by 10 listed companies. Moreover, 7 listed companies raised RMB 7.661 billion through issuance of convertible bonds or warrant bonds; 36 listed companies raised RMB 63.84 billion by issuing corporate bonds.

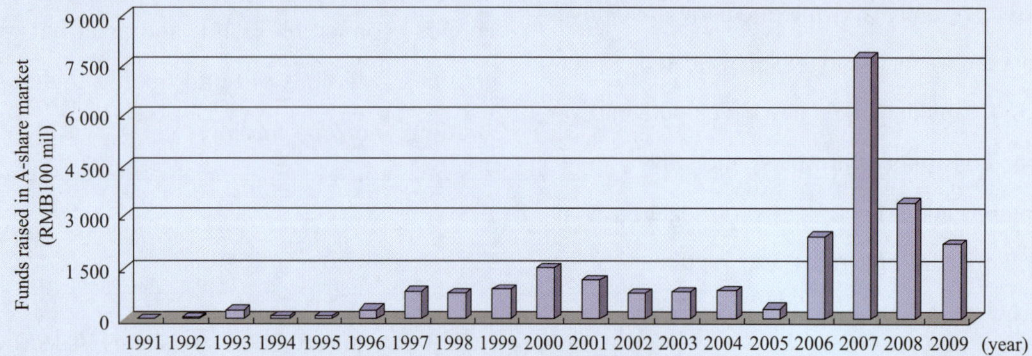


Figure 2-1 Annual Proceeds from the A-share Market (1991 to 2009)

Notes: 1. The proceeds from the A-share Market here refer to the capital raised in A-share Market by means of IPO, follow-on offerings and rights issues.
2. Source: CSRC.

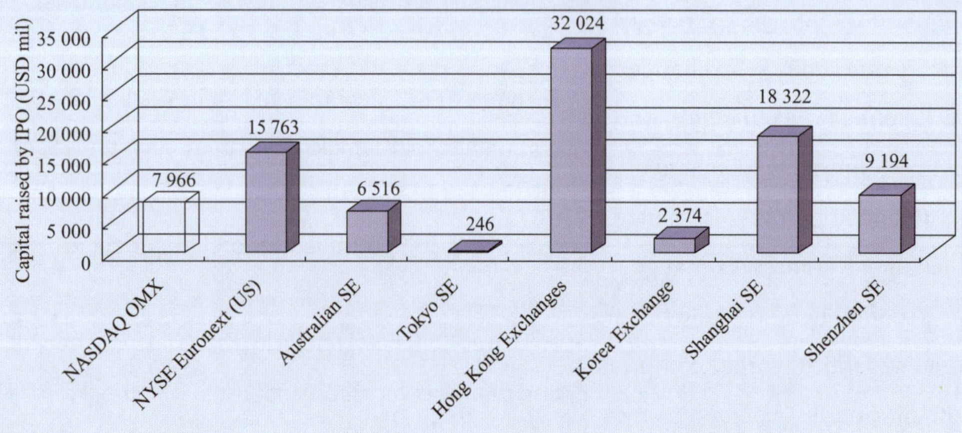


Figure 2-2 IPO Proceeds in 2009 by Various Exchanges

Notes: 1. The IPO Proceeds here are calculated according to the status of the companies.
2. Source: World Federation of Exchanges (WFE).

At the end of 2009, a total of 1 718 companies (including A-share and B-share companies, see Figure 2-3) were listed on China's two stock bourses, with 2 616.285 billion shares outstanding. 108 of them were B-share companies and 327 were SME Board companies.

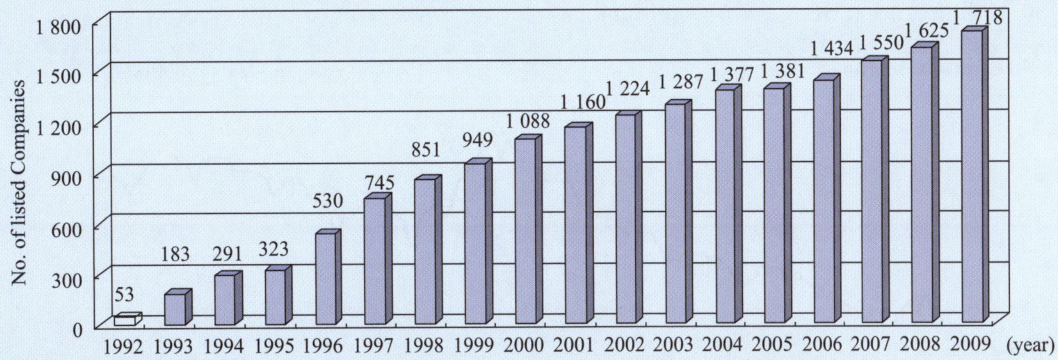


Figure 2-3 Number of Listed Companies (1992-2009)

Source: CSRC.

### 2.1.2 H-shares

H-share companies raised a total of USD 15.714 billion from overseas offerings in 2009, 244% up from USD 4.563 billion in 2008. Of the USD 15.714 billion, USD 14.711 billion and USD 1.003 billion came from IPOs and follow on offerings respectively.

By the end of 2009, a total of 159 domestically incorporated Chinese companies① had been listed in overseas markets, raising USD 127.78 billion. Of the 159 companies, 116 were listed on the HKEx main board (including 10 cross-listed in New York, 4 in London, 1 in both New York and London), 40 on the HKEx GEM and 3 in Singapore. By 2009 year-end, a total of 62 H-share companies had also issued A shares in the Chinese mainland.

## 2.2 Equity Market

In 2009, China's equity markets operated smoothly. Turnover in stock markets increased substantially compared with 2008. The CSI 300 Index (see Figure 2-4) opened the year at 1 848.33 points and closed at 3 575.68 with an increase of 96.71% compared with the figure at the end of 2008. The Shanghai Composite Index opened the year at 1 849.02 points and increased 79.98% to end the year at 3 277.14 points. The Shenzhen Composite Index opened the year at

① According to the statistical data on overseas listings from different stock exchanges, as of 31 December 2008 over 800 overseas incorporated companies from mainland China were listed on these exchanges such as Hong Kong Stock Exchange (465), New York Stock Exchange (44), NASDAQ (76), London Stock Exchange (64) and Singapore Exchange (150).

560.10 points and went up 117.12% to finish the year at 1 201.34 points. Total equity turnover value (see Figure 2-5) and average daily turnover value in 2009 were RMB 53.60 trillion and RMB 219.667 billion respectively, up 100.66% and 102.31% from 2008. The stamp duty collected from stock trading from January through December in 2009 totaled RMB 53.6 billion, down 42.22% from the previous year.

Figure 2-4 CSI 300 Index in 2009

Source: Wind.

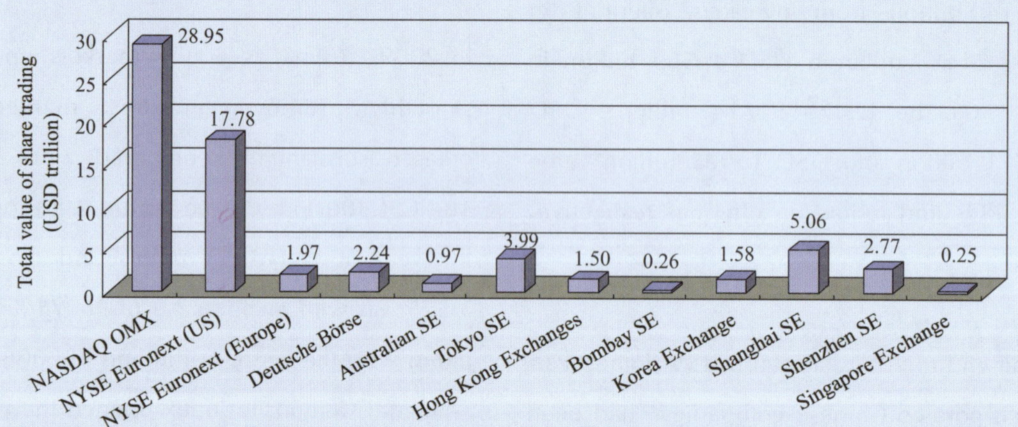


Figure 2-5 Equity Turnover Value in 2009 by Exchanges

Source: World Federation of Exchanges (WFE).

China's equity market size expended dramatically in 2009. With the effective implementation of Chinese Central Government's policies and measures in coping with the international financial crisis and promoting stable and speedy economic development, the Chinese equity market was among the first to resume a momentum of steady growth and its market functions were gradually restored. At the end of 2009, total market capitalization and free-float capitalization of the 1 718 companies listed on the two stock exchanges in Shanghai and Shenzhen were RMB 24. 39 trillion ( including RMB 1 687. 255 billion market capitalization of SME Board and RMB 161. 008 billion market capitalization of Growth Enterprise Board) and RMB 15. 13 trillion respectively, representing an increase of 100. 99% and 234. 54% from the end of 2008 respectively. The combined market capitalization of Shanghai and Shenzhen markets at 2009 year-end accounted for about 72. 7% of China' s GDP in 2009 ( see Figure 2-6 and Figure 2-7).

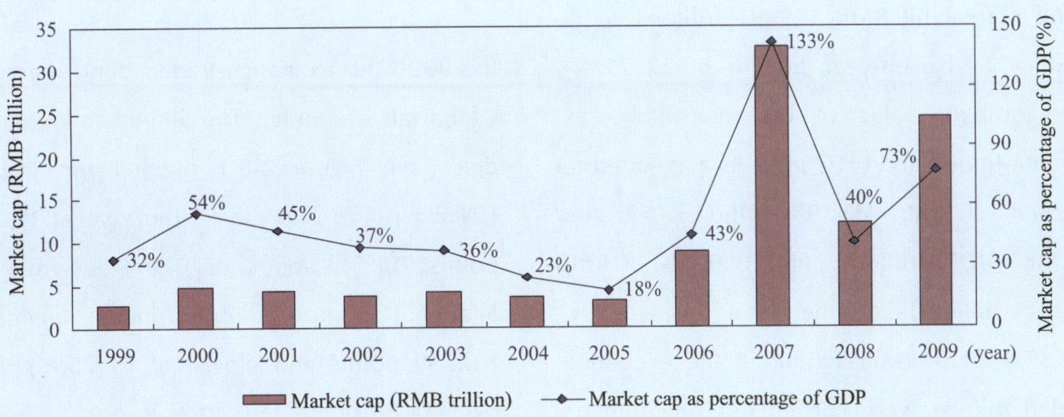


Figure 2-6 Market Capitalization and as a Percentage of GDP (1999-2009)

Source: Wind.

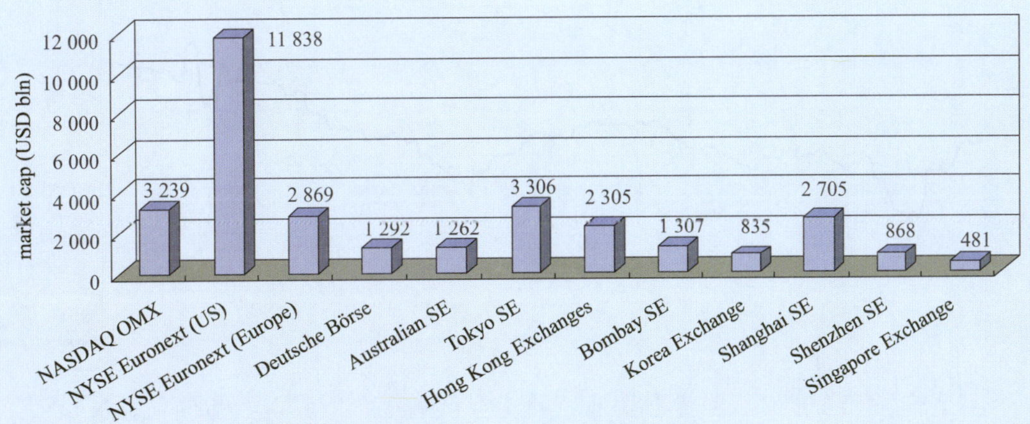


Figure 2-7 Market Capitalization by Exchanges (by the end of 2009)

Source: World Federation of Exchanges (WFE).

## 2.3 Exchange-traded Bond Market

China' s bond market comprises an inter-bank market, an exchange-traded market and a commercial bank OTC market. The outstanding balance of China' s bond market reached RMB 17. 78 trillion at the end of 2009, 17. 67% up from one year earlier. Tradable bonds on the inter-bank market, exchange-traded market and commercial bank OTC market were worth RMB 15.98 trillion, RMB 530 billion and RMB 140 billion respectively, accounting for 89.88%, 2.98% and 0.79% of all bonds outstanding.

In 2009, the total turnover value of China's bond market hit RMB 119.91 trillion, representing a year-on-year growth of 22.21%. The turnover value of the inter-bank, exchange-traded and OTC markets accounted for 96.68% (RMB 115.93 trillion), 3.31% (RMB 3.97 trillion) and 0.005‰ (RMB 6.284 billion) of the total respectively. 98.37% of the transactions in the exchange-traded market were carried out on Shanghai Stock Exchange. T-bond spot transactions and repo transactions on Shanghai Stock Exchange during the whole year of 2009 reached RMB 356.778 billion and RMB 3 547.587 billion respectively. T-bond spot and repo transactions executed on Shenzhen Stock Exchange were RMB 60.29 billion and RMB 4.594 billion respectively.

In 2009, the exchange-traded bond market in China ran smoothly. The Shanghai T-bond Index (see Figure 2-8) opened the year at 121.35 points and closed the year at 122.35 points, up 1 points or 0.87%; while the Shanghai Enterprises Bond Index opened at 132.69 points and closed at 133.55 points, rising 0.86 points or 0.68%①.

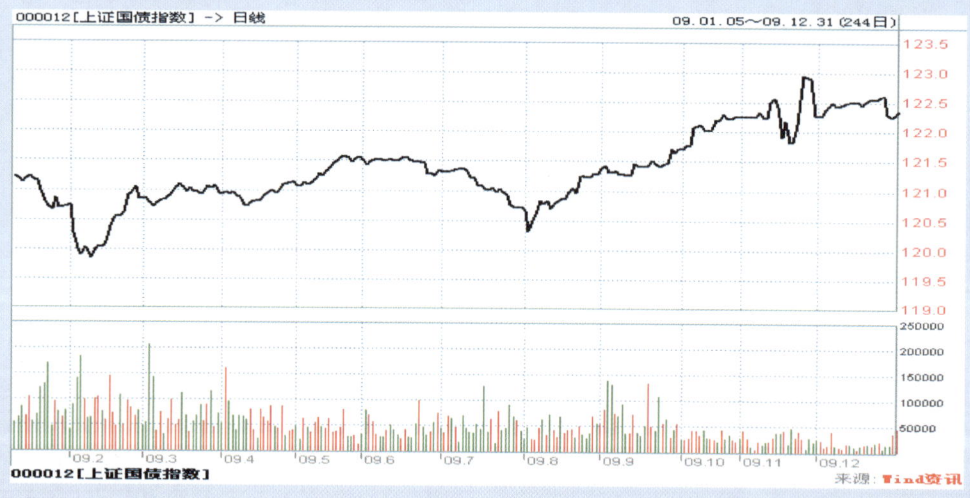


Figure 2-8 Shanghai T-Bond Index in 2009

Source: Wind.

## 2.4 Warrant Market

Warrants were ushered in during the course of China's non-tradable share reform. At the end of 2009, 9 warrants were still outstanding, all of which were call warrants. In 2009, turn-

① Source: Shanghai Stock Exchange, Shenzhen Stock Exchange, & www.chinabond.com.cn.

over value in China's warrant market amounted to RMB 5.36 trillion, 23.1% down from 2008. The average daily turnover value in 2009 was RMB 21.986 billion, lower than the corresponding 2008 figure of RMB 28.3 billion. Total market capitalization of the warrant market increased from RMB 17.2 billion at the end of 2008 to RMB 20.927 billion at the end of 2009 after hitting a yearly high of RMB 28.9 billion.

## 2.5 Commodity Futures Market

In 2009, 4 new commodity futures products were launched into the market, including early long-grain nonglutinous rice, steel rebar, steel wire rod and PVC, and there are all together 23 commodity futures products in China now.

**Table 2 - 1** **Commodity Futures Products Traded in China**

| Commodity Exchange | Commodity Futures Products |
| --- | --- |
| Shanghai Futures Exchange | Copper, aluminium, natural rubber, fuel oil, zinc, gold, steel rebar, steel wire rod |
| Zhengzhou Commodity Exchange | Hard white wheat, strong gluten wheat, cotton, white sugar, PTA, rapeseed oil, early long-grain nonglutinous rice |
| Dalian Commodity Exchange | Soybean No. 1, soybean No. 2, corn, soybean meal, soybean oil, LLDPE, RBD palm oil and PVC |

Source: Websites of the three commodity futures exchanges in China.

In 2009, the commodity futures market maintained its upside momentum (see Figure 2-9). Turnover through the whole year reached 2.16 billion lots in volume and RMB 130.5 trillion in value, representing a year-on-year growth of 58.2% and 81.5% respectively. The trading volume of commodity futures in China accounted for 43% of the world total in 2009, making China the largest commodity futures market in the world.

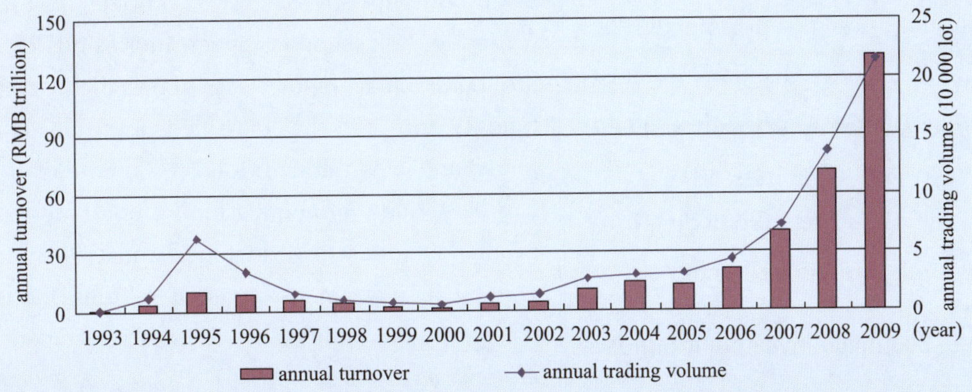


Figure 2-9 Turnover Value and Trading Volume of Futures Market (1993-2009)

Source: CSRC.

## 2.6 Institutional Investors

The past few years have witnessed a tremendous growth in the number of securities investors. China's capital market has become an important wealth management platform for the whole society. At the end of 2009, investor accounts totaled 171 million, an increase of 19.52 million or 12.84% of growth compared with 2008 year end. The number of institutional investor accounts amounted to 594 400, while individual investor accounts were over 170 million. Shares held by institutional investor accounts made up nearly 70% of the total free-float market capitalization.

Expanding the institutional investor base has been one of the key tasks for CSRC in its efforts to reform and develop China's capital market. The steady growth of the market in the past few years has nurtured a consortium of institutional investors, which is led by securities investment funds and supplemented by the Social Security Fund, insurance companies, corporate annuities, qualified foreign institutional investors (QFIIs) and securities firms (including proprietary funds and pooled funds).

### 2.6.1 Securities Investment Funds

In 2009, securities investment funds increased sharply over the previous year. By the end of 2009, 60 fund management companies had been set up, managing 557 securities investment funds with a total net asset value (NAV) of RMB 2.68 trillion, an increase of RMB 736.38 billion or 37.95% compared with the number at the beginning of the year, representing 17.69% of the combined free-float market capitalization of the Shanghai and Shenzhen markets (see Figure 2-10). The NAV of money market funds and bond funds accounted for 12.76% of all funds. At the end of 2009, equity investments by securities investment funds was RMB 1.92 trillion, accounting for 12.72% of the combined free-float market capitalization of the Shanghai and Shenzhen markets.

Glossary

**Securities investment funds** in China are established through a process whereby proceeds are raised through a public offering of fund units and held under the custody of a fund custodian. The proceeds raised are managed by fund management companies on behalf of fund unit holders. It is an asset portfolio approach to securities investment. Currently, all securities investment funds in China are contractual funds (as opposed to corporate funds) and can be classified into closed-ended funds and open-ended funds. Open-ended funds can be divided into equity funds, bond funds, money market funds, hybrid funds and QFII funds according to investment target. Umbrella funds, exchange-traded funds and listed open-ended funds are also available.

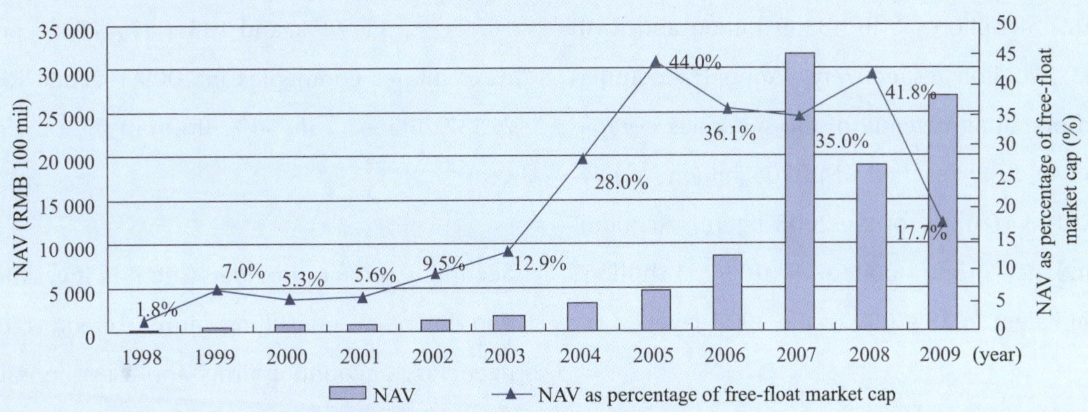


Figure 2-10 NAV of Securities Investment Funds and as a Percentage of Free-float Market Capitalization (1999-2009)

Source: CSRC.

### 2.6.2 QFIIs

By the end of 2009, CSRC had granted QFII licenses to 94 foreign institutions (see Figure 2-11), with approved investment quotas totaling USD 16.67 billion. 18 NEW foreign institutions and RMB 3.265 billion investment were approved compared with the beginning of the year. QFIIs' total assets hit RMB 289.9 billion, while securities held by QFIIs were worth RMB 237 billion, accounting for 81.8% of the total assets. Equity investments by QFIIs accounted for 1.4% of the combined free-float market capitalization of A Share market.

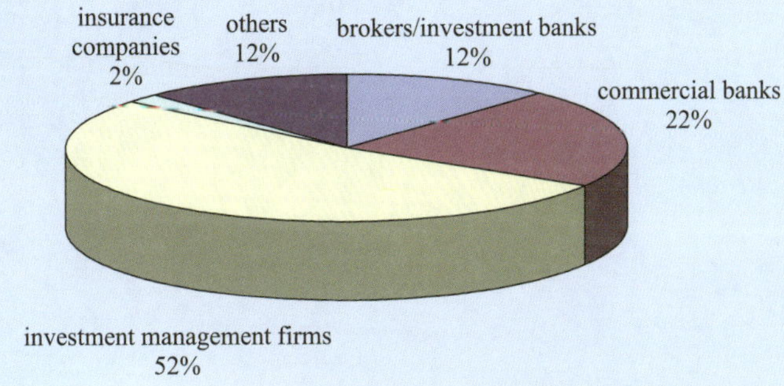


Figure 2-11 Breakdown of QFIIs

Source: CSRC.

## 2.7 Market Intermediaries

Along with the development of China's capital market and the implementation of regulatory measures in the past few years, the capital strength and operation expertise of market intermediaries have improved significantly. By the end of 2009, there were 106 securities companies in the Chinese mainland, with total assets, net assets and net capital of RMB

2 027. 4 billion, RMB 483. 9 billion and RMB 383. 2 billion respectively. Annual accumulated operating revenue of the securities companies in 2009 reached RMB 205 billion, equivalent to 163. 9% of the 2008 figure. Accumulated net profit stood at RMB 93. 3 billion, equivalent to 193. 6% of the 2008 level.

By the end of 2009, 167 futures companies had been set up, 164 of which are under regular operation. Their total assets, net assets, net capital and customer margin deposits are RMB 20. 106 billion (excluding customers' assets), RMB 17. 943 billion, RMB 16. 104 billion and RMB 100. 623 billion respectively, representing year-on-year increases of 31. 03%, 16. 94%, 33. 43% and 133. 08%. Total profits of futures companies in 2009 reached RMB 2. 337 billion, 259. 54% up from the previous year.

Securities service providers such as investment and financial consulting firms, credit rating agencies, accounting firms and asset appraisal firms must obtain licenses from CSRC before launching any securities-related services. Like law firms, these institutions perform different duties and offer various services to facilitate the smooth operation of China's securities market. By the end of 2009, there are 99 securities investment consulting firms and 5 securities rating agencies in China.

# 3. Major Regulatory Policies and Initiatives in 2009

2009 has been the most difficult year for the administration of China's economy in the new century, and it is also a year when China's capital markets have withstood severe tests and sought new development against setbacks. Given the extremely challenging and complex situation brought about by the serious impacts of the international financial crisis and the severe adjustments on the capital markets where financing through IPO was suspended, CSRC has been committed to implementing the package of Chinese central government in response to the international financial turmoil to boost the steady and sound development of the economy. The thirty measures for the financial sector to boost economic development (hereinafter referred to as 30 Financial Measures) proposed in December 2008 is a case in point. Confident and determined to overcome the challenges, CSRC has analyzed and learned the lessons of the crisis, planned policy measures to combat the impacts of the international financial crisis, and worked for better fundamental systems and regulation of the markets. Overall planning was made with key factors highlighted in order to promote favorable changes on the markets. As a result, the functions of the markets have been given a good role to play, new breakthroughs have been made in the development of the markets, the functioning of the markets has been increasingly aligned with macro economy, the steady and sound development of Chinese capital markets has been guaranteed, thus making important contributions to "ensuring growth, expanding domestic demand, and restructuring".

## 3.1 Actively responding to the international financial crisis, and supporting the steady and sound development of the economy

In accordance with the overall planning of Chinese government to respond to the international financial crisis, CSRC has followed the development of the crisis closely, raised the level of monitoring and early warning of systemic risk in the securities and futures industries, prepared contingency plans for each possible scenario, and taken a series of policy measures. These have rendered critical support to the combat against the impacts of the international financial crisis and the boost of market confidence as well as steady and sound development of the economy.

### 3.1.1 Expanding direct financing

◆ **Continued support of qualified large state-owned enterprises to launch IPOs.** In 2009, many large competitive enterprises such as China State Construction Engineering Corp., Everbright Securities Co. Ltd., China International Travel Service Limited, China Merchants Securities, China Shipbuilding Industry Corporation raised RMB 135. 7 billion successfully through IPO.

◆ **Continued development of the Small and Medium-sized Enterprise Board to expand their sources of financing**. Over 90% of those companies that submit a financing application to CSRC are small and medium-sized enterprises from many industries that have been affected to various extents by international and domestic economic environments. Examples include labor-intensive manufacturing companies and export-oriented trade companies. In 2009, CSRC made a careful analysis, identified key problems, and did a good review according to the characteristics of various industries.

◆ **Pro-active implementation of national industry policies**. On August 26th, 2009, standing meetings of the State Council decided that measures of control and guidance were to be taken in industries such as steel and cement. For the purpose of working with other agencies to implement that national industry policy, CSRC quickly sorted the IPO application projects under review and consulted with the National Development and Reform Committee on 36 companies under review from those industries in early September 2009, and consulted with the Ministry of Land and Resources of PRC on 25 real estate companies under review in late September 2009. Communication systems were established with the above-mentioned ministerial authorities.

### 3. 1. 2 Promoting consolidation and industry upgrading of listed companies

In recent years, CSRC has worked in accordance with the overall requirement proposed in the report of the 17th National Congress of CPC that the transformation of the economic development pattern should be speeded up, industrial structure be optimized and upgraded, systems be improved for the market to play its fundamental role in resource allocation even better, and macro control system favorable for scientific development be formed. CSRC has been committed to implementing the plan of the State Council to proactively promote the development of fundamental systems of the capital markets and to support qualified enterprises to launch mergers and acquisitions in the capital markets in order to boost consolidation and industry upgrading of listed companies.

Since 2006, there have been 194 mergers of listed companies in China' s capital markets with RMB 910. 9 billion transactions, and 259 acquisitions with RMB 126. 3 billion involved. According to statistics, the total transactions of acquisitions over the past 3 years accounts for over 90% of the amount since 2002, and that of mergers, for over 80%. Economy of scale brought about by mergers and acquisitions results in better assets quality and profitability of listed companies, and is also favorable for resource allocation, industry consolidation and upgrading, international competitiveness, and

state-owned enterprise reform.

◆ **Promote industry consolidation for higher industry concentration and better corporate profitability**. From 2006 to 2009, 114 listed companies have completed or have been in the process of restructuring focusing on industry consolidation with a total transaction of RMB 641 billion. Restructuring in 2006 resulted in increases of 306%, 208% and 187% in terms of three-year average total assets, total revenue and net profits respectively, and that in 2007 led to increases of 62%, 60% and 45% in terms of two-year average total assets, total revenue and net profits respectively.

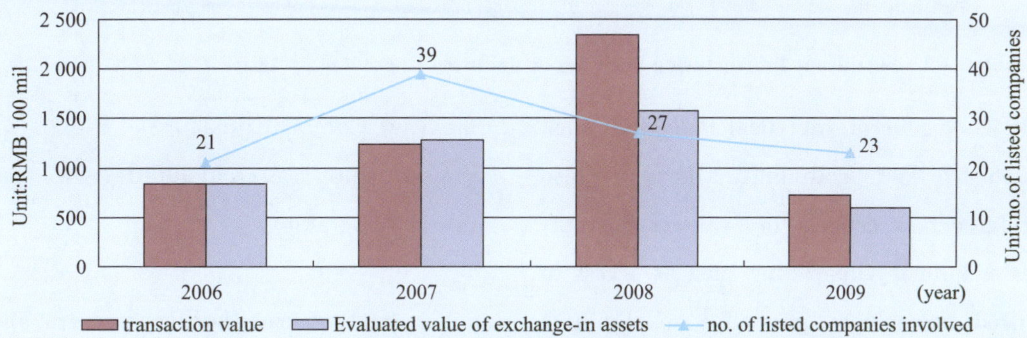


**Table 3 – 1 Significant Restructuring Focusing on Industry Consolidation by Listed Companies Since 2006**

**Synergy brought about by industry consolidation helps optimize resource allocation and enables the main players on the market to be more competitive**. For instance, the steel industry has been one of the industries that have recently been consolidating intensively. Baosteel, Angang Steel, Wuhan Iron and Steel, Pangang Group, etc. have completed internal consolidation of their groups' assets for the core business, and are expanding their scales and increasing industry concentration by mergers and acquisitions. Chinese top three steel groups, Baosteel included, has doubled their industry concentration compared with that of 2004. Tangsteel, a subsidiary of Hebei Iron and Steel Group, merged with Handan Iron and Steel and Chengde Vanadium Titanium by share swap, thus put sales and purchasing under its control and consolidating the core business of the group. The post-consolidation Tangsteel will become the second largest steel manufacturer in China and the fourth largest in the world, thus leading the development of steel industry of Hebei Province.

◆ **Promoting industry upgrading for further transformation of the economic development pattern**. Since 2006, there have been 27 listed companies that expanded their scale by mergers and acquisitions with a total transaction of RMB 245.6 billion. Not only did their scale expand in a short span, but their profitability also increased dramatically. Mergers and acquisitions in 2006 resulted in increases of 332%, 318% and 595% in terms of three-year average total assets, total revenue and net profits respectively.

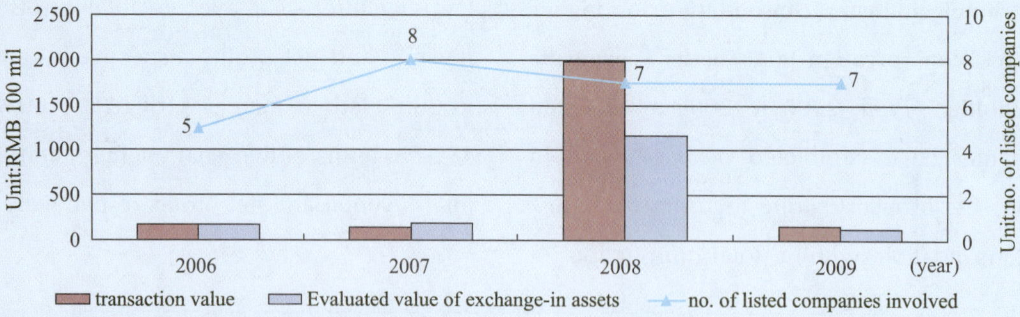


**Table 3 - 2 Significant Restructuring Focusing on Industry Upgrading by Listed Companies Since 2006**

**Apart from general analytical indicators such as assets size and profitability, there are also other important criteria to evaluate the outcomes of industry upgrading such as access to advanced technology, possibility to eliminate outdated production capacity, and environment-friendliness.** Judging from the actual outcomes, listed companies have achieved a great deal in recent years by mergers and acquisitions. For instance, Huafu Holding Co. Ltd., the market leader in the mélange industry, merged with a listed company Feiya Textile and achieved industry consolidation and upgrading. Huafu has been better at withstanding risks and replaced Feiya's outdated equipment with a mélange yarn technology that is two times more environment friendly than the traditional technology. Thus after the merger, the company became a world-leading company in the industry. Moreover, the merger also contributed to the shift of industry focus in China, namely from Zhejiang Province to Anhui Province. This regional shift of labor-intensive industries in China has effectively upgraded the outdated production capacity in Central China, so it means a win-win outcome, i. e. regional development and industry upgrading.

◆ **Promoting cross-border mergers and acquisitions; seeking opportunities for the growth of overseas business.** In recent years, as China's national strength and Chinese companies competitiveness increase, given an appreciated currency and China's entry to WTO, Chinese companies are seeking development by launching their "Going Global" strategy which contributes to stronger core competitiveness. Mergers and acquisitions are a short-cut. Since 2006, 22 listed Chinese companies launched 32 overseas acquisitions with a total value of RMB 99.1 billion, of which the numbers for each year are 15.7 billion, 1 billion, 29.3 billion, and 53.1 billion respectively.

◆ **Promoting the reform of state-owned enterprises (SOEs) for a more dynamic state-owned corporate sector.** There are over 130 SOEs owned by Chinese central government,

and there are an even larger number of state-owned enterprises by local governments. Those enterprises differ greatly in terms of scale and profitability, and are located in various parts of the country with many branches. The top 10 SOEs owned by central government possess 60% of the total assets of all enterprises of this category. According to media reports, the State Assets Supervision and Administration Commission of the State Council and other authorities have planned that by 2010 the number of SEOs owned by the central government will be reduced to below 100 through mergers, and 30 – 50 large corporations and groups will be established with proprietary intellectual property rights, well-known brands and international competitive edge. Mergers and acquisitions are undoubtedly the most straight-forward and effective in achieving the goal of enterprises growth. The Global 500, many of which are large US corporations, have mostly gone through several and even dozens of M&As, and almost none of them have relied entirely on internal expansion. In recent years, the improvement on capital markets resource allocation also offers a platform for SOEs owned by central government to develop themselves through M&As.

According to statistics, since 2006, 121 state-owned enterprises have restructured themselves and gone public with a total transaction of RMB 805. 8 billion. Restructuring in 2006 resulted in increases of 338%, 200% and 181% in terms of three-year average total assets, total revenue and net profits respectively, and that in 2007 led to increases of 74%, 67% and 65% in terms of two-year average total assets, total revenue and net profits respectively. Restructuring has increased state-owned assets, operation efficiency and competitiveness.

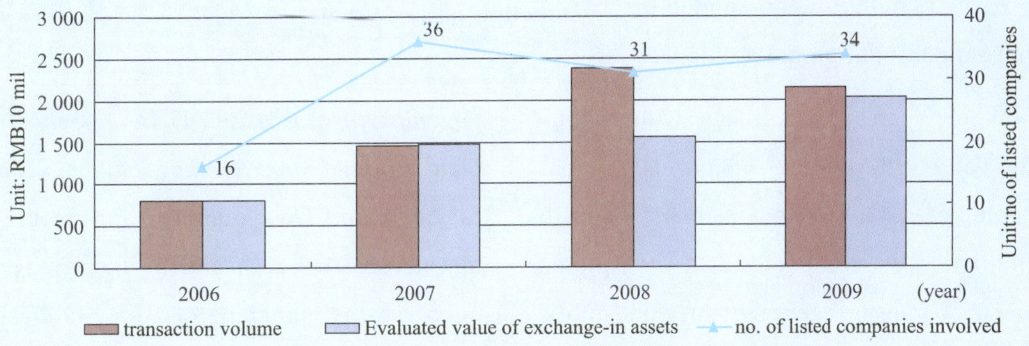


**Table 3 – 3 Significant Restructuring by State-owned Enterprises Since 2006**

### 3.1.3 Improve the stock transfer agent system

In 2009, CSRC continued to improve the stock transfer agent system and to develop OTC market. On the basis of the analysis and summary of the experience of the Zhongguancun pilot program over three years, CSRC improved the system under pilot by changing investor access, qualification for being quoted, information disclosure, conditional shares and trading and settlement systems. The new system has been formally implemented as of early July 2009. So far, the new system has facilitated investors' participation in share transfer, increased market efficiency, transparency and liquidity.

Glossary

**Stock Transfer Agent System**: share transfer platform built on the basis of the contracts of securities companies and other stakeholders with the support of the technology of Shenzhen Stock Exchange and China Securities Depository and Clearing Corporation Limited. Its core business is trading shares of listed companies by securities companies as agents. In order to provide a solution for the leftover problems in original STAQ and NET systems, CSRC approved the establishment of the system in June 2001. Since August 2002, the system has provided services to the trading and transfer of shares of the delisted companies from the Shanghai and Shenzhen Stock Exchanges. In January 2006, the Zhongguancun Hi-tech Park non-public joint stock company started to be part of the system, which expanded the function of the system.

As of the end of 2009, 59 companies were quoted in the system under the Zhongguancun pilot program. In 2009, 221 million shares were traded with a total trading value of RMB 1.09 billion. 10 companies completed 11 targeted financing of RMB 512 million. Two companies that were quoted in the stock transfer agent system went public on the Small and Medium Enterprise Board and the Growth Enterprise Board.

### 3.1.4 Launch new futures products that meet the need of national economic development

CSRC followed the guidance of the document *Several Opinions of the General Office of the State Council on Providing Financial Support for Economic Development*, and on the basis of extensive research and in-depth reasoning, approved the launching of 4 new futures products, i.e. early long-grain nonglutinous rice, steel rebar, steel wire rod and PVC. So far, all the four products are traded in a steady manner, and market participation has been increasing. As of the end of 2009, there were 23 futures products listed in the Chinese futures market, the commodity futures product system that has a bearing on national economy and people's livelihood was in place, and the futures market contributes to the development of industries more effectively.

## 3.2 Consolidating market foundation, developing and improving market-oriented operation mechanism

While tackling the international financial crisis, CSRC has deepened its understanding on the characteristics of the "emerging and transitional" Chinese capital markets. In response to the tasks and challenges that are different from sophisticated markets, CSRC is committed to consolidating foundamental regulatory system, promoting market-oriented reform, enhancing transparency, and strengthening market discipline and a healthy equity culture for a more solid basis for stability of the markets.

### 3.2.1 Deepen the reform of the issuance system of new shares

In order to improve market discipline, streamline stock listing and offering system and to meet the demand of market development, CSRC has, since 2008, carried out in-depth research on the reform of public offering, listened extensively to the opinions from market participants, and conducted analysis and studies on the IPO systems of major overseas capital markets. As a result, thoughts and plans for the reform of IPO have been formulated. On June 10th, 2009, CSRC issued the *Guidance Opinions on Further Reform and Improvement of New Shares Offering System*, which marked the launching of IPO reform. The reform sticks to the market-oriented direction, and focuses on enhancing market discipline. The reform actively addresses the transitional characteristics of the price inquiry system, and focuses on the two critical issues, namely means of pricing and underwriting, to improve system arrangement and strengthen market disciplines.

In actual implementation, this reform follows the principle of step-by-step progress and gradual improvement, and various reform measures are implemented phase by phase. During the first phase, four specific measures have been launched, i. e. i) improving the quotation constraint mechanism for price inquiry and subscription by setting minimum price of subscription; ii) putting online and offline subscribers in different categories; iii) setting a cap for online single subscription accounts; iv) giving more warning of risks of IPO subscription. As of the end of 2009, 129 companies offered their new shares with the reformed system. Judging from the current situation, new shares are issued in an orderly manner, and the reform is gradually implemented, which means that its first-phase objectives have been basically achieved. Main evidences are the facts that new shares are increasingly priced by the market with no administrative guidance provided by CSRC; that the amount of frozen funds of online issuance significantly decreases and the number of individual investors winning the lots of subscription increases substantially; that the first-day trading prices of new shares rise by a much smaller margin and the price differentials between the primary and secondary markets have significantly narrowed; and that market players have a much better sense of responsibility and their positioning are increasingly clearly defined.

Generally speaking, the market-oriented IPO reform has gained general recognition of the industry, and further reform has become the consensus of the market. CSRC will continue to follow the principle of step-by-step progress and gradual improvement, and introduce reform measures of the next phase at the right timing on the basis of balancing the speed of the development of the market, the intensity of the reform efforts, and the acceptance of the market. We believe that with an increasingly improved market discipline mechanism and IPO system, the functions of the primary market in terms of price discovery and resource allocation will be more effectively played.

### 3.2.2 Improve the mergers and acquisitions system

◆ **Conducting in-depth research of key issues in mergers and acquisitions to promote the development of the M&A system in capital markets.** In 2009, CSRC focused its research on a series of key M&A issues including M&A definitions and related legal acts and regulatory boundaries, regulatory standards for M&A compliance review, M&A and financing portfolios, reduction of items requesting approval, definition of responsibilities of financial consulting intermediaries and evaluation and accountability of their duties and incentives and discipline mechanisms, insider trading and market manipulation, institutional arrangements for the suspension and resumption of trading, standardizing backdoor listing, and pricing mechanisms and tax issues. On that basis, taken regulatory experiences and market needs into consideration, CSRC initiated the revision of the *Measures for the Administration of Acquisitions of Listed Companies* and the *Measures for the Administration of Material Asset Reorganizations of Listed Companies*, and drafted the *Measures for the Administration on Mergers of Listed Companies* and the *Format Standards for Legal Opinions of M&As and Reorganizations of Listed Companies.*

◆ **Launching pilot projects to promote split listings of listed companies to diversify the ways mergers and acquisitions.** Listed companies can be developed roughly in two ways, one is "bigger and stronger", and the other is "specialized and stronger." In terms of mergers, acquisitions and reorganizations, the first way is usually evidenced by M&As (including absorption into the merger), and the second way is particularly evidenced by split listing. Both ways are key functions of capital markets to optimize the allocation of resources and to improve the quality of listed companies. In view of that, CSRC was behind the trial project of split of the Northeast High-Speed (SH 600003) into two listed companies in 2009, making a good attempt to explore innovative ways of reorganization. So far, it has received a good market response. CSRC will introduce special rules and regulations to standardize split listing at the right timing.

◆ **Developing a coordinated supervision system for M&As and reorganizations, consisted of three level supervising agencies, namely CSRC Department of Listed Company Supervision, Shanghai and Shenzhen Stock Exchanges, and CSRC regional offices.** The Shanghai and Shenzhen Stock Exchanges are responsible for reviewing the format of necessary documents to disclose relevant information on major asset restructuring of listed companies and the documents to disclose information presented by independent financial advisers during the major asset restructuring of listed companies, and for monitoring abnormal market development in real time; CSRC regional offices shoulder the responsibility of on-site inspection and constant monitoring; and CSRC Department of Listed Company Supervision takes the lead in preliminary compliance review and the Listed Companies M&A Review Committee is the key gatekeeper.

### 3.2.3 Promoting the development of the bond market proactively

While boosting the steady development of equity financing, CSRC continued improving other direct financing channels in 2009 by rendering great support to the development of bond financing, and giving corporate bonds a full play in expanding direct financing for the purpose of promoting balanced development of the stock market and bond market so as to lay a foundation for the coordinated development of capital market.

◆ **Actively promoting the implementation of corporate bond classified management system.** CSRC coordinated with Shanghai and Shenzhen Stock Exchanges to revise the *Rules on Listing of Corporate Bonds* in order to further rationalize corporate bond issuance, listing, trading and classified settlement as well as other relevant legal relationships, to arrange risk prevention mechanisms at the source of listing, to be consistent with the concept of qualified investors, and to push forward even further the active and steady development of corporate bonds market. Approved by CSRC, in November 2009, Shanghai and Shenzhen Stock Exchanges issued the revised *Rules on Listing of Corporate Bonds*, which marked the launching of corporate bond classified management system.

◆ **Making a good preparation for listed commercial banks to participate in the exchange-traded bond market.** The 30 Financial Measures issued by the State Council in December 2008 include promoting commercial banks to return to exchange-traded bond market. To implement the requirements of the State Council, CSRC and China Banking Regulatory Commission (CBRC) jointly issued the *Notice of CSRC and CBRC on the Trial Participation of Listed Commercial Banks in Bond Trading in Stock Exchanges* in 2009 to create conditions for the initiation of the unified and connected bond market. After that, CSRC consulted with CBRC, the Stock Exchanges, China Securities Depository and Clearing Corporation, and China Treasury Bond Depository Trust & Clearing Co. Ltd. (CDC) on the scope of the pilot bond trading in Stock Exchanges by the listed commercial banks, ways of settlement and other related issues. So far the relevant preparation has basically completed.

### 3.2.4 Improving the trading and clearing system

In order to meet China's demand for the securities and futures market development and to ensure healthy and stable market operation, CSRC revised some terms in the *Measures for the Administration of Securities Registration and Clearing*, which came into effect in December 21, 2009. The main revisions include: first, No. 3 of the second clause of Article 14 is revised as "Stock Exchanges and China Financial Futures Exchange perform their duties according to the law in requiring securities registration and clearing institutions to provide relevant data and information"; secondly, a second clause is added to Article 19 that "the above-mentioned investors include Chinese citizens, Chinese legal persons, Chinese partnership enterprises and other investors stipulated by Chinese laws, administrative regulations, rules and regulations of CSRC". The two revisions not only improve the cross-market regulation mechanism by arranging information exchange between China Financial Futures Exchange and China Securities Depository and Clearing Corporation to achieve fast and efficient information sharing to protect the legitimate rights and interests of investors, but also meet the needs of new ways of organization in companies and guide them to invest in accordance with law, offering a basis for partnership enterprises and other organizations to open accounts thus defining the main players in the stock market more clearly.

### 3.2.5 Enhancing media guidance and investor education

- Stepping up public information plans, improving press release system, resolving doubts and confusions over policies effectively, taking the initiative to respond to hotspot issues in the market, and enhancing openness and transparency. In 2009, CSRC completed over 120 special publicity projects, held news briefings for more than 60 times, and received more than 2 000 journalists for interview.

- Jointly issuing the *Working Plan on Further Standardizing the Dissemination of Information on Capital Markets on the Internet* in conjunction with Ministry of Public Security, the State Council Information Office and another relevant authorities, and carrying out special projects to address related issues. CSRC increases its efforts in collaboration with other agencies to block and delete over 60 000 pieces of harmful online information on securities and futures.

◆ Carrying on investor education activities, emphasizing the responsibility for investor education on the part of regional offices, self-regulatory organizations, and securities and futures companies, promoting knowledge dissemination of capital markets and risk disclosure, and enhancing investors awareness of risk-bearing and self-protection.

## 3.3 Launching the Growth Enterprise Board in a steady manner to support the development of China as an innovative country

The introduction of the Growth Enterprise Board is a fundamental undertaking in the development and innovation in China's multi-tiered capital market system, and it is an important measure for China's capital market to respond to the international financial crisis and to contribute to economic development. After long deliberation and careful preparations, CSRC has made a series of institutional arrangements in line with market reality on the GEM system design, IPO review, investor appropriateness management and market supervision. In October 2009, the GEM Board was officially launched, thus becoming a highlight in China's combat with the challenge of the international financial crisis as well as a light in the global capital markets in 2009.

### 3.3.1 Develop the Regulatory System of Growth Enterprise Board

To ensure a smooth launch and operation of the GEM, CSRC cooperated closely with relevant ministries and local governments in completing a large number of detail-oriented and effective work. In terms of rule-making, the *Tentative Measures for the Administration of Initial Public Offering and Listing on the Growth Enterprise Board*(CSRC Decree No. 61, which came into effect as of May 1st、2009), *Decision on Amending the 'Measures of CSRC Public Offering Review Committee'* (CSRC Decree No. 62, which came into effect as of June 14th, 2009), the GEM company prospectus and listing application documents, and the *Rules on GEM Listing*, regulatory documents and selfregulatory rules have been promulgated. The framework

Mr. Yao Gang, CSRC Vice Chairman, on GEB offering system training seminar on July 14, 2009

Mr. Liu Xinhua, CSRC Vice Chairman, on the inaugural meeting for GEB Public Offering Review Committee on August 14, 2009

of regulatory system that meet the characteristics of China's Growth Enterprise Board has basically been formulated.

### 3.3.2 Carrying out investor appropriateness management on the Growth Enterprise Board

To protect the legal rights and interests of investors and to guide investors to invest rationally on the Growth Enterprise Board, CSRC issued the *Interim Provisions for the Administration of Investor Appropriateness in Growth Enterprise Board* (CSRC Announcement [2009] No. 14, which came into force as of July 15), urged all self-regulatory agencies and securities institutions to implement the requirements for investors appropriateness management, established and improved the working mechanisms and business processes, enhanced investor education and risk disclosure, and built investor trading platform on the GEB.

### 3.3.3 Conducting offering and Listing on the Growth Enterprise Board in an orderly manner

For small enterprises with strong growth and relatively higher risks, CSRC set up the Department of Growth Enterpise Board Supervision and Growth Enterpise Board Public Offering Review Committee to ensure the review of share offering on the GEB conforms to the conditions and procedures of relevant laws and regulations and is done in a steady and orderly manner. Efforts were also made in listing resources development, technical system preparation, promotion, intermediary training, etc. On October 23, 2009, the GEB was officially launched. As of the end of 2009, 223 enterprises applied to CSRC for IPO, of which 50 enterprises were already approved and 36 of them have been listed with RMB 20.409 billion raised.

### 3.3.4 Regulating the GEB effectively

◆ **Enhancing monitoring of market transactions on the GEB, improving the system of temporary suspension of listing, warning abnormal transaction accounts promptly, and maintaining smooth market operation.** For example, when stock prices for the first day of listing have gone up or down by over 20% for the first time on the basis of opening prices,

Mr. Zhu Congjiu, CSRC Assistant Chairman on the inaugural meeting for GEB Public Offering Review Committee on August 14, 2009

Shenzhen Stock Exchange is authorized to temporarily suspend the listing for 30 minutes; when the prices have gone up or down by over 50%, Shenzhen Exchange is authorized to temporarily suspend the listing for 30 minutes; when the prices have gone up or down by 80%, Shenzhen Exchange is authorized to suspend its listing up to 14:57 (trading closed at 15:00).

◆ **Establishing monitoring mechanisms such as information disclosure, regulatory reporting and complaint disposal.** In 2009, responding to the characteristics of GEB companies, CSRC issued the *Content and Format of Annual Report of GEB Listed Companies*, and is currently drafting guidelines for quarterly reports to enhance transparency of corporate information disclosure on the GEB. In addition, based on daily supervision system for listed companies, CSRC requested its regional offices and Shenzhen Stock Exchange to report on day-to-day supervision on a weekly basis, such as corporate operations, major press releases, main regulatory issues and solutions, etc. within 3 months after the first batch of companies were listed.

◆ **Stepping up training of controlling shareholders and executives.** Led by CSRC, relevant CSRC regional offices and Shenzhen Stock Exchange jointly held training programs for controlling shareholders, chairmen of the boards of directors, and general managers of newly listed companies on the GEB to enhance standard operation.

## 3.4 Strengthening regular supervision and promoting the rational development of market participants

In 2009, CSRC continued strengthening implementation of existing systems in order to uphold "openness, fairness, and equity", protecting the legal rights and interests of investors, preventing and controlling risks and stimulating innovation, so as to urge all market players to operate according to laws and regulations and to improve core competitiveness.

### 3.4.1 Improving corporate governance of listed companies and information disclosure

◆ **Implementing the "special programs to strengthen governance of listed companies", and urging a comprehensive reform of listed companies on corporate governance.** In March 2007, CSRC started, among all listed companies, a three-year "special programs to strengthen governance of listed companies" (hereinafter referred to as special programs). It seeks to achieve the following goals: listed companies significantly increase their independence; their daily operation improves dramatically; transparency significantly increases; and investors and the general public identify with the governance of listed companies. The special programs are divided into three stages, corporate self-examination, public appraisal, and correction and improvement. In the self-examination stage, listed companies look into their own problems and develop clearly-defined measures for correction and a timetable. In the appraisal stage, investors and the public make an analysis and appraisal; and CSRC regional offices and stock exchanges, a comprehensive evaluation. In the correction stage, listed companies actively address the problems and improve corporate governance.

Based on the work of the previous two years, CSRC identified the year 2009 as the year for "correction in corporate governance by listed companies" in order to consolidate the results of the special programs and to urge listed companies to completely address currently existing governance problems. As of the end of 2009, more than 10 000 problems were resolved, 97.8% of the total issues proposed. The governance of Chinese listed companies has been greatly enhanced, thus promoting the culture of "corporate autonomy, shareholders autonomy" and institution building.

◆ **Carrying out research on the management features of listed SOEs owned by central government to further improve comprehensive regulatory system.** In 2009, CSRC made a preliminary exploration of the regulatory pattern of starting from the state-owned enterprise groups, expanding to the subsidiaries, improving the effectiveness of supervision of listed companies by strengthening the supervision of the actual controllers. First, CSRC adopted a comprehensive understanding and in-depth research of listed SOEs owned by central government and financial companies in terms of standard operations. As of November 2009, CSRC has completed investigations of a total of 62 enterprises in this category (involving 143), 42% of the 340 listed SOEs owned by central government and financial companies; and paid on-site visits and investigation to 8 such enterprises. Secondly, efforts were made in focusing on and effectively supplementing the existing daily supervision of those companies. Starting from the administrative approval items of the central government controlled listed companies, CSRC focused on corporate governance structure, industry competition, related party transactions, and delivery of commitments. The mechanism linking regulation and administrative licensing was established. As of the end of 2009, 90 issues were found in the operation of controlling shareholders and actual controllers of those listed enterprises, and 78 suggestions for supervision were put forward. Research revealed effectively the problems that are difficult to find in the existing day to day supervision, thus optimizing the problem discovery mechanisms for listed companies and enhancing the effectiveness of supervision of listed companies.

◆ **Establishing a information disclosure regulatory mechanism focusing abnormal change of**

**stock prices**. After the tradable share reform, there is an increased profit motive to take advantage of information disclosure on the secondary market, and information disclosure and stock price volatility is much more interdependent. In 2009, during the regulation of abnormal change of stock prices, CSRC combined information disclosure and regulation of transaction prices. Once stock price fluctuations occur before the disclosure of material information, CSRC took immediate regulatory actions and informed related departments, i. e. the Enforcement Bureau and Department of Market Supervision, suggesting attention paid to the companies or investigations conducted.

◆ **Strengthening regulation on information disclosure in the banking, insurance, real estate, and other special industries**. After introducing in January 2007 the *Measures for the Administration of Information Disclosure of Listed Companies* (CSRC Decree No. 40), in 2009, CSRC promulgated and implemented special provisions for information disclosure of special industries, such as insurance and banking sectors. It also drafted "special provisions for information disclosure in securities, real estate and other special industries" to be completed after research in order to enhance the effectiveness and relevance of information disclosure.

◆ **Risk-oriented on-site inspection system focusing on problems identified in annual reports**. Since the completion of tradable share reform, full implementation of the new *Accounting Standards for Business Enterprises* in 2007, and the 2008 financial crisis, the financial information environment for Chinese listed companies has changed dramatically, which means new disclosure regulation requirements with annual reports as the focus. To further strengthen the regulation over the entire process of annual reports, detect and dispose problems, CSRC arranged in close connection with its regional offices to combine pre-disclosure risk detection and post-disclosure review, and launched rapid response on the basis of reasonable doubt, to determine companies and accounting firms that were subject to the 2008 annual report on-site inspection. The statistics show that in 2009 CSRC regional offices launched on-site inspection of annual reports in a total of 271 listed companies, accounting for 16.7% of the total number of listed companies; extending the inspection of the annual report to 164 accounting firms. During the inspection process, CSRC provided many answers to accounting problems incurred to prevent the misinterpretation and abuse of accounting policies by listed companies, and raised the quality of annual report through a clearly-defined responsibility and accountability system.

### 3.4.2 Enhancing compliance management and risk monitoring of securities companies

◆ **Establishing a comprehensive risk manage-**

Mr. Zhuang Xinyi, CSRC Vice Chairman, attended the Securities Companies Compliance Management Symposium held from 15 to 16 October 2010.

**ment-based classification of regulatory mechanisms.** For the rational allocation of regulatory resources, and the improvement of regulatory efficiency, on May 26, 2009, CSRC promulgated the Provisions for Classified Regulation on Securities Companies (CSRC Announcement [2009] 12). According to the above Provisions, it categorizes securities companies by risk management capabilities, combined with the companies' market competitiveness and ongoing compliance status to determine the type of securities companies. As of July 15, 2009, CSRC has completed all 106 securities companies' classification evaluation in 2009, and informed the industry of the classified evaluation process, findings and disposals of major issues. Currently, philosophy, methods and results of classified supervision of securities firms have gained recognition in the industry and have been paid attention to by other sectors.

◆ **Improving net capital-based dynamic risk monitoring system.** In 2009, CSRC provided guidance to the Securities Association of China in issuing "*Guidelines for Dynamic Monitoring System of Risk Control Indicators of Securities Companies (Trial)*" in urging securities firms to improve the dynamic monitoring system of risk control indicators. CSRC also organized its regional offices to carry out special on-site inspections on stress testing mechanisms, risk control indicators of the dynamic monitoring system. In addition, CSRC traced and studied the mature markets and other sectors in terms of their stress testing practices, and improved those of Chinese securities firms.

◆ **A smooth launch and orderly implementation of the broker system.** In order to strengthen regulation of marketing activities in the securities brokerage business, and to regulate the practice of marketing personnel, CSRC issued in March 2009 the *Interim Provisions for the Administration of Securities Brokers*(CSRC Announcements [2009] No. 2). The provisions provide for the legal relationship between the securities brokers and securities companies, the qualifications of the securities brokers and registered practice, and securities companies management responsibilities. According to these provisions, CSRC offer guidance on its regional offices to conduct on-site inspection on marketing activities of securities companies to, to urge securities companies to strictly enforce the regulations, to smoothly implement the broker system, and to take effective measures to regulate the securities brokerage business marketing activities.

◆ **Expanding the pilot programs of direct investment business by securities companies.** In May 2009, CSRC issued *Pilot Guidelines on Programs of Direct Investment by Securities Companies* to further clarify the conditions and regulatory requirements of direct investment business of securities companies. According to the guidelines, the securities companies will pilot direct investment business if they meet the following requirements: net capital of the last 12 months is no less than RMB 1.5 billion; the company has carried out at least 5 projects as lead underwriter of stocks and convertible bonds of the last three fiscal years, or the lead underwriting amount of shares and convertible bonds are no less than RMB 100 billion. Securities companies shall set up a subsidiary engaged in direct investment, and direct investment shall come from the subsidiaries. Securities companies shall invest in the subsidiaries with their own investment funds, and the amount shall not exceed 15% of the net capital of securities companies. 11 pilot companies were new comers in direct investment in 2009 and a total of more than 22 companies have direct investment and business qualifications.

◆ **Actively support the development of collective assets management business of securities companies.** CSRC adjusted, in 2009, its policies and regulatory requirements for approval of the collective assets management business, guiding securities companies to launch the business according to its own set of financial operations; CSRC summarized the electronic signature contract pilot program, and clarified the regulatory requirements for the expansion of the pilot. In 2009, CSRC granted securities companies to issue a total of 48 such products with a scale of RMB 216.5 billion, and 5 companies were approved to extend 5 products.

◆ **Preparations for securities borrowing and lending.** In 2009, CSRC launched the pilot programs for securities borrowing and lending of securities companies including: site inspections of securities companies that plan to apply for securities borrowing and lending, urging the companies to continuously improve business programs and internal control systems, while guiding securities exchanges, China Securities Depository and Clearing Corporation and the proposed pilot securities companies to continue improving the securities borrowing and lending system, actively exchanging information in the industry, organizing the compilation of *Operational Guidelines for Securities-Borrowing and-Lending Business of Securities Companies and the Comparative Studies on Securities Borrowing and Lending in Overseas Markets.* As of the end of 2009, the preparations for pilot programs of securities borrowing and lending have been basically completed, and conditions are ripe for the launching.

### 3.4.3 Promoting the innovative development of the fund sector and the operation integrity

◆ **Establishment of market-oriented fund product classification review system to improve**

**audit efficiency**. In 2009, CSRC worked to meet the needs of market segments, and implemented a categorized system for different types of fund products and account products, domestic funds and QDII funds, innovative products and general products, fixed-income products and equity products. Different products queued in different categories, and were reviewed in different categories. It also simplified the review process of index funds and QDII funds and effectively improved the efficiency of the auditing.

◆ **Supporting the business development and product innovation of securities fund management companies**. First, in order to expand the business scope of securities fund management companies, to guide them in competitive differentiation, and to promote the balanced development of the fund industry, in 2009, CSRC issued regulations to allow securities fund management companies to carry out a specific number of client asset management business, which is positive for the improvement of China's fund industry that used to be mainly consisted of retail without much institutional asset management. As of the end of 2009, a total of 34 fund management companies carried out one to many accounts with RMB 21.9 billion under management. Secondly, to encourage innovative ETF Fund, in 2009, CSRC developed the *Guidelines for Internal Review of ETF-linked Fund* and the first batch of such funds were identified as a major innovation that enjoyed the fast track system in the product review process. Thirdly, the Commission carried out in-depth feasibility studies in cross-border inter-market ETF operation modes and product programs to complete the preparatory work for the pilot. Finally, CSRC did organized research on the exchange-traded real estate investment trusts (REITs), took the lead in the establishment of inter-departmental working group of REITs, and developed the first draft of the operational framework for REITs.

◆ **Introducing fund evaluation system and marketing costs management system to guide long-term investment market**. On November 6, 2009, CSRC promulgated the *Tentative Measures for the Administration of Evaluation of Securities Investment Funds* (CSRC Decree No. 64, effective as of January 1, 2010), introducing a wide range of fund evaluation approaches, further promoting long-term investment and reducing market speculation. On December 14, 2009, CSRC promulgated the *Provisions for the Administration of Sales Charge of Open-end Securities Investment Funds* (CSRC Decree No. 32, effective as of March 15th, 2010), which intended to regulate sales charge, and standardize investment and sales activities, to focus attention on the continued growth in the volume of sales and retention, and to encourage long-term investors to hold the fund.

◆ **Organizing and supervising CSRC regional offices and self-regulatory associations to carry out on-site inspection**. In 2009, CSRC developed the *Provisions for On-site Inspection of Securities Fund Management Companies*, to enhance the relevance and effectiveness of on-site inspection, increase the number of fund management companies and sales organizations under joint inspection, and strengthen punishment and accountability. In 2009, a total of 16 securities fund management companies were given on-site inspections, of which 7 were under joint inspection, and 3 companies and 11 staff were given corresponding administrative regulatory measures. CSRC is engaged in cracking down "front running", unfair trading and interest transfer deals to increase credibility in the industry.

### 3.4.4 Standardizing the practice of securities service institutions

◆ **Improving the supervision of securities investment consulting business**. The work of CSRC in 2009 in this regard included: First, clearly positioning securities investment consulting business and institutional arrangements, initially completing the rules for publishing research reports by securities companies and securities investment consultancy; secondly, completing 2008 annual inspection work with 100 securities investment consulting agencies, and one agency failed to pass the annual inspection; thirdly, continuing the sound supervision of securities investment consulting business, and promoting the collaboration between CSRC regional offices and the media to enhance the monitoring of securities-related media programs.

◆ In 2009, CSRC strengthened its supervision on accounting firms and assets assessment institutions, established the reporting system of accountants, improved the standards of practice of lawyers in securities business, and worked with the Ministry of Finance to develop the pilot program for audit business of H share companies. CSRC also conducted on-site inspection on 5 securities rating agencies, 12 accounting firms and 10 rating agencies and carried out administrative regulatory measures on 18 accounting firms.

◆ **Progress with the application of XBRL (eXtensible Business Reporting Language) System**. Capital Market XBRL system can submit XBRL data from companies preparing to go public, listed companies, securities investment fund companies, securities companies, futures companies, etc. for an easy provision of useful information to investors' decisions and to regulators' daily regulation. At present, the U. S. Securities and Exchange Commission is

In November 2009, the CSRC accounting supervision meeting was held. CSRC Vice Chairman Li Xiaoxue addressed the meeting

developing the XBRL-based data submission system IDEA, while XBRL systems currently in use in Shanghai and Shenzhen Stock Exchanges have been able to realize the function of IDEA system of submission of listed companies' data.

In 2009, on the basis of the existing XBRL systems in Shanghai and Shenzhen Stock Exchanges, CSRC commissioned the harmonization of technical standards and business templates of the two XBRL systems. As of the end of 2009, the harmonization has made two important achievements: the development of XBRL templates and XBRL standard indexing guidelines of listed companies on the capital markets and their application to trial data submission of listed companies' 2009 annual report; and the organizing of relevant departments to carry out an orderly preparation of the development of an XBRL system. In 2010, CSRC will focus on XBRL registration and management platform development, and proceed with relocation of fund XBRL system and the follow-up of IPO XBRL. Once the Capital Market XBRL system development is completed, CSRC will have independently developed information collection system with proprietary intellectual property.

## 3.5 Enhancing the foundation of futures market and maintain its steady development

In 2009, CSRC is committed to improving the regulatory system of futures market, promoting products innovation, maintaining smooth operation of the markets, and offering better service to the national economic development, by focusing on strengthening supervision, preventing market risks, giving full play fo the functions of price discovery and hedging.

### 3.5.1 Enhancing the regulatory system of futures market

◆ **The establishment of unified account system in futures markets.** On August 31, 2009, CSRC issued *Provisions for the Administration of Account Opened by Clients of Futures Market*( CSRC Announcement No. 24, effective as of September 1st, 2009). Under the regulations, the Chinese futures market will become a unified account system. When a customer opens an account with a futures company, the company goes through China Futures Margin Monitoring Center (hereinafter referred to as

Mr. Jiang Yang, Assistant Chairman of CSRC attended the National Meeting on Securities and Futures Supervision on January 13 to 14, 2010.

monitoring center) for futures trading code, the monitoring center goes through the network of Public Security Identity Check Service System and the National Organization Code Center Inquiry Service System to review customer information, and the reviewed customer information is forwarded to futures exchanges. The futures exchanges designate a customer transaction code based on their business rules and the transaction code goes through the monitoring center back to the futures company to ultimately complete the account opening process. In this process, the monitoring center in the futures market manages and maintains customer information, and establishes and maintains a comprehensive database of customer data in the futures market.

The system will improve the futures market in terms of the efficiency of account opening and promote strict implementation of realname system and market access system. It also helps the centralized management of customer information in the futures market so as to analyze market transactions, monitor and control market risks and prevent market manipulation. As of the end of November 2009, 164 operating futures companies have put their unified account systems on-line.

◆ **Implementation of futures companies classified supervision system, and completion of the first classified evaluation.** With the rapid development in recent years, the futures market and futures companies have been growing steadily, and standardized operational level has been enhanced. CSRC learned from other successful experiences in the financial sector in the implementation of the futures companies' classified supervision and reasonable allocation of regulatory resources so that conditions for the classification of supervision have been basically mature. On August 17, 2009, CSRC issued the *Tentative Provisions for Classified Regulation of Futures Companies* (CSRC Announcement No. 22, effective as of September 1st, 2009).

Subsequently, CSRC carried out the first classification evaluation of futures companies involving 165 companies. Under the *Tentative Provisions for Classified Regulation of Futures Companies*, classification results not only provide evidence for differential treatment of different futures companies to be discriminated in terms of regulatory policy, but also provide evidence for the increase of futures companies' business lines, business outlets and other matters to determine the scope and order of new business launches.

◆ **Implementation of futures company information publicity system.** To protect the legitimate rights and interests of investors and to promote public monitoring function to enhance the transparency of the futures market, on October 22, 2009, CSRC issued Provisions for the Administration of Information Notification of Futures Companies (CSRC Announcement No. 28, effective as of November 16th, 2009). These rules demand that the futures companies disclose information to the public through CSRC designated publicity platform including profiles of futures companies and their affiliates, their senior management and practitioners, their shareholders, credit records and other information that CSRC requires. If information publicized by futures companies is untrue, inaccurate, incomplete and not timely, or there is any false, misleading statement or material omission, CSRC and its regional offices will impose regulatory measures according to law and demand for correction; in serious cases, the relevant firms or personnel are subject to legal investigation and punishment.

### 3.5.2 Strengthening regulation over the futures market to ensure its steady operation

CSRC always regards combating market manipulation, preventing and reducing risks and promoting market functions as the focus of supervision on futures market. In 2009, CSRC carried out the following measures in strengthening the futures market regulation:

- Establishing a market monitoring mechanism, forming regular meeting arrangements of market analysis, daily monitoring system, futures market daily media information system, and conducting research on market operation and its characteristics, and developing targeted control measures.

- Focusing on post-holiday risk preparedness and that after the launching of new products, summing up past experiences in supervision, and guiding futures exchanges to strengthen risk control to ensure that after the Spring Festival and National Day holiday the markets will be in operation smoothly; paying close attention to newly listed products for early investigation and detection of risks.

- Improving the work with early warning and monitoring of market risk, guiding China Futures Margin Monitoring Center to improve market risk stress testing mechanism, promoting the building of "futures market operation monitoring and control system", and carrying on studies on the establishment of large position reporting system in futures market.

- Strengthening the supervision on futures margin depository banks, clarifying depository banks' responsibilities, duties and regulatory requirements, enhancing the stability of the futures market fund transfer, and safeguarding the legal rights and interests of investors.

- Carrying out research and initiating regulatory guidelines for the major buiness operations of futures exchanges, including delivery warehouse management, margin and price limits adjustment, and information submission.

### 3.5.3 Preparing for the launch of stock index futures

In 2009, CSRC learned from the lessons of the international financial crisis, re-examined and further improved the institutional system related to stock index futures to guide China Financial Futures Exchange (hereinafter referred to as CFFEX) to continue its preparation of rules of contract, technical systems, risk control system, etc. To match participants' risk perception and risk resistance with financial innovations and to protect the legal interests of investors, CSRC is studying the establishment of investor appropriateness system on the stock index futures market. So far, the plan has basically been designed, and all the preparations for stock index futures products have been basically completed.

### 3.5.4 Enhancing the functions of futures market

In order to give full play of market functions and serve for economic development, in 2009, CSRC urged futures exchanges to select some existing futures products for functions assessment, and provide guidance to futures exchanges on the revision of contracts rules and operation regulations for copper, cotton and soybean, in accordance with relevant national standards and the reform of goods inspection to meet the needs of the spot market development.

## 3.6 Implementing rule of law on all fronts and making new progress in market regulation

In 2009, CSRC continued insisting on increased transparency of the securities and futures supervision and adhering to rule of law in market regulation, constantly improved the legal system of the securities and futures products, comprehensively standardized regulation and supervision behaviors, optimized capital markets' legal environment, strictly cracked down on illegal activities in the market, safeguarded the normal order of markets, and effectively protected the legal rights and interests of investors.

◆ **Promoting the promulgation, revision, and cancellation of capital market laws and regulations**. On February 28, 2009, with CSRC's proposal, the *Criminal Law Amendment* (7) and relevant judicial interpretations included new "crime of using undisclosed information for transactions," modified some of the provisions of "insider trading, disclosure of insider information", specified criminal liabilities of financial practitioners' front running, increased crackdown on illegal and criminal acts in securities and futures, effectively enhanced the deterrent effect of the law. CSRC also coordinated with the Supreme Court to issue a trial and judicial interpretation. In addition, in 2009, Commission enacted and amended 8 regulations and 33 normative documents, and abolished 41, thus making the securities futures legal system more complete.

◆ **Standardizing administrative behaviors comprehensively**. In 2009, CSRC continued efforts in law enforcement to promote openness and transparency. "Provisions on Implementation Procedures of CSRC Administrative Licensing" (CSRC Decree No. 66, promulgated on December 16th, 2009, and effective as of February 1st, 2010) and "securities and futures regulations open for comment draft rules of trial" (CSRC Announcement [2009] No. 7, effective as of May 8, 2009) strengthened the constraints over CSRC's entire administrative behavior, significantly enhanced the transparency of the regulation, thus having won wide acclaim and support from the market. In addition, CSRC enhanced reform on administrative approval system, reduced 16 administrative licensing items, and allowed reconsideration and litigation to play an active role on the front of law enforcement supervision.

◆ **With the building up of credibility database, credibility supervision is playing an increasingly important role.** In November 2008, CSRC officially launched the securities and futures market integrity archives. As of the end of 2009, China securities and futures market credibility archives recorded about 7 950 pieces of credibility information. Information on illegal acts and dishonesty by market players over the past decade were recorded in the electronic databases. CSRC and its regional offices make reference from the archives when carrying out supervision on securities offering, mergers and acquisitions, business licensing, qualification, pilot innovation projects and daily monitoring and investigation and punishment. Accordingly, the credibility constraint is comprehensively strengthened. Meanwhile, CSRC and the relevant ministries vigorously promoted the credit information sharing process to build cross-sector credit supervision system.

◆ **Strengthening the investigation and punishment on violations of law**. In 2009, in addition to further clarify the division of responsibilities and to improve the relevant investigation procedures, CSRC focused on rapid investigation of the Fusion Fund "front running" case, Gaochun Ceramics insider trading case, Wuliangye case and a number of cases that got market attention and had great social impact. In 2009, 85 cases were filed, of which 20 cases were of illegal disclosure of information, 20 of insider trading, 16 of market manipulation, 4 of front running, and 25 of other types (see Table 3 - 4). Moreover, there were 121 cases of non-formal investigation. As of the end of 2009, 106 cases were closed, 261 cases were transferred to public security authorities, and added fines amounted to RMB 50.7804 million with RMB 259 million credited into account. In 2009, CSRC imposed administrative penalty on 23 insti-

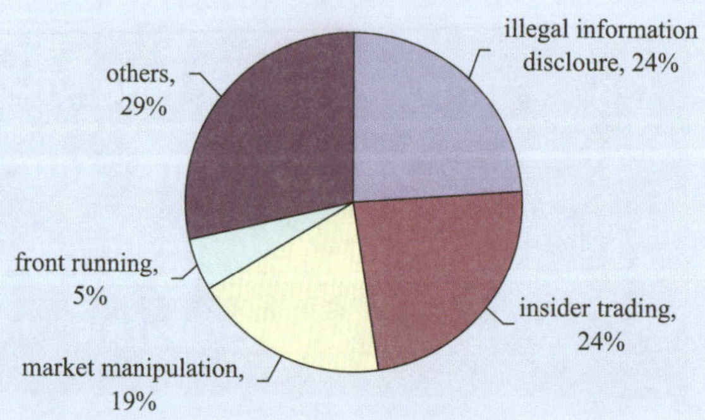


**Table 3 - 4 Diagram of Types of Cases in 2009**

tutions and 218 parties, and 52 people involved were forbidden to access the market.

◆ Continuing to crack down on illegal activities. In 2009, CSRC continued to crack down on illegal offering and illegal trading of shares of unlisted companies and other illegal activities, supervised over the handling of important cases. The complaints on illegal offering of stocks dropped over 70% compared with that of last year. In addition, CSRC corrected illegal use of internet and other media to carry out securities investment advisory activities, closed more than 900 illegal websites, suspended nearly 120 columns of illegal securities programs and advertising, worked with the public security authorities to crack nearly a hundred cases of illegal securities activities, arrested more than 300 criminal suspects, and worked with the industrial and commercial authorities close more than 30 illegal organizations.

# 4. Opening-up of the Market and Cooperation in Cross – border Regulation

Opening up to the outside world has been a key driving force for the development of China's capital market. CSRC has always been promoting opening-up in a proactive manner with a progressive and mutually-beneficial approach. Since its accession into the World Trade Organization (WTO), China has not only fulfilled all its commitments regarding opening up its securities sector, but also moved far beyond the commitments to initiate a spate of measures to facilitate the opening-up of the market. Under the precondition of ensuring the steady market operation and safeguarding the financial safety of the nation, CSRC will learn from the experiences and best practices of other markets to open up China's securities sector in a proactive but measured way.

## 4.1 Fulfillment of WTO Commitments on Securities Services Sector

In December 2001, China became a member of the WTO with the following commitments to open up its securities service sector: foreign securities institutions may directly engage in B-share transactions (without Chinese intermediaries); representative offices to China of foreign securities institutions may become special members of all Chinese stock exchanges; foreign service providers may set up joint ventures to engage in the management of domestic securities investment funds, with foreign equity stake permitted to reach 49% within three years after China's WTO accession; foreign securities institutions may set up joint ventures, with foreign minority ownership not exceeding 1/3, to engage (without Chinese intermediary) in underwriting A-shares, underwriting and dealing B and H shares as well as government and corporate bonds, and launching funds. All these WTO commitments have been fulfilled following China's WTO entry.

In 2008, China resumed licensing joint venture securities firms and allowed qualified joint ventures to expand their business scope. Examples included approving the establishment of Credit Suisse Founder Securities Ltd. and Zhong De Securities Co. Ltd. and permitting China Euro Securities Limited (currently renamed as "Fortune CESL") to launch securities brokerage and securities investment advisory services. The above moves further promoted the opening up of securities services sector.

By the end of 2009, CSRC had approved 10 joint venture securities companies (see Table 2) and 34 joint venture fund management companies (see Table 3); foreign equity stake in 16 joint fund management companies had reached 49%; Shanghai Stock Exchange and Shenzhen Stock Exchange had each accepted three representative offices to China of foreign securities institutions as their special members; 38 and 22

CSRC Overseas Educated Returnees Meeting was held on Sept. 23, 2009. CSRC senior management and newly recuited overseas talents attended the meeting.

overseas securities institutions had been able to trade B-shares directly on Shanghai and Shenzhen stock exchanges respectively.

## 4.2 Other Opening-up Initiatives beyond WTO Commitments

◆ **B-share market.** Due to the lack of foreign exchange reserves and foreign exchange control in the early 1990s, China launched a B-share pilot program at the end of 1991 in order to attract foreign capital. B-shares are denominated in RMB but subscribed and traded in US dollars in Shanghai Stock Exchange and Hong Kong dollars in Shenzhen Stock Exchange. B shares were only accessible by overseas investors in the beginning and domestic individual investors were not allowed to trade B shares until 2001. By the end of 2009, 108 companies had issued a total of 10.7 billion B-shares, raising RMB 38.1 billion.

◆ **Overseas listing of domestic enterprises.** Overseas listing provides an important channel for China to attract foreign investment and is also a long-term policy of CSRC. CSRC encourages qualified domestic incorporated companies to go public either at home or abroad to improve their competitiveness and boost their development. From 1993, when an overseas listing pilot program kicked off, to the end of 2009, a total of 159 domestic companies issued foreign currency denominated shares (H shares) and were listed in Hong Kong and other overseas markets.

◆ **Shares offering by foreign-invested companies in China.** Under the *Opinions on Relevant Issues Concerning Foreign Investors' Invest-*

Mr. Wu Lijun, CSRC Assistant Chairman addressed the meeting.

ment in Listed Companies*, qualified foreign-invested companies can issue shares and go public in the Chinese mainland. So far, dozens of foreign-invested companies (including those funded by investors from Hong Kong and Taiwan) have issued shares in the Chinese mainland.

◆ **QFII (Qualified Foreign Institutional Investors) program**. Given the fact that the RMB is not fully convertible under the capital account, China launched the QFII program in 2002 as a transitional arrangement to attract foreign capital and open up its securities market. In August 2006, CSRC and other relevant authorities jointly issued the *Administrative Measures for Domestic Securities Investment by QFIIs* (CSRC Decree No. 36), which was a revision of the tentative QFII rules announced in November 2002. Currently, the investment quota cap for QFIIs has increased to US $30 billion.

By the end of 2009, China had granted QFII status to 94 overseas financial institutions (see Table 5). In addition, 13 banks, including 5 branches of foreign banks in China, were licensed to provide QFII custody services.

◆ **Foreign participation in listed companies as strategic investors**. In November 2002, China allowed foreign investors to acquire state-owned shares and legal person shares of listed companies. In February 2006, CSRC issued the *Administrative Measures for Strategic Investment in Listed Companies by Foreign Investors*, allowing foreign investors to make strategic investment in listed companies that have completed the non-tradable share reform, with the A-shares acquired subject to a three-year lock-up period.

◆ **QDII (Qualified Domestic Institutional Investors) program**. According to the *Tentative Administrative Measures for Overseas Securities Investment by Qualified Domestic Institutional Investors* (CSRC Decree No. 46), effective on July 5, 2007, qualified domestic fund management companies, securities companies and other securities institutions may raise funds in China and make investments in overseas securities in the format of portfolios.

By the end of 2009, 31 fund management companies and 9 securities companies had obtained QDII licenses. In addition, CSRC approved 11 QDII products launched by 11 fund management companies and 1 wealth management product launched by 1 securities company. The net asset value of all the established QDII programs is around RMB 73.8 billion.

◆ **Overseas futures hedging by state-owned enterprises (SOEs)**. According to the *Administrative Measures for Overseas Futures Hedging Business of State-owned Enterprises* issued in May 2002, the CSRC adopted a license system for companies engaged in overseas futures hedging transaction. By the end of 2009, CSRC, in collaboration with the State-owned Assets Supervision and Administration Commission (SASAC) and the Ministry of Commerce (MOFCOM), had reviewed and, with the endorsement of the State Council, approved 31 large SOEs to conduct overseas futures hedging activities. Other enterprises, entities and individuals without licenses are prohibited from undertaking overseas futures trading.

◆ **Establishment of representative offices in China by overseas securities institutions and stock exchanges**. As early as 1999, China started allowing qualified foreign securities institutions, including investment banks, securities companies and fund management companies, to set up representative offices in China to conduct non-profit activities such as consulting, liaison and market research. By the end of 2009, CSRC had approved the establishment of 166 such representative offices.

As a follow-up arrangement of the first Sino-US Strategic Economic Dialogue in December 2006, CSRC issued the *Administrative Measures for Representative Offices of Foreign Stock Exchanges Established in China* (CSRC Decree No. 44), effective on July 1, 2007, to allow qualified overseas stock exchanges to open representative offices in China. By the end of 2009, CSRC had approved applications from 8 overseas stock exchanges (see Table 7 for details) for opening representative offices in Beijing.

## 4.3 Cooperation with Hong Kong, Macao and Taiwan in Securities Markets

### 4.3.1 Cooperation with Hong Kong and Macao

The Chinese mainland has special arrangements with the Hong Kong and Macao Special Administrative Regions (SARs) regarding opening-up of securities and futures services. In line with the *Mainland and Hong Kong Closer Economic Partnership Arrangement* (CEPA) and its supplements, the following opening-up measures have been implemented:

◆ From January 1, 2004 on, licensed professionals from Hong Kong and Macao① SARs applying for securities and futures practitioner qualifications in the Chinese mainland only need to participate in training and pass exams

① Currently, there is no securities or futures market in Macao SAR.

on legal knowledge in the mainland and do not need to pass any exams on professional knowledge;

◆ From January 1, 2005 on, qualified service providers from Hong Kong and Macao SARs are allowed to hold up to 49% equity stake in futures brokerage companies in the mainland;

◆ From January 1, 2006 on, qualified mainland securities companies participating in innovation pilot programs are allowed to set up subsidiaries in Hong Kong in accordance with relevant regulations. Qualified mainland futures companies are permitted to operate futures business in Hong Kong, including setting up subsidiaries in Hong Kong;

◆ From January 1, 2008 on, qualified mainland fund management companies are allowed to set up subsidiaries in Hong Kong to operate relevant business.

◆ From October 1, 2009 on, qualified securities companies from Hong Kong and Macao SARs are allowed to establish joint venture securities investment consulting firms in Guangdong Province with domestic securities companies that are qualified to set up subsidiaries. The joint venture firm is operated as a subsidiary of the domestic securities company to conduct securities investment consulting business. The Hong Kong securities company's shareholding ratio may not exceed 1/3 of the joint venture.

◆ Carrying out research and development of cross-border ETF investing in Hong Kong stocks.

By the end of 2009, CSRC had approved 3 Hong Kong-based service providers to hold equity stake in mainland futures companies. In addition, 6 mainland futures companies, 14 mainland securities companies and 7 mainland fund management companies had been approved to set up branches in Hong Kong. (See Tables 8 – 10 for name lists.)

### 4.3.2 Cooperation with Taiwan

In 2009, CSRC took an active part in the negotiation on *Cross-Strait Financial Cooperation Agreement*, which was signed in Nanjing on 26 April 2009. The Agreement symbolized that the cross-strait financial cooperation had entered a new era. As partial the efforts to implement the *Cross-Strait Financial Cooperation Agreement*, on November 16, CSRC Chairman Shang Fulin signed *Memorandum of Understanding Regarding Cross-Strait Regulatory Cooperation on Securities and Futures* with Mr. Chen Chong, the representative of financial regulator of Chinese Taipei. In the MOU, both parties agree to carry out cooperation on information exchange, intermediaries establishment, investigation assistance and personnel training, so as to maintain the stable development of securities and futures markets on both sides.

## 4.4 International Exchanges and Cooperation in Cross-border Regulation

The outbreak of the international financial crisis highlighted the importance of cooperation on cross-border regulation. In 2009, CSRC attached greater importance to exchanges and cooperation with overseas securities and futures regulators, international organizations and government agencies. It has actively participated in multilateral and bilateral consultations and dialogues at international and regional levels, so as to safeguard the interests of China's securities and capital markets and to gradually strengthen the international standing and influence of China's capital market.

Mr. Shang Fulin, CSRC Chairman, met with the visiting Egyptian Minister of Investment, Dr. Mahmoud Mohieldin, on Sept. 8, 2009.

### 4.4.1 Bilateral Cooperation

◆ **Bilateral MOUs.** Signing bilateral memoranda of understanding (MOUs) is one of the major means for CSRC to strengthen regulatory cooperation with its international counterparts, and one of the preconditions for foreign financial institutions to set up joint venture securities companies, joint venture fund management companies and applying for QFII status. In October 2009, CSRC signed *MOU Regarding Securities and Futures Regulatory Cooperation* with the Spanish National Securities Market Commission in Basel. As of the end of 2009, CSRC had signed 45 MOUs with regulators in 41 jurisdictions (see Table 11 for details), including the above- mentioned *MOU Regarding Cross-Strait Regulatory Cooperation on Securities and Futures.*

◆ **Others.** In 2009, the CSRC was actively involved in bilateral negotiations on service in-

dustries under the WTO, Sino-US Strategic and Economic Dialogue (S&ED), the Sino-UK Economic & Financial Dialogue and Sino-Japan High-level Economic Dialogue. CSRC properly dealt with relevant countries' demand for opening up China's securities sector and market.

In addition, CSRC held the Training Seminar on Capital Market Enforcement with US Securities and Exchange Commission (SEC) and Training Seminar on Accounting Oversight jointly with US Public Company Accounting Oversight Board (PCAOB). By organizing such events, CSRC enhanced the understanding and information exchange with relevant overseas counterparts.

Mr. Shang Fulin met with the visiting Hong Kong SAR Chief Executive Donald TSANG Yam-kuen on Sept. 28, 2009.

### 4.4.2 Multilateral Cooperation

◆ **IOSCO**. CSRC became an ordinary member of the IOSCO in 1995 and has been a member of IOSCO Executive Committee since 1998. CSRC Chairman Shang Fulin was first elected as the sole Vice Chairman of IOSCO Executive Committee in 2006 and was re-elected to a consecutive second term in June 2008. In April 2007, CSRC became a signatory to the IOSCO *Multilateral Memorandum of Understanding Concerning Consultation and Cooperation and the Exchange of Information* (MMOU). In June 2009, at IOSCO Annual Meeting in Tel Aviv, CSRC joined in IOSCO Technical Committee (TC) and was granted to host IOSCO Annual Meeting 2012. The TC is an international standard setter for securities regulation and comprises of member organizations generally responsible for regulating relatively large, sophisticated and highly internationalized markets.

In 2009, CSRC actively participated in various IOSCO events, including attending IOSCO meetings, sending staff to take part in the research activities of various IOSCO Committees and Task Forces (such as Task Force on Supervisory Cooperation and Task Force on Commodity Futures), providing comments and suggestions on IOSCO reports and research, and hosting Asia Pacific Regional Committee's Annual Meeting for Directors of Intermediaries Supervision. As a member of IOSCO Executive Committee and Technical Committee, CSRC pledged firm support to IOSCO in its bid to play a greater role as a global securities market standard setter in resolving the on-going global crisis, promoting market regulation and integrity and maintaining financial stability.

◆ **Others**. In 2009, CSRC also actively participated in G20 Summit in London and Pittsburg, China-IMF Annual Consultation 2009, and the Financial Sector Assessment Program (FSAP). It also maintained contact and cooperation with regional and international organizations including Organization for Economic Cooperation and Development (OECD), Asian Development Bank and World Bank.

As the rotating chair of the APEC Financial Regulators Training Initiative Advisory Group (APEC FRTI AG), CSRC hosted the APEC FRTI Seminar on Inspection of Market Intermediaries in early April 2009. Representatives of financial regulatory authorities from 14 APEC members attended the event. During the seminar, CSRC shared with the participants the experiences and practice of intermediaries regulation in China, especially of the comprehensive restructuring of securities companies.

### 4.4.3 Cross-border Enforcement Cooperation

Under the framework of bilateral MOUs on regulatory cooperation and IOSCO MMOU, CSRC carried out cross-border enforcement cooperation with overseas securities regulators, which facilitated the performance of their respective supervisory functions, enhanced enforcement efficiency, protected investors' legal interests and maintained the stability and development of their respective markets.

In 2009, CSRC received 64 requests from overseas regulators for enforcement assistance, and 38 cases were settled; 11 assistance requests were sent to overseas regulators from CSRC.

CHINA SECURITIES REGULATORY COMMISSION ANNUAL REPORT

# Appendices

# Appendix 1 List of Key Facts of China's Securities Market during 2009

## 1.1 Departmental Rules Promulgated by CSRC

—CSRC Decree No. 60 "Measures for the Administration of Securities and Futures Market Statistics", promulgated on January 12th, 2009 and came into effect as of March 1st, 2009.

—CSRC Decree No. 61 "Tentative Measures for the Administration of Initial Public Offering and Listing on the Growth Enterprise Board", promulgated on March 31st, 2009 and came into effect as of May 1st, 2009.

—CSRC Decree No. 62 "Decision on Amending the 'Measures of CSRC Public Offering Review Committee'", promulgated on May 14th, 2009 and came into effect as of June 14th, 2009.

—CSRC Decree No. 63 "Decision on Amending the 'Measures for the Administration of Sponsorship for Securities Issuance and Listing'", promulgated on May 14th, 2009 and came into effect as of June 14th, 2009.

—CSRC Decree No. 64 "Tentative Measures for the Administration of Evaluation of Securities Investment Funds", promulgated on November 17th, 2009 and came into effect as of January 1st, 2010.

—CSRC Decree No. 65 "Decision on Amending the 'Measures for the Administration of Securities Registration and Settlement'", promulgated on November 20th, 2009 and came into effect as of December 21st, 2009.

—CSRC Decree No. 66 "Provisions for Implementation Procedures of CSRC Administrative Licensing", promulgated on December 16th, 2009 and came into effect as of February 1st, 2010.

## 1.2 Important Regulatory Documents Promulgated by CSRC

CSRC Announcements

[2009] No. 2 "Interim Provisions for the Administration of Securities Brokers", promulgated on March 13th, 2009 and came into effect as of April 13th, 2009.

[2009] No. 3 "Guidance Opinions on the Administration of Investment Management Personnel of Fund Management Companies", promulgated on March 20th, 2009 and came into effect as of April 1st, 2009.

[2009] No. 4 "Standards Concerning the Contents and Formats of Information Disclosure by Companies Offering Securities: No. 27 — Issuance Sponsorship Letter and Issuance Sponsorship Report", promulgated on March 27th, 2009 and came into effect as of April 1st, 2009.

[2009] No. 5 "Guidelines for the Working Documents of Sponsorship Business of Securities Issuance and Listing", promulgated on March 27th, 2009 and came into effect as of April 1st, 2009.

[2009] No. 7 "Trial Rules for Soliciting Public Comments on Drafts of Securities and Futures Regulations", promulgated on April 20th, 2009 and came into effect as of May 8th, 2009.

[2009] No. 10 "Provisions on Relevant Issues over Assets Management Businesses of Fund Management Companies with Specific Multiple Clients", promulgated on May 12th, 2009 and came into effect as of June 1st, 2009.

[2009] No. 12 "Provisions for Classified Regulation on Securities Companies", promulgated on May 26th, 2009 and came into effect thereafter.

[2009] No. 13 "Guidance Opinions on Further Reform and Improvement of New Share Offering System", promulgated on June 10th, 2009 and came into effect as of June 11th, 2009.

[2009] No. 17 "Standards Concerning the Contents and Formats of Information Disclosure of Companies Offering Securities to the Public: No. 28—Prospectus for GEB Companies", promulgated on July 20th, 2009 and came into effect thereafter.

[2009] No. 18 "Standards Concerning the Contents and Formats of Information Disclosure of Companies Offering Securities to the Public: No. 29—Application Documents for Initial Public Offering and Listing on Growth Enterprise Board", promulgated on July 20th, 2009 and came into effect thereafter.

[2009] No. 22 "Tentative Provisions for Classified Regulation on Futures Companies", promulgated on August 19th, 2009 and came into effect as of September 1st, 2009.

[2009] No. 24 "Provisions for the Administration of Account Opened by Clients of Futures Market", promulgated on August 31st, 2009 and came into effect as of September 1st, 2009.

[2009] No. 27 "Decision on Amending the 'Provisions on Further Standization of Securities Companies' Business Offi-ces'", promulgated on October 15th, 2009 and came into effect as of November 1st, 2009.

[2009] No. 28 "Provisions for the Administration of Information Notification of Futures Companies", promulgated on November 10th, 2009 and came into effect as of November 16th, 2009.

[2009] No. 32 "Provisions for the Administration of Sales Charge of Open-end Securities Investment Funds", promulgated on December 14th, 2009 and came into effect as of March 15th, 2010.

## 1.3 Important Facts of China's Securities Market

On March 27th, 2009, local government bonds were publicly offered for the first time in mainland China. During the whole year, a total of RMB 200 billion local government bonds were issued, and some of them were listed on Shanghai Stock Exchange.

On June 19th, 2009, Guilin Sanjin Pharmaceutical Co., Ltd. (SZ, 002275) issued its prospectus, which marked the restart of IPOs after a suspension of over half a year.

On October 23rd, 2009, the opening ceremony of the Growth Enterprise Board was held in Shenzhen, and the first 28 companies started their trading on the Board on October 30th, 2009.

In 2009, Commodity Futures Exchanges in China launched 4 new products, i. e. early long-grain nonglutinous rice by Zhengzhou Commodity Exchange, steel rebar and steel wire rod by Shanghai Futures Exchange and PVC by Dalian Commodity Exchange.

# Appendix 2 Key Aspects of the Securities Regulatory System

## 2.1 Legal Framework

The rule of law is the foundation for the healthy development of capital markets. In recent years, China has been attaching great importance to the construction of market infrastructure, especially the development of a sound underlying statutory framework. Such efforts contribute greatly to the sound and stable development of the capital markets. The current securities legal framework consists of three levels:

**Level 1 Laws**. Laws are developed by the National People's Congress or its Standing Committee. Except where dictated otherwise by the *Constitution of the PRC*, the securities laws constitute the highest legal authority. The three prevailing securities laws include the *Securities Law*, *the Company Law of the PRC* (hereinafter referred to as *Company Law*) and the *Securities Investment Fund Law*.

◆ The *Securities Law* is formulated to regulate securities issuance and trading, protect investors' legitimate rights and interests, maintain economic order and public interests of the society and promote the development of the socialist market economy. Provisions are set forth therein regarding securities issuance, trading and listing[①], information disclosure, listed company's acquisition, prohibited transactions, stock exchanges, securities companies and services providers, securities registration and clearing institutions, securities association and securities regulatory authorities as well as legal liabilities associated with non-compliance.

◆ The *Company Law* is formulated to regulate the organization and activities of companies, protect the legitimate rights and interests of companies, shareholders and creditors, maintain social and economic order and promote the development of the socialist market

① The *Securities Law* is applicable to the issuing and trading of China stocks, corporate bonds and other securities as lawfully recognized by the State Council as well as the listing and trading of government bonds and securities investment fund units. It is also prescribed therein that the measures for the administration of the issuing and trading of securities derivatives shall be otherwise stipulated by the State Council according to the principles of the *Securities Law*.

economy. Provisions are set forth therein regarding the incorporation, merge, spin-off, capital increase and decrease, corporate governance and organization structure, transfer of shares, corporate share issuance, qualification and obligations of corporate directors, supervisors and senior executives as well as legal liabilities associated with non-compliance. A listed company is a shareholding company with its shares listed and traded on the stock exchange(s). Investors purchasing the shares and corporate bonds issued by the listed company are entitled to exercise their rights and obligations according to the *Company Law.*

◆ The *Securities Investment Fund Law* is formulated to regulate the activities of securities investment funds, protect the legitimate rights and interests of investors and principals involved and promote the healthy development of securities investment funds and the securities market. Provisions are set forth therein regarding the fund management companies, fund custodian banks, raising, operation and information disclosure of funds, the rights of fund unit holders and their exercise as well as the legal liabilities associated with non-compliance.

**Level 2 Administrative Regulations.** Administrative regulations are developed by the State Council, China's highest administrative authority, in line with the *Constitution* and other laws. Administrative regulations are subordinate to the laws in terms of legal authority. There are 17 effective securities-related administrative regulations, which include the *Regulations on Administration of Futures Trading* promulgated on March 6, 2007. This Ordinance is an overall amendment to the 1999 *Tentative Regulations on Administration of Futures Trading*, and is designed to regulate the trading activities of commodity futures and financial futures and protect the lawful rights and interests of the futures trading parties and the interests of the public. On April 23, 2008, the State Council issued the *Regulations on Supervision and Administration of Securities Companies* and the *Regulations on Handling of Risks of Securities Companies.* Following the principle of protecting the legitimate rights and interests of investors, these well-designed operation regulations and supervision systems for securities companies have provided strong legal protection for the healthy development of the securities industry, and the sound growth of the capital market.

**Level 3 CSRC rules and regulations.** Various rules and regulations are developed by CSRC in accordance with the laws and administrative regulations of the State Council. These rules and regulations are subordinate to the laws and the administrative regulations. Currently, there are 63 CSRC rules and regulations, including the *Measures for the Administration of the Issuance of Securities by Listed Companies* (CSRC Decree No. 30), the *Measures for the Administration of Initial Public Offering and Listing of Stocks* (CSRC Decree No. 32), the *Measures* *for the Administration of Information Disclosure of Listed Companies* ( CSRC Decree No. 40 ), the *Measures for Administration of Substantial Assets Reorganization of Listed Companies* ( CSRC Decree No. 53 ), the *Provisions on the Procedures for the Making of Securities and Futures Rules* ( CSRC Decree No. 59 ), etc. Altogether 366 guidance documents relating to securities and futures are in effect.

The 3-tier securities regulations are connected and constitute a whole legal framework, with each subordinate regulation or rule serving as a necessary supplement to the laws and regulations of a higher-level. Combined, they form an integrated legal system for China's securities and futures market, comprised of the legal systems for securities offering, securities and futures trading, securities and futures intermediaries operation and services, listed companies, information disclosure, institutional investors and the corresponding systems of supervision, management and legal accountability.

In addition, the *Property Law*, the *Criminal Law*, the *Enterprise Insolvency Law*, the *Anti-money Laundering Law*, the *Law on the State-Owned Assets of Enterprises* and the judicial interpretations such as *Some Provisions of the Supreme People's Court on Trying Cases of Civil Compensation Arising from False Statement in Securities Market* and the *Circular of the Supreme People's Court about Relevant Issues concerning the Freeze, Transfer and Deduction of Securities Trading Settlement Funds* are closely related to the capital market. They provide a sound external legal environment for the healthy and stable development and efficient operation of the capital market. In the course of supervising and managing the securities and futures market, CSRC also complies with the provisions of the *Legislation Law*, the *Administrative Licensing Law*, the *Administrative Penalties Law*, the *Administrative Review Law* and other relevant laws.

## 2.2 Supervision of Securities Offering and Listing

### 2.2.1 Key Rules for Domestic Public Offerings

Financial instruments traded on China's securities market include stocks, bonds, securities investment funds and warrants. In accordance with the *Securities Law*, the *Company Law* and other relevant laws and regulations, initial public offerings, public issuance of corporate bonds, new stocks of listed companies and convertible bonds require the approval by CSRC, while the issuance of treasury bonds, financial debt instruments and enterprise debts requires the approval by other relevant government authorities. The listing and trading of stocks, convertible bonds, corporate bonds, treasury bonds, financial debt instruments and enterprise debts as well as the issuance, listing and trading of warrants require the dual-approval and supervision of the securities exchanges.

**2.2.1.1 Securities Offering Approval System**

China's capital market was initiated and developed during the transition from a planned economy to today's market economy. Therefore, the characteristics of the times were inevitably carved into the then offering system. Constrained by various factors as well as the market context, the early stage of the capital market saw an approval system with strong administrative intervention in terms of securities offering management. After March 2001, the previous administrative approval system was abolished, and a new offering approval system was adopted: the issuer shall apply for an offering and shall be recommended by its sponsor to CSRC, who will conduct a preliminary compliance review on the application materials, which will then be submitted to the Public Offering Review Committee for review. Any permission for an offering is subject to final approval by CSRC. This approval system emphasizes not only information disclosure, but also certain substantial qualifications of the applicant, such as profitability and corporate governance level. The core of the approval system consists of the regulator's compliance review, reinforced intermediary liabilities, better bounded actions of market entities and less administrative intervention in the offering.

**2.2.1.2 Sponsor System for Securities Offering and Listing**

CSRC issued the *Provisional Measures on the Sponsor System for Issuing and Listing of Securities* (CSRC Decree No. 18) in December 2003, officially establishing the sponsor system. The *Securities Law* amended in October 2005 formally establishes this system in the form of law. In October 2008, CSRC further improved the sponsor system with the *Administrative Measures for Sponsorship Business of Securities Offering and Listing* (hereinafter referred to as *Sponsorship Measures*) (CSRC Decree No. 58) released, laying a foundation for transition from the approval system to the registration system in terms of securities offering. In May 2009, according to the arrangement made for the development of the Growth Enterprise Board, given the characteristics of start-up companies and their unique requirements for the sponsorship business, and the purpose of giving a better play to the function of the sponsorship system and market discipline and risk control, the *Sponsorship Measures* was revised (CSRC Decree No. 63) so that the responsibility of sponsors and their representatives for IPOs on the GEB could be enhanced. The revised *Sponsorship Measures* was effective since June 14th, 2009.

The sponsor system for issuing and listing of securities requires sponsors and their representatives to recommend and coach securities issuers, through due diligence to check the truthfulness, accuracy and completeness of the issuer's offering-related documents and assist the issuer to establish a stringent information disclosure system. Specifically, the sponsor system stipulates the following: 1) the issuance of stocks or convertible bonds must be recommended by a sponsor; CSRC and securities exchanges only accept those filings accompanied by a sponsor's recommendation; 2) Sponsors and their representatives should conduct due diligence, carefully checking the applicant's filing documents and information disclosure materials. Sponsors and their representatives are jointly and severally responsible for verifying the truthfulness, accuracy and completeness of the related documents; 3) Sponsors are obligated to supervise the issuers they recommend on an ongoing basis post-IPO and are liable for any non-compliance of the issuers during the stipulated ongoing supervision period; 4) Sponsors shall establish complete internal management system, internal control system and working paper filing system; 5) CSRC implements ongoing supervision over sponsors and their representatives.

The core of the sponsor system focuses on two concurrent requirements for public offering: the issuer shall be recommended by a sponsor, while the individuals responsible for the specific sponsoring work must be qualified sponsor representatives. In this way, the respective duties of the sponsor and the sponsor representatives are clearly identified.

#### 2.2.1.3 System of Public Offering Review Committee

The arrangement of Public Offering Review Committee (hereinafter referred to as "Review Committee") is an integral part of the securities offering approval system. In accordance with the *Securities Law*, the *Measures for the Public Offering Review Committee of CSRC* (hereinafter referred to as the *Review Committee Measures*) (CSRC Decree No. 31) and the detailed rules, the key roles of the Review Committee are: to review the compliance of stock offering applications in accordance with the provisions of relevant laws, administrative regulations and rules; to review documents and opinions issued by intermediaries such as sponsors, accounting firms, law firms and asset appraisal firms and their relevant staff; to review the preliminary review reports issued by relevant functional departments of CSRC; to provide comments on stock offering applications. In May 2009, the *Review Committee Measures* was revised (CSRC Decree No. 62) in view of the need to set up separate Review Committees in the same Committee system responding to characteristics of different levels of the market arising from differences of the GEB in IPO qualifications, information disclosure, and ongoing monitoring since its major participants are innovative and growth companies.

The Review Committee consists of professionals from CSRC and experts from outside, some of whom serve as full-time members. The Main Board is composed of 25 members, of which 5 are from CSRC and 20 from outside. The membership of the IPO Review Committees for the Growth Enterprise Board totals 35, of which 5 are from CSRC, and 30 from outside. The Review Committee votes independently on stock offering applications and issues review opinions by open ballot. CSRC makes the final decision on whether or not to approve stock offering applications in accordance with relevant conditions and legal proceedings.

The Review Committee has two sets of meeting procedures, one general and one special. An issuer applying for a public offering of stocks or other public offerings of securities acknowledged by CSRC, such as convertible bonds (CBs), shall follow the general procedure, where, 5 days prior to the meeting, committee members to participate shall be notified with relevant materials of the issuer delivered, while the issuer list, meeting time and list of committee members will be released on CSRC website. Each review under the general procedure is participated by a total of 7 members, while the adoption shall require at least 5 votes of the members. CSRC will publish the result of voting on its website. A listed company applying for a non-public offering of stocks, corporate bonds or other non-public offerings of securities acknowledged by CSRC shall follow the special procedure, where, prior to the meeting, committee members to participate shall be notified with relevant materials of the issuer delivered, while the issuer list, meeting time and list of committee members will be released on CSRC website. Each review under the general procedure is participated by a total of 5 members, while the adoption shall require at least 3 votes of the members. CSRC will not publish the issuer list, meeting time, list of committee members participating in the meeting and the result of voting on its website.

The Review Committee system performs under the principles of openness, fairness and equitability. Its transparency being constantly improved, this system plays a positive role in maintaining the quality of listings.

#### 2.2.1.4 Book-building System

The method for IPO pricing in China has shifted from an administrative price-setting approach to a market-oriented approach. Trial implementation of the current book-building system for stock offerings began in January 2005, marking the establishment of the market-oriented pricing mechanism. In September 2006, CSRC issued the *Administrative Measures on Securities Issuance and Underwriting* (CSRC Decree No. 37) based on the experiences of the successful trial implementation, further enhancing the IPO book-building system.

The book-building system involves the determination of the IPO price in a process whereby the issuer and lead underwriter conduct a price inquiry directed at specialized institutional investors, including: qualified fund management companies, securities companies, insurance companies, finance companies, trust companies and QFIIs. The price inquiry process consists of two phases: in Phase I, the issuer and the lead underwriter conduct a preliminarily inquiry directed at specialized institutional investors to collect feedbacks regarding an IPO price range. Specialized institutional investors submit their respective evaluation bids for the IPO to the lead underwriter through a special electronic offer platform. Based on these feedbacks, the issuer and the lead underwriter then decide and release the price range. In Phase II, the final IPO price is determined by accumulated bids of specialized institutional investors. The issuer and the lead underwriter inquire of specialized institutional investors an IPO price within the set price range. Specialized institutional investors may subscribe to shares at one or more prices within the specified IPO price range and offering size, and remit the subscription money to an account designated by the lead underwriter. The issuer and the lead underwriter determine the final IPO price based on overall demand conditions. A subscription at a price above the IPO price acquires the placement in accordance with the established distribution principle of placing the shares, and the balance of money will be refunded.

#### 2.2.1.5 IPO and Listing on the Main Board

Article 13 of *The Securities Law* amended in October 2005 stipulates the basic requirements for an IPO on the mainland market as follows: 1) Having a complete and well-operated organization; 2) Continuous profitability and sound financial status; 3) No false statement in its financial statements over the past 3 years nor other major breach of laws; and 4) Meeting any other requirements as prescribed by the securities regulatory authorities under the State Council.

The *Measures for the Administration of Initial Public Offering and Listing of Stocks* promulgated in May 2006 by CSRC as well as the subsequent facilitating rules set up the standards for the qualifications, procedures and information disclosure of IPO of A-shares, i. e. the following five requirements:

◆ **Qualification for Issuers**: An issuer shall be a joint stock company that was legally established, lawfully exists and whose business is in operation for at least 3 years unless otherwise approved by the State Council. Its registration capital should have been paid up in full. The business operation of an issuer shall comply with relevant provisions of the laws, administrative regulations and the Articles of Association, and meet relevant domestic industrial policies. In the past 3 years, there shall be no major changes in the issuer's main business, directors of the board and senior executives, and the actual controller shall remain the same. The issuer's equity shall be clearly defined.

◆ **Independency**: An issuer shall be independent in terms of personnel, finance and business from its controlling shareholder, actual controller or any other enterprise under its control and the issuer's assets are intact.

◆ **Standardized Operation**: An issuer shall have established and improved such rules as the shareholders' assembly, board of directors, board of supervisors, independent directors, and a secretary system for the board of directors according to law. The relevant organizations and personnel shall be capable of performing their functions and duties according to law. The directors, supervisors and senior executives of an issuer shall meet the qualification requirements for holding their positions as prescribed by laws, administrative regulations and rules. An issuer shall not have any records of substantial violation of laws or regulations within the last 36 months. An issuer's Articles of Association shall have clearly defined the authority for providing external guarantee as well as relevant deliberation procedures. An issuer shall have a sound and strict capital management system.

◆ **Finance and Accounting**: An issuer shall have quality assets, well-balanced assets and liabilities, sound profitability and normal cash flows. An issuer shall have an effective internal control in all substantial aspects, for which a clean attestation report on internal control shall be produced by an accounting firm, with an unqualified audit report issued concerning its accounting basics. In addition, an issuer shall meet the following requirements for financial indicators: 1) Having a positive net profit of over RMB 30 million accumulatively for the latest 3 accounting years, which are calculated on the basis of the net profits before and after deduction of non-regular profits/losses, whichever is lower; 2) Having a net cash flow of over RMB 50 million accumulatively, or having a business revenue of over RMB 300 million accumulatively for the latest 3 accounting years; 3) Having a total amount of equity capital of not less than RMB 30 million before issuance; 4) The proportion of its latest intangible assets (upon deduction of its land use right, right to aquatic breeding and right to mining) in its net assets not being higher than 20% at the end of the latest accounting period; and 5) Having no uncovered deficit at the end of the latest period. An issuer shall pay taxes according to law, its business achievements shall not heavily depend on tax preferences. An issuer shall not have any major debt-service risk or be involved with any major contingent issues such as guaranty, litigation and arbitration that may impact its business operations. An issuer shall not be under any circumstance where its successive profitability is affected.

◆ **Utilization of Raised Funds**: The raised funds shall be utilized for specified purposes and shall be used in its main business operations, as is the general principle. The amount of raised funds shall be commensurate to an issuer's present business scale, financial status, technical level and management capability. The projects as invested by raised funds shall comply with the relevant state industrial policies, investment management, environmental protection, land administration as well as the provisions of other relevant laws, regulations and rules. The board of directors of an issuer shall carry out earnest analysis on the feasibility of a project as invested by raised funds so as to ensure that the investment project may have a good market perspective and profitability. Where a project as invested by raised funds is implemented, it shall not incur any intra-trade competition or have any negative impact on the issuer's independency. An issuer shall establish a special reserve system for the raised funds, which shall be deposited in a special account as decided by the board of directors.

**2.2.1.6 IPO and Listing on the Growth Enterprise Board**

In March 2009, CSRC promulgated the *Tentative Measures for the Administration of Initial Public Offering and Listing on the Growth Enterprise Board* (hereinafter referred to as the *Tentative Measures*). As an important part of the multi-tiered capital market system, the GEB has the mission to promote the development of small and medium-sized high-tech firms and other types of start-up companies.

The GEB differs from the Main Board significantly in finance and accounting of the IPO qualifications. According to A Tentative Method, IPO on the GEB requires the following to be met: 1) profitability for the recent 2 consecutive years with total net margins no less than ten million yuan and constantly increasing; or profitability for the recent 1 year with net margins no less than five million Yuan, annual sales for the recent 1 year no less than fifty million Yuan, and growth rate of the sales for the recent 2 years no less than 30%. The net margins are calculated as the lower one with non-recurrent earnings and losses deduced. 2) The net assets at the end of the previous financial period is no less than twenty million Yuan, and there is no uncompensated loss. 3) Post-IPO equity is no less than thirty million Yuan. The issuer pays taxes in accordance with the law, and the operating outcomes do not depend heavily on the tax preferences. The issuer does not have significant risk of debt payment, or significant contingent items of guarantee, prosecution, and arbitration that affect constant operation. The issuer should be able to generate profits constantly, and there should be no following situations: 1) The operation model and the portfolios of products and services have or will experience significant changes, which exert material unfavorable impact on the issuer's ability to generate ongoing profits; 2) The status of the issuer in the industry or the operation environment of the issuer's industry has or will experience significant changes, which exert material unfavorable impact on the issuer's ability to generate ongoing profit; 3) Access to or application of important assets and technology such as trademarks, patents, proprietary technology, and franchise that are in use by the issuer suffers from risks of significant unfavorable change; 4) there is heavy reliance of the issuer's sales or net margins in the recent 1 year on related parties or clients with significant uncertainties; 5) Net margins of the recent 1 year of the issuer predominantly comes from investment returns outside consolidated financial statements; 6) Other situations that may exert significant unfavorable impacts on the issuer's ongoing profitability.

#### 2.2.1.7 Secondary Offerings by Listed Companies

Secondary offerings by listed companies, in general, refer to capital raising activities of listed companies on the domestic securities market after their IPOs. Currently, listed companies may conduct secondary offerings via follow-on offerings, rights issue, private placements and issuance of convertible bonds, warrants, equity warrant convertible bonds and corporate bonds. Moreover, when domestically-incorporated joint stock companies that issue foreign-currency-denominated shares on the overseas markets offer corporate bonds in domestic securities markets, the shareholders are entitled to apply the issuance of convertible bonds. CSRC standardized the offering conditions, procedures and information disclosure requirements for secondary offering activities through the promulgation of the *Measures for the Administration on Securities Issuance by Listed Companies* (CSRC Decree No. 30), *Measures for Pilot Projects for the Offering of Corporate Bonds* (CSRC Decree No. 49), *Trial Provisions for the Offering of Exchangeable Bonds by Shareholders of Listed Companies* (CSRC Notice [2008] No. 41) and related supporting rules in May of 2006.

Listed companies can implement secondary offering plans only when they satisfy certain requirements on earnings, net assets and other indicators:

◆ **Follow-on Offering.** Listed companies seeking to issue shares to the public ("Follow-on offering") should satisfy the following requirements: 1) the weighted average return on net assets for the past 3 financial years is not less than 6% as calculated based on the net profit calculated before or after non-recurring gain or loss, whichever is lower; 2) with the exception of financial institutions, the listed company has no substantial tradable securities, or marketable financial assets, outstanding loans to others or wealth management-related financial investments; 3) the offering price should be no less than the average stock price of the previous 20 trading days or the average price of the trading day prior to the prospectus date.

◆ Rights Issue. Listed companies seeking to place shares to original shareholders should satisfy the following requirements: 1) the number of shares to be placed shall not exceed 30% of the total issued share capital before placement; 2) the controlling shareholder should publicly commit to the number of shares to which it will subscribe to prior to the General Meeting of Shareholders; 3) method of agency offering should be employed as required by the *Securities Law*; 4) If the controlling shareholder fails to perform its commitment to subscribe to the shares placed to it, or if the number of shares subscribed to by the original shareholders does not reach 70% of the number of shares to be placed at the expiration of the term of proxy sale, the issuer shall refund the subscription money plus interests as calculated at the bank deposit rate for the same period to the shareholders who have subscribed to the shares placed to them.

◆ **Private Placement.** Listed companies can carry out non-public offering or private placement to specific investors. A listed company which intends to do private offering needs to meet the following requirements: 1) the issuing price shall be not less than 90% of the average price of twenty trading dates before pricing base date; 2) shares issued has a locked-up period of 12 months commencing from the closing date of placement; for the shares subscribed by controlling shareholders, actual controllers and the enterprises controlled by them, the lock-up period is 36 months; 3) if this placement will result in the change of control, it shall need to meet CSRC's other related regulations. The number of investors of private offering should not exceed 10 and if the investors are overseas strategic investors, the placement should be approved in advance by related ministries under the State Council.

◆ **Convertible Bonds (CBs).** Listed companies seeking to publicly offer CBs should satisfy the following requirements: 1) the weighted average return on net assets for the past 3 financial years is not less than 6% as calculated based on net profit before or after non-recurring gain or loss, whichever is lower; 2) post issuance, the outstanding total value of bonds issued does not exceed 40% of the issuer's net assets as of the end of the latest financial period; 3) average annual distributable profit for the past 3 financial years is not less than the annual interest accruing on the corporate bonds to be issued. CBs must be issued with duration not less than one year but not exceeding six years.

◆ **Warrant Bonds (WBs):** Here the warrants are detachable and can be traded separately from the debt security. Listed companies seeking to offer separately tradable CBs (Referred to as WBs) should satisfy the following requirements: 1) audited net assets as of the end of the latest fiscal period are not less than RMB1.5 billion; 2) average annual distributable profit realized for the past 3 fiscal years is not less than the annual interest accruing on the corporate bonds to be issued; 3) the average net cash flow generated from operating activities for the past 3 fiscal years is not less than the annual interest accruing on the bonds to be issued, or the weighted average net asset yield rates for the past 3 fiscal years are not lower than 6% as calculated on the basis of the net profits before and after deducting the non-regular profits and losses, whichever is smaller; and 4) post issuance, the outstanding total value of bonds issued shall not exceed 40% of the net assets as of the end of the latest fiscal period; and the expected total proceeds after exercise of all the attached warrants shall not exceed the bond value to be offered. Separately tradable CBs must be issued with duration not less than one year.

◆ **Corporate Bonds:** Domestic companies listed on Shanghai Stock Exchange (SSE), Shenzhen Stock Exchange (SZSE) or overseas, i.e. A-share, H-share and B-share companies, are all entitled to apply for offering of corporate bonds. Listed companies seeking to publicly offer corporate bonds shall satisfy the following requirements: 1) The average annual distributable profit for the past 3 financial years is not less than the annual interest accruing on the corporate bonds to be issued; 2) The cumulative corporate bond balance of the company after the present issuance shall not exceed 40% of the latest term-end net asset value, where financial companies shall follow relevant provisions as separately stipulated for financial institutions; and 3) The bond shall enjoy a good bond credit rating as made by a credit rating agency. Corporate bonds must be issued with a duration not less than one year yet without a maximum term.

◆ **Exchangeable Bonds (EBs):** refers to the corporate bonds issued by the shareholders of a listed company according to law which can be exchanged for the shares of the listed company held by the shareholders under agreed conditions and within certain duration. Exchangeable bonds, though not issued by listed companies, are managed together with other secondary offerings. Any shareholder of a listed company seeking to publicly offer exchangeable bonds shall satisfy the following requirements: 1) The latest term-end net asset value of the company shall be no less than RMB 300 million; 2) The average annual distributable profit for the past 3 financial years is not less than the annual interest accruing on the corporate bonds to be issued; 3) The cumulative corporate bond balance of the company after the present issuance shall not exceed 40% of the latest term-end net asset value; 4) The value of the present issuance shall not exceed 70% of the market value of the stock to be exchanged as calculated based on the average price of the said stock of 20 trading days prior to the announcement of the prospectus, and the stock to be exchanged shall be set as a guarantee for the corporate bonds of the present issuance; 5) The company shall enjoy a good bond credit rating as made by a credit rating institution; and 6) EBs must be issued with a duration not less than one year but not exceeding six years.

In addition, the stock of a listed company to be exchanged shall comply with the following provisions: 1) The latest term-end net assets of this listed company shall be no less than RMB 1.5 billion in value, or the weighted average net asset yield rates for the recent 3 fiscal years shall not average under 6%. The weighted average net asset yield rates shall be calculated on the basis of the net profits before and after deducting the non-recurring profits and losses, whichever is smaller; 2) The stock to be exchanged shall be the shares not restricted for sale when the application for issuance is made, and the transfer of these shares by the shareholder during the stipulated exchanging period shall not violate the commitments made by the listed company to other shareholders; and 3) Before the present issuance of exchangeable corporate bonds, the stock for exchange shall not fall into any of the circumstances of restricted property rights, such as seal-up, detainment, or freezing, and shall be free from ownership disputes, and shall not fall into any other circumstances under which such stock shall not be transferred, or be posted with security in accordance with the law.

In a public offering of CBs, WBs and corporate bonds including EBs issued by the shareholders of a listed company, the interest rate is to be determined by the issuer after consultation with the lead underwriter in compliance with related provisions of the State. Meanwhile, a qualified credit rating agency approved by CSRC is required to provide a credit rating at the time of the bond issuance and a tracking credit rating. The selected credit rating agency should publish a tracking rating report at least once annually.

### 2.2.2 Overseas Offering and Listing

Article 238 of the *Securities Law* stipulates that domestic enterprises seeking to directly or indirectly offer or list their securities on an overseas market must obtain approvals from the securities regulator under the State Council. Specifically, two kinds of overseas offerings by domestic companies are possible:

- **Joint stock companies incorporated in Chinese Mainland** issuing foreign currency denominated shares for listing on an overseas market: stock offerings by such companies require the approval of CSRC. The related rules and regulations include the *Special Rules of the State Council on Joint Stock Limited Companies Issuing Shares and Listing Overseas* (State Council Decree No. 160), the *Mandatory Provisions for the Articles of Association of PRC Companies to be Listed Abroad*, the *Several Opinions on Further Enhancing the Information Disclosure by Overseas Listed Companies*, the *Circular on the Issues Concerning the Companies Applying for Overseas Listing*, the *Guidelines on Examination*, *Approval* and *Supervision of Enterprises in China Applying to List on the Hong Kong Growth Enterprise Market*, and the *Notice on the Centralized Register and Custody of Non-overseas Listed Shares of Overseas Listed Companies.*

- **Listing of joint stock companies controlled by Chinese shareholders which have been incorporated outside of Chinese Mainland (red-chip companies):** stock offerings by such companies on a case-by-case basis require either pre-listing approval of CSRC or post-listing filing with CSRC. The related rules and regulations include the *Circular of the State Council on Further Strengthening the Administration of Overseas Stock Offering and Listing and the Regulations on the Acquisition of Chinese Enterprises by Foreign Investors.*

With regard to the companies applying to CSRC for an overseas IPO, CSRC shall solicit comments from the relevant investment authority or other government authorities. If the relevant authorities have no objection, CSRC will review the application documents and decide whether to approve or not.

## 2.3 Securities Trading, Clearing and Market Oversight

### 2.3.1 Securities Trading

Securities trading in China is organized according to a membership structure and conducted via a centralized transaction system. The Shanghai and Shenzhen Stock Exchanges provide the facilities for centralized trading and investors participate in securities trading via member brokerages of a given exchange. Member brokerages accept and execute the buying or selling orders of the clients through self-service channels, via manual or telephonic means or via self-service terminals or the Internet.

◆ **Trade via exchange member brokerages.** Investors entrust the members of the exchange to buy or sell securities via at-market or limit orders. A limit order refers to an order placed with a member brokerage to buy or sell the securities at the price set by the client or at a better price. An at-market order refers to an order placed with only the amount of the security specified and without a specific trading price, requiring a member brokerage to buy or sell the securities immediately at the current price.

◆ **Trading time.** The trading days of Shanghai and Shenzhen Stock Exchanges are Monday to Friday (except statutory holidays). Each trading day at 9:15am the call auction begins and lasts until 9:25 am, at which time the opening quotation for securities is established. Securities trading via continuous auction occur between the hours of 9:30am to 11:30am and 13:00pm to 15:00pm. Block trades are executed daily between 15:00pm to 15:30pm. Call auction refers to a bidding approach whereby all the buying and selling orders accepted during a specific time period are centrally matched. Continuous auction refers to a bidding approach whereby buy and sell orders are continuously matched on an order-by-order basis.

◆ **Trading rules.** Transactions are matched according to the principles of price priority and time priority. The principle of price priority means a buying order at higher price has precedence over orders at lower prices. Correspondingly, a selling order at a lower price takes precedent over selling orders at higher prices. The principle of time priority means that for buying or selling orders at a given price, an earlier-placed order takes precedence over the order placed later in time. After the sales declarations are matched by the exchange server, the transactions are concluded. The transaction results are based on the clearing data issued by the depositary and clearing entity designated by the securities exchange.

◆ **Price limits system.** Shanghai and Shenzhen Stock Exchanges commenced to implement 10% price range limits on stock and fund trading and 5% price limits range on ST and * ST stocks on December 16, 1996. There is no price range limit enforced on the first trading day for newly-issued stocks and funds. The price range limits are aimed at preventing big swings in share prices, keeping securities market stable and protecting the interests of small and mid-sized investors.

◆ Information disclosure. On each trading day, the stock exchanges publish the trading information including real-time stock quotes, securities indices data and other trading information. During the opening call auction period, the real-time quotations should include the following information: stock code, ticker symbol, previous closing price, opening reference price, matched volume and unmatched volume. During the continuous auction, the real-time quotations should include the following information: stock code, ticker symbol, previous closing price, latest executed price, today's high, today's low, accumulated trading volume and trading value, the five real time highest bid prices and their quantities, the five real time lowest offer prices and their quantities and so on.

Glossary

**ST and * ST:** In situations where financial and other abnormalities may lead to the termination of a company's listed status, make it difficult for investors to judge the company's outlook or may have negative impact on investor interests, the securities exchanges assign Special Treatment to such stocks, including the issuance of a warning for delisting risk and other special arrangements, including putting a "* ST" and "ST" before the ticker symbol to differentiate these stocks from other stocks.

### 2.3.2 Securities Registration and Clearing System

The Chinese securities market adopts a central registration and clearing system. All securities registration and clearing transactions are undertaken by the China Securities Depository & Clearing Corporation Limited ("SD&C"). The SD&C provides registration, depository, clearing and delivery services for the securities listed on the Shanghai and Shenzhen Stock Exchanges.

◆ **Real name system for securities accounts.** Investors should apply to the securities registration and clearing entity or authorized institutions for opening securities accounts. Investors should guarantee the information provided on the application is true, accurate and complete. Investors are not allowed let others use their securities accounts. Investors that are entitled to opening securities account include Chinese citizens, Chinese legal persons, Chinese partnership companies, and other investors provided for in laws, administrative regulations and CSRC rules.

◆ **Clearing participant system.** To participate in the centralized clearing and settlement of securities, a securities company shall apply to a securities registration and clearing institution for the qualification of a clearing participant, and conclude a clearing agreement with the institution to specify the rights and obligations of both parties. A securities company not qualified as a clearing participant shall conclude an authorization agreement with a clearing participant, who shall conduct the centralized clearing and settlement of securities companion its behalf. The clearing participants spells out the requirements for risk control and financial indicators, where securities registration and clearing institutions can effectively control clearing risks so as to safeguard the clearing system.

◆ **Hierarchical clearing system.** A hierarchical clearing system is adopted for securities clearing in China, where SD&C handles all the clearing and settlement with clearing participants, which, in turn, handle transactions with their clients.

◆ **Netting settlement principle.** Currently, the vast majority of securities transactions on the securities exchanges in China are settled via the multilateral netting settlement method. The securities registration and clearing institution seeking to adopt this settlement approach shall perform as the central counterparty (CCP) of the clearing participants in accordance with the delivery versus payment (DVP) principle, handling the clearing and delivery through the clearing participant.

### 2.3.3 Market Monitoring System

CSRC, CSRC regional offices and stock exchanges are jointly responsible for the monitoring of securities market in China, with focuses on cracking down insider trading, market manipulation and other violations of laws and regulations.

With a real-time monitoring system in place, SSE and SZSE are responsible for frontline supervision of the securities market, to timely detect and handle abnormal transactions and report major cases to CSRC for investigation and disposal. CSRC is responsible for guiding the inspection work of the exchanges, detecting signs of irregularity in its daily monitoring work and taking measures to investigate and dispose the suspicious conducts of insider trading, market manipulation, etc. The relevant CSRC departments shall analyze and study the reports submitted by the exchanges in combination with other information. If cases of suspect insider trading or market manipulation arise, formal documents shall be submitted to CSRC Enforcement Bureau for further investigation.

## 2.4 Supervision of Listed Companies

### 2.4.1 Information Disclosure by Listed Companies

The Information disclosure system, also known as the public disclosure system, requires listed companies to disclose changes of their financial and operating conditions to the public. This includes requirements for both pre-IPO disclosure and continuous information disclosure after listing. A comprehensive and multi-level information disclosure system has been built based on the *Securities Law*, the *Company Law*, the *Measures for the Administration of Information Disclosure of Listed Companies* and relevant supplementary regulatory documents. Drawing reference from international best practices, the disclosure standards reflect a level of stringency and sophistication.

Contents of information disclosure required on listed companies can be classified into 3 types: prospectus (offering information), regular reports and ad hoc reports.

#### 2.4.1.1 Prospectus

Companies should publish a prospectus at the time of IPO and for secondary offerings. To ensure investors obtain relatively comprehensive knowledge about an issuer, CSRC has developed a required content and format of the prospectus for IPOs and secondary offerings.

#### 2.4.1.2 Periodic Report

Periodic reports to be provided by listed companies include the annual report, interim report and quarterly report:

- **Annual report.** Listed companies should disclose the annual report within 4 months from the date of the fiscal year-end. The annual report should at a minimum contain the following: company profile, financial statements and description of operating performance, information on changes of equity capital, information on shareholders, directors, supervisors, senior management and employees, description of corporate governance structure, results of general meeting of shareholders, the report of the Board of Directors, the report of the Board of Supervisors and information concerning major issues of the company. The financial statements included in the annual report should be audited by an accounting firm with auditing license for securities and futures businesses.

- **Interim report.** Listed companies should disclose interim reports within 2 months from the date of the end of the first half of the fiscal year. Interim reports should at a minimum contain the following information: company profile, financial statements and information on operating performance, information on changes in share capital and shareholders, information on directors, supervisors, senior management and employees, a management discussion and analysis section, information concerning major issues of the company and financial statements.

◆ **Quarterly report**. Listed companies should disclose quarterly reports within one month from end of the first and third quarter of a fiscal year. Quarterly reports should disclose key financial data from the company and include a management discussion and analysis section. The interim reports and quarterly reports are not required to be audited.

#### 2.4.1.3 Ad Hoc Report

Ad hoc reports should be disclosed in a timely manner when a firm's securities and/or derivatives prices may be substantially affected by any significant matters. The causes, current status and potential impact of such should be specified in the reports. Significant matters include: any substantial change of operating strategies or business scope, any decision regarding a major investment or major property purchase, signing of important contracts, incurring of significant losses, change of directors or any instance where more than one-third of supervisors or managers changes, substantial change of the shareholdings or control rights of shareholders holding over 5% of shares or of the actual controlling shareholder, decisions on capital decrease, merger, splitting, dissolution, filing for bankruptcy, and any instance where the company falls under investigation by the relevant authorities for suspected breaches of law.

### 2.4.2 Corporate Governance of Public Companies

CSRC has issued a series of laws and regulations and has adopted a number of measures to facilitate better corporate governance and more transparency of listed companies. With a system framework of corporate governance taking shape, the concept of corporate governance is now widely recognized in China, with governance structures significantly improved.

The regulatory requirements regarding corporate governance of listed companies are reflected in the *Code of Corporate Governance for Listed Companies* (*hereinafter referred to as "the Code"*) issued in January 2002. Based on the OECD corporate governance principles, and taking into account the realities of the Chinese securities market, *the Code* illustrates the fundamental principles of corporate governance, methods to protect investors' interest, as well as standards of conduct and professional ethics for directors, supervisors and senior management of listed companies. The Code requires that listed companies treat all shareholders equally, protect the interests of small and medium-sized investors with proxy voting and cumulative voting arrangements, maintain independence from their parent companies and conduct related party transactions fairly and transparently. *The Code* advocates shareholder activism and active involvement of institutional investors.

#### 2.4.2.1 Independent Directors

Pursuant to the *Code* and *The Guidelines for Developing Independent Directors System of Listed Companies*① (promulgated and enforced on August 16, 2001), independent directors are to account for at least 1/3 of the membership of a company's Board of Directors and should include at least 1 professional in accounting. Compensation, audit, nomination and other committees, if established under the Board, shall be chaired by an independent director and shall be constituted by a majority of independent directors. Independent directors shall provide independent opinions on substantial events such as the nomination, appointment or removal of directors, appointment or removal of senior managers, compensation of directors and senior managers, substantial related transactions (with a value higher than RMB3 million or 5% of latest audited net asset value) and other issues deemed substantial.

#### 2.4.2.2 Managerial Equity Incentive Mechanism

In order to further facilitate an incentive and discipline mechanism within listed companies, CSRC promulgated the *Trial Measures for the Administration of Equity Incentive Schemes of Listed Companies* on January 1, 2006. Pursuant to the Measures, equity incentives include restricted stock and stock option plans, with independent directors being excluded from any such incentive schemes. Total underlying shares for the incentive schemes shall not exceed 10% of shares outstanding. Independent directors shall provide independent opinions on the fairness and impact of proposed stock incentive schemes. Once the stock incentive scheme is approved by the Board of Directors, listed companies shall file with CSRC and submit filing copes to the stock exchange and local CSRC branch. If no objections from CSRC are received, the listed company may convene a shareholder meeting for review and adoption of the scheme.

### 2.4.3 Mergers and Acquisitions (M&A)

#### 2.4.3.1 Acquisition Rules for Listed Companies

Acquisition of listed companies generally refers to obtaining or consolidating control of a public company, which includes direct acquisition of shares of the public companies by investors to become majority-stake holders, or obtaining control directly or indirectly in spite of the non-shareholder status. In accordance with the current *Securities Law*, the main regulations governing acquisition of public companies issued so far by CSRC are the *Measures on the Administration of Acquisition of Listed Companies* (hereinafter referred to as the *Acquisition*

① Please visit www.csrc.gov.cn/n575458/n776436/n804965/n3300690/n3300837/n3330750/3330844.html for The full text of the *Code of Corporate Governance for Listed Companies* and www.csrc.gov.cn/n575458/n575742/n2529771/256242.html for the full text of *Guidelines for Introducing Independent Directors to the Board of Directors of Listed Companies*.

*Measures*) and supporting rules.

◆ *Measures on the Administration of Acquisition of Listed Companies* and relevant rules. In September 2002, CSRC issued the *Measures on the Administration of Acquisition of Listed Companies* and the *Measures for the Administration of the Information Disclosure on the Change of Shares Held by Shareholders of Listed Companies.* Although acquisition of listed companies and change of equity and rights have been effectively standardized in general after those measures were effective, there have been deliberate attempts to circumvent regulation in the transfer of control with the signing of equity trust agreement that transfers voting rights in advance being one example. CSRC responded promptly by issuing the *Notice on the Issues Concerning Standardization of the Transfer of Actual Control of Listed Companies* in July 2004 to plug the loopholes in regulation.

The revision of the *Company Law* and *Securities Law* in 2005 made explicit adjustment to the arrangements for the acquisition of listed companies. Responding to the new changes emerging in the market after tradable-share reform, CSRC revised the *Acquisition Measures* and relevant rules which were issued on July 31st, 2006 and came to effect on September 1st, 2006. The revised *Acquisition Measures* clearly demonstrates the underlying law-making philosophy that acquisition of listed companies is to be encouraged. The compulsory (partial) offer system replaces the compulsory comprehensive offer system, and acquirers are given a new tool to pay for acquisition by securities. A lower cost of acquisition is conducive to more dynamic acquisitions of listed companies. Moreover, financial advisors are given a full play in exante control and expost coaching and supervision of acquirers; the approval procedures of CSRC are simplified; and the market is more efficient. Therefore, two fundamental changes have occurred in CSRC's regulation on the acquisition of listed companies. First, the comprehensive offer system under the direct supervision of CSRC has been changed to partial offer system supervised by financial advisors. Second, the sole reliance on CSRC's exante regulation has been changed to a combination of pre and post-acquisition regulation with an emphasis on the latter.

After the last quarter of 2007, for the purpose of maintaining market stability and rendering more guidance and standardization of shareholding by control shareholders of listed companies, CSRC issued the *Decision on the Revision of Article 63 of the Measures for the Administration of the Acquisition of Listed Companies.* Advance approval is replaced by filing reports with CSRC afterwards for those shareholders with stakes over 30% in a listed company when increasing shareholding on the secondary market by no more than 2% within 1 year, which increases the flexibility of share addition system.

♦ Special provisions for state-owned shares transfer and acquisition by foreign capital. According to the nature of acquirers, acquisition of listed companies can be divided into foreign capital acquisition and state-owned share transfer. CSRC has issued specialized rules or documents in time and made explicit the supporting regulation systems specifically for these types of acquisition.

In October 2001, CSRC, together with the former Ministry of Foreign Trade and Economic Cooperation, jointly issued the *Opinions on the Issues Related to Foreign Investment in Listed Companies.* As acquisition by foreign capital is increasingly brisk, for the purpose of rendering more support to the implementation of the country's opening-up and other related industrial policies, and the standardization of acquisition of foreign capital, CSRC promulgated in November 2002 the Notice on the *Issues Related to the Transfer of State-owned and Legal-person Shares to Foreign Investors* together with the Ministry of Finance and the former Ministry of Foreign Trade and Economic Cooperation, in December 2005 the *Measures for the Administration of Strategic Investment by Foreign Investors in Listed Companies* together with the Ministry of Commerce, State Administration of Taxation, State Administration of Industry and Commerce, and State Administration of Foreign Exchange, and in August 2006 the *Provisions on Merging and Acquiring Domestic Enterprises by Foreign Investors* together with the Ministry of Commerce, State-owned Assets Supervision and Administration Commission (SASAC), State Administration of Taxation, and State Administration of Industry and Commerce. In accordance with those above-mentioned provisions, all foreign investors must obtain approval from the Ministry of Commerce before launching strategic investment in or acquisition of listed companies; if items belong to administrative licensing concerning listed companies, they also should be submitted to CSRC for approval.

On the other hand, in order to standardize activities related to the transfer of listed equity to and from state-owned entities after the tradable share reform, CSRC and SASAC jointly issued in June 2007 the *Tentative Measures for the Administration of State-owned Shareholders' Transfer of Shares of Listed Companies*, and the *Tentative Mesures for the Administration of Logos of State-owned Shareholders in Listed Companies.* The above provisions require that transfer of shares via the trading system of stock exchanges must abide by the timing and quantitative restrictions and transfer of shares via agreement must go through certain legal procedure of disclosure of information and open solicitation of recipients, and file applications to the authorities of state-owned assets for approval.

#### 2.4.3.2 Regulations on Substantial Asset Restructuring of Listed Companies

In April 2008, in accordance with the *Securities Law* and the *Company Law*, CSRC released the *Measures for the Administration of Substantial Assets Restructuring* ("*Restructuring Measures*"). Coupled with the *Measures for the Administration of the Acquisition of Listed Companies*, the two Measures constitute the basic institutional framework for M&A and restructuring of China's listed companies. Major points of the *Restructuring Measures* include:

◆ Optimizing the financial calculation methodologies pertinent to substantial asset restructuring. The Measures provide that only transactions involving greater than 50% of a listed company net asset value and exceeding RMB50 million are deemed substantial asset restructuring;

◆ Refining the classification of what constitutes substantial asset restructuring, including purchase and sale of assets. Transactions involving the assets of holding subsidiaries of listed companies now fall within the scope of regulation;

◆ Standardizing the practice of purchasing assets with newly issued shares by listed companies, so as to better regulate and encourage market innovation;

◆ Defining a more proactive role for the regulator regarding those transactions which do not specifically fall within the classification of a substantial asset restructuring but may cause the listed company or its investors to incur losses or otherwise negatively impact the rights thereof, or for which the transaction is viewed as an attempt to evade regulation. In such situations, CSRC is entitled to require the company concerned to make relevant disclosure or to suspend transaction.

**2.4.3.3 Administration of Financial Advisory System**

To regulate the activities of financial advisors in M&A and restructuring of listed companies and protect the lawful rights and interests of investors, on July 4 2008, CSRC released the *Measures for the Administration of Financial Advisor Services for M&A and Restructuring of Listed Companies* (CSRC Decree No. 54), stipulating the conditions that securities companies and investment consulting firms must meet and qualifications that relevant professionals must satisfy in order to be engaged in financial advisory services for M&A and restructuring of listed companies. In addition, the roles and working procedures of financial advisors and of their sponsors, the ongoing supervision by the regulator of financial advisor activities and penalties in place for malpractice or non-compliance behaviors are also set out. Currently, only securities companies, investment consulting firms and other qualified financial counseling institutions can provide financial advisory services.

The above *Measures* specify the responsibilities entailed in the financial advisory role, requiring financial advisors to conduct due diligence, provide professional services and standard operational guidance, as well as give professional advice, coordination service and continuous supervision, and identifying working procedures and requirements for internal control. The provisions for due diligence system, review of internal audit departments, internal report and inspection as well as the retention of full working files ensure financial advisors and their sponsors to earnestly perform their duties. The internal audit department must be independent of the business department of the financial advisor to ensure necessary check and balance and risk control.

## 2.5 Supervision of Securities Companies

### 2.5.1 Business Licensing

According to Article 125 of the *Securities Law*, securities companies may engage in part or all of the following securities business upon CSRC approval: 1) securities brokerage; 2) securities investment consultation; 3) financial advisory service concerning securities trading and investment activities; 4) securities underwriting and sponsoring; 5) proprietary trading; 6) securities assets management; and 7) other securities business, including foreign equity business, margin trading as well as management of overseas securities investment under the QDII scheme. Securities companies seeking to engage in the above-mentioned businesses must apply for CSRC approval in accordance with relevant provisions of the *Securities Law*, the *Regulation on the Supervision and Administration of Securities Companies*, the *Interim Provisions on the Examination and Approval of Business Scope of Securities Companies*, the *Tentative Provisions on the Qualifications of Domestic & Overseas Securities Agencies engaged in B-share and H-share Business* and the *Tentative Measures Administration of Investment in Overseas Securities by Qualified Domestic Institutional Investors.* In addition, Article 47 of the *Regulations on the Supervision and Administration of Securities Companies* stipulates that securities companies intending to make collective investment with the assets of more than one client or invests the assets of clients in a specific target product shall apply for CSRC approval.

### 2.5.2 Classified Supervision

On the basis of summing up the experiences of the pilot program on classified supervision of securities companies in the past two years, CSRC issued the *Provisions on Classified Supervision of Securities Companies* (hereinafter referred to as the *Provisions*) in May 2009. Based on the risk management capacities of securities companies, it responds to the companies' competitiveness and ongoing compliance status, evaluates and classifies them into 5 categories and 11 grades: A (AAA, AA, A), B (BBB, BB, B), C (CCC, CC, C), D, E.

For securities companies of different categories, CSRC adopts differentiated regulatory policies that encourage the development of high-quality companies. First, the results of the rating will be a basis on which company's application for public offering or setting new business branches is considered, as well as a basis for identifying the pilot scope and promotion process of new business and products; Second, companies of different categories shall pay investor protection funds in different proportions and are subject to different risk control indicators; Third, there shall be distinctions in terms of supervision resource allocation and on-site/off-site inspection frequency for companies of different categories.

Classified supervision system has achieved initial results and overall acceptance of the industry. The system of classified supervision sets out risk management requirements for securities companies based on their net capital, provides quantitative standards and for dynamic monitoring, and enables early warning and risk control. The system allows regulation to be more targeted, appropriate and pro-active, and allows optimized allocation of regulatory resources. Further more, it serves as an incentive for securities companies, given that their financial situation, risk control and compliance are directly linked to business space, fee payment and level of supervision. Securities companies are thus urged to incorporate regulatory requirements into each segment of management, taking specific measures for better internal risk control and management. Last but not least, the system enables the gradual development of innovative business and products, while keeping a lid on innovation risks.

### 2.5.3 Compliance

In July 2008, CSRC promulgated the *Trial Provisions for the Compliance Management of Securities Companies*, requiring securities companies to develop a comprehensive internal system of compliance management, establish the post for Chief Compliance Officer and the Department of Compliance, enhance the review, supervision and inspection over the compliance issues, so as to effectively prevent, timely detect and rectify any violation and improve the internal management system. CSRC sees the effectiveness of compliance management as a critical indicator in its evaluation of securities companies, and, mete out punishment accordingly to urge self-discipline of companies.

The requirement for compliance management facilitates better internal control, and helps to shift the regulatory model from one that used to be heavily dominated by administrative regulation to one that combines administrative, industry self regulation and company self discipline.

### 2.5.4 Branches of Securities Companies

In June 2008, CSRC issued the *Provisions on the Supervision of Branches of Securities Companies (Trial)*, which established the supervision system of the branches of securities companies. The system was set up out of a need to respond to securities companies' actions to improve their organizational systems, effectively separate lines of business with conflicts of interest, standardize the founding of branches and their operation activities, align all operational entities and non-operational entities under supervision, and plug the loopholes in supervision.

The *Provisions on the Supervision of Branches of Securities Companies (Trial)* mainly includes the following: the definition of branches of securities companies, their business, and qualifications for their founding; the management duties of securities companies on their branches; the responsibilities assignment of CSRC Headquarters and regional offices regarding the supervision on the branches of securities companies; the requirements for all types of business headquarters, management headquarters, business centers, and other operational institutions that were founded outside the domicile of the securities companies before the issuance of the Regulation, and branches, representative offices, and offices responsible for liaison, research, market research, and information technology management and other non-operational activities, and management requirements for securities companies with domiciles different from those of their major subsidiaries.

So far, CSRC has basically completed the standardization of the operational entities of securities companies, and has achieved initial positive results in the supervision of the branches.

### 2.5.5 Net-Capital-based Risk Monitoring and Early-warning System

In July 2006, CSRC issued the *Measures for the Administration of Risk Control Indicators of Securities Companies*, establishing a relatively comprehensive risk control and supervision system based on net capital. The system has established mechanisms respectively linking a securities company's business scope with its net capital adequacy ratio, business size with its risk capital reserves, and risk capital reserves with its level of net capital.

In June 2008, CSRC promulgated the *Decision on Amending the Measures for the Administration of Risk Control Indicators of Securities Companies*, in which the calculation methods of net capital were adjusted, with full deduction of long-term assets, and capital level of securities companies further enhanced. Meanwhile, the proportion of risk capital reserves for related business was increased to an appropriate degree with extended scope of calculation so as to keep abreast with the changes on the market and in the sector. Entering into force on December 1, 2008, the Measures lead to better risk prevention of securities companies, encourage innovation and promote healthy development of the securities sector.

### 2.5.6 Third-party Depository System for Client Settlement Fund

Third-party custody is a new client settlement

fund depository system designed and implemented in accordance with the requirements of the *Securities Law* and the *Regulaitons on Supervision and Administration of Securities Companies*. According to the applicable laws and regulations, " clients' settlement fund of a securities company shall be deposited in a commercial bank and be managed through accounts as separately opened in the name of each client". Based on the original client fund depository system, this present depository system is designed to ensure the safety of client assets, prevent risks and encourage business innovation of securities companies.

CSRC began to pilot the third-party depository system in the comprehensive restructuring of securities companies in early 2004. An industry-wide roll-out of the system was started in July 2006 with improvements made early that year drawing on the experiences of the pilot program. Under the third party depository system, securities companies shall establish special accounts to deposit settlement funds of the clients at a number of commercial banks, which shall record the changes in financial position of each client, establish a subsidiary ledger of client funds, check over the general and subsidiary ledgers and practice full-closed bank-securities fund transfers to prevent misappropriation by securities companies. As of the end of April 2008, the system has been adopted by all Chinese securities companies. Since its adoption, clients' margin has been effectively protected.

### 2.5.7 Information Submission and Disclosure

Requirements regarding information disclosure by securities companies are as follows:

◆ Information submission system. Laws and regulations provide that securities companies should submit annual reports to CSRC within 4 months upon the conclusion of the previous fiscal year and monthly reports within 7 working days upon the conclusion of each month. Provisional reports should be submitted to CSRC upon the actual or possible occurrence of significant events affecting the operation, management, fiscal conditions, risk control indicators, or safety of clients' assets, and causes, status quo, potential consequences and planned responses, stated.

◆ Information disclosure system. Securities companies are required to disclose basic and financial information. Currently, securities companies publish basic information through channels such as the Securities Association of China website, investor columns at the retail branches of securities companies as well as through their own websites. Information of this kind includes: basic profile, business branches, newly-licensed products and information about senior management of the company. Securities companies should continually update such information. Securities companies should disclose financial information on all relevant websites and should include an auditor's report for the most recent fiscal year as well as audited financial statements and notes to the financial statements.

- ***Review of audited annual reports.*** Review of the audited annual report is a key component of the regulator's off-site and routine supervision of securities companies. For the auditing of annual report, CSRC requires the securities companies to provide audit evidences and relevant materials to accounting firms performing the auditing task. CSRC will take measures to see that securities companies correct problems which may come to light during the course of the audit.

### 2.5.8 Securities Broker

As China's securities market has been growing in recent years leading to intensified competition in the industry, some securities companies take the initiative to experiment with a model using entrusted external persons in marketing for the purpose of expanding coverage of their securities brokering business. This development is conducive to increasing the number of securities investors, enhancing services capacity of securities companies, and promoting the development of the market. But in practice, some companies have not done a good job in managing these outside marketing staff, most of whom are yet to have higher qualifications. So a few people competed in a disorderly manner for clients, accepted carte blanche, and seduced their clients to trade frequently, which led to market disorder and undermined investors' legitimate rights and interests.

The *Regulation on the Supervision and Administration of Securities Companies* issued in April 2008 explicitly provides that the securities brokering business can be carried out by entrusted staff external to securities companies who solicit and serve customers on their behalf, and establishes the codes of conduct for the securities brokering practitioners and the general framework of regulation. In March 2009, CSRC issued the *Tentative Provisions on the Administration of Securities Brokers* (hereinafter referred to as the *Brokers Provisions*) for the purpose of executing the *Securities Law*, the *Regulation on the Supervision and Administration of Securities Companies*, and other laws and regulations, and standardizing securities companies' management of brokers and their practice so as to maximize its benefits and minimize its downsides for the healthy growth of the marketing of securities brokerage services. The *Brokers Provisions* specifies the legal relationship between securities brokers and securities companies, securities broker qualifications and registration for practice, professional code of conduct for brokers, management responsibilities and systems of securities companies, and the self-discipline of industry associations.

After the issuance of the *Brokers Provisions*, securities companies strengthen the management of marketing staff including securities brokers, and standardize even more the marketing activities. As of the end of 2009, a total of 31 securities companies established the securities broker system in accordance with relevant requirements, and over 5 800 securities brokers were certified by the Securities Association of China.

## 2.6 Supervision of Securities Investment Funds

CSRC's approach to supervision of securities investment fund, including the products, organizations, employees and special accounts management, and the Qualified Foreign Institutional Investors (QFIIs) is reflected in Figure A 1 – "Fund Supervision Structure Chart". The current legal framework underlining the supervision of funds consists of 3 parts. The first part is the body of law represented by the *Securities Investment Fund Law*. The second is the collection of ten applicable regulations, including the *Measures for the Administration of Information Disclosure of Securities Investment Funds* (CSRC Decree No. 19), the *Measures for the Administration of Sales of Securities Investment Funds* (CSRC Decree No. 20) and other regulations. The third is composed of the relevant supplementary documents including the Code of Corporate Governance of Fund Management Companies and the Guidelines on Internal Control.

By applying the above regulatory framework, CSRC has built a healthy and orderly and competitive environment and an effective checks and balance mechanism. Appropriate requirements have been established for would-be fund management organizations and their employees as well as for the introduction of new fund products. The framework promotes continual enhancement of how funds are supervised and how violations are addressed. Ultimately, the framework serves to protect the legal rights and interests of fund investors, prevent systematic risks and improve market transparency.

### 2.6.1 Supervision of Fund-related Institutions

Institutions associated with the securities investment fund industry include fund management companies, fund custodian banks and fund sales agencies.

#### 2.6.1.1 Fund Management Companies

The *Securities Investment Fund Law* requires that funds must be managed by fund management companies. The incorporation, change and dissolution of a fund management company require the approval of CSRC. CSRC shall supervise fund management companies and their operating activities, inter alia:

- **In terms of information disclosure,** fund management companies should submit an annual report and annual appraisal report to CSRC and its regional offices within 3 months of the fund's fiscal year-end. The quarterly audit report must be submitted within 15 days of the end of the corresponding quarter. The annual audit report must be submitted within 30 days of the end of corresponding year. Ad hoc reports are required when any of the circumstances outlined in Article 58 of the *Measures for the Administration of Securities Investment Funds* occur. In these cases fund management companies should submit a report to CSRC and its regional offices within 5 days of the event's occurrence.

◆ **In term of corporate governance,** first, fund management companies should have a sound independent director system. The number of independent directors should be no fewer than 3 and comprise no less than 1/3 of the Board of Directors. Second, the companies should establish chief compliance officer (CCO) system. CCOs of the fund management companies should be engaged by and report to the Board of Directors. CCOs are responsible for supervising and ensuring fund compliance. Third, fund management companies should set up appropriate internal control systems to ensure the efficacy of internal control compliance.

**2.6.1.2 Fund Custodian Banks**

The *Securities Investment Fund Law* requires that fund custodians be commercial banks and receive approval from CSRC and China Banking Regulatory Commission (CBRC). CSRC and CBRC supervise the fund custody operations of commercial banks in tandem. Commercial banks applying for fund custodian qualification should satisfy the following criteria:

◆ Ensure an average net asset of RMB 2 billion during the past 3 fiscal years and capital adequacy ratios satisfy the relevant regulatory requirements;

◆ Possess a dedicated fund custodian department independent from other business departments;

◆ The senior managers to hold office in the fund custodian department meet all legal qualifications and there shall beat least 5 staff who will be assigned to the business of fund settlement, accounting, investment supervision, information disclosure and internal audit and monitoring and who are qualified for working in the fund sector;

◆ Possess appropriate means to keep fund assets secure and maintain an efficient clearing and delivery system;

◆ Possess a fixed workplace that is equipped with independent security monitoring system and custodian business technology system, including network system, application system, security system and data backup system;

◆ Have solid internal auditing and risk control systems;

◆ Have no record of serious violation of laws or regulations in the past 3 years;

◆ Meet all other conditions provided by laws, administrative regulations and the requirements of CSRC and CBRC.

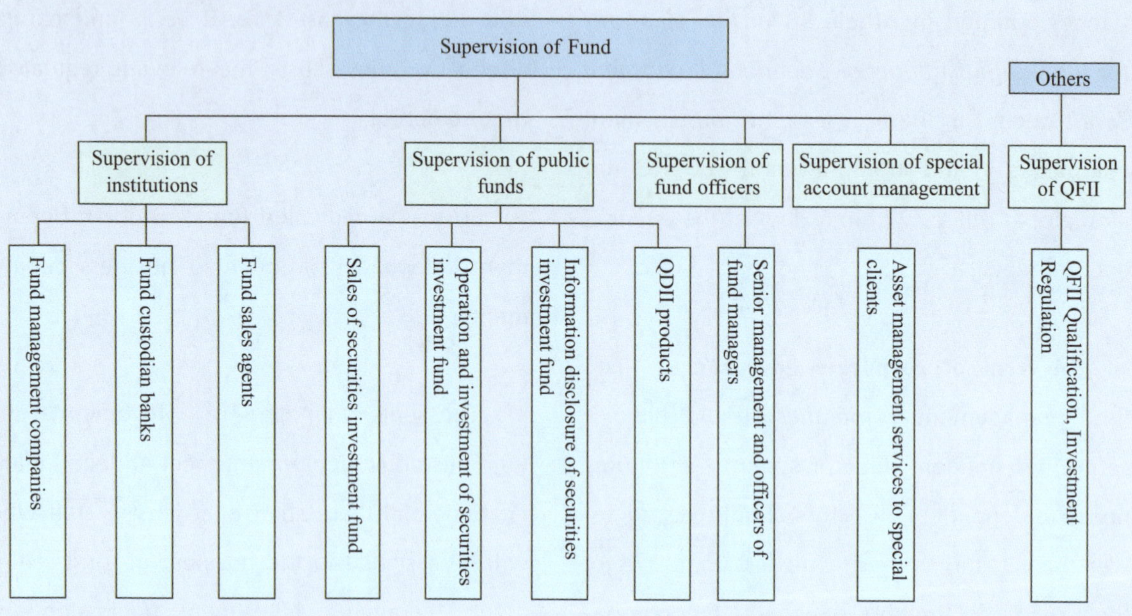


Figure A1 Fund Supervision Structure Chart

*Source: CSRC.*

**2.6.1.3 Fund Sales Agencies**

While fund management companies are responsible for the sales of fund products, they can entrust qualified institutions to sell and distribute fund products. Commercial banks, securities companies, securities investment consulting firms, specialized fund sales agencies and other permitted institutions may apply to CSRC for fund sales license. Marketing materials prepared by fund management companies and fund sales agencies must first be reviewed by the given fund's CCO who shall produce a compliance opinion letter and file it with CSRC.

## 2.6.2 Securities Investment Fund Products

**2.6.2.1 Operation**

Fund management companies seeking to establish securities investment funds must apply to CSRC for approval. Funds must avoid all of the following in the course of operation:

◆ The market value of shares held of any individual company exceeds 10% of fund net asset value;

◆ The securities of a company held by all funds managed by a single fund management company exceeds 10% of a company's total issued securities;

◆ When using a given fund's assets to participate in stock offerings, subscription money applied exceed total assets or shares subscribed exceed total shares to be issued in the offering;

◆ The covenants on investment scope, strategy and percentage provided in fund contracts are violated;

◆ Other circumstances prohibited by CSRC.

Securities investment funds that are structured absolutely according to relevant index are exempt from the ratio limits stated in the first two circumstances.

#### 2.6.2.2 Information Disclosure

Parties responsible for fund disclosure include fund management companies, fund custodians, conveners of the general meeting of fund unit holders and others specified by the law, administrative regulations and CSRC. Information disclosure must be completed within the required timeframe via designated national newspaper and websites. Responsible parties should ensure that investors' access to all publicly disclosed information as stipulated in fund contracts, including a given fund's prospectus, fund contract, annual report, interim report and quarterly report. CSRC and its regional offices supervise and administer fund information disclosure.

### 2.6.3 Qualified Foreign Institutional Investors (QFIIs)

CSRC's supervision over QFIIs is based on the *Measures for the Administration of Investment in Domestic Securities by QFII* (CSRC Decree No. 36). In December 2002, China began to implement the QFII program. According to relevant regulations, QFIIs may invest in stocks, treasury bonds, Convertible bonds, corporate bonds and other financial instruments listed on China's domestic stock exchanges excluding B shares. To obtain QFII license, an applicant should satisfy the following conditions:

◆ Have sound financial status, good credit standing and total asset levels satisfying CSRC requirements;

◆ Employees possess the relevant qualifications as legally stipulated in their local country or region;

◆ Have sophisticated corporate governance and internal control systems; no major penalties imposed by regulators in the country or region during the past 3 years;

◆ Regulators of the country or region where the applicant operates have signed a memorandum of understanding with CSRC regarding regulatory cooperation and maintain an effective cooperative relationship with CSRC.

### 2.6.4 Qualified Domestic Institutional Investors (QDIIs)

Supervision over QDIIs is based on the *Provisional Measures for the Administration of Investment in Overseas Securities by QDII* (CSRC Decree No. 46). China commenced implementation of the QDII program on July 5, 2007. QDIIs raise funds in China and use all or part of the proceeds to invest in overseas securities. Domestic fund management companies and securities companies applying to CSRC for QDII qualification should satisfy the following conditions:

◆ Solid financial strength and good credit standing. Assets under management and operating history satisfy CSRC requirements. For fund management companies, net assets should be no less than RMB 200 million and must have been engaged in securities investment fund management for over 2 years. Assets under management as of the end of the last quarter should be no less than RMB 20 billion or foreign currency equivalent. For securities companies, risk control indicators must satisfy all requirements. Net capital should be no less than RMB 800 million, and the ratio of net capital to net assets should be no less than 70%. The company must have been engaged in collective asset management for over 1 year. Assets under management as of the end of the last quarter should be no less than RMB 2 billion or foreign currency equivalent;

◆ Employees should have the required overseas investment management experience;

◆ Solid corporate governance, internal control systems and good operations;

◆ No major penalties imposed by regulators or major issues under investigation by any judicial authorities or regulators in the past 3 years.

## 2.7 Supervision of Futures Market

### 2.7.1 Futures Trading

Futures trading systems mainly include the margin system, the mark-to-market system, the price limits system, position limits system and large position reporting system.

◆ **Margin system.** Margins are funds paid by futures traders equal to a certain percentage of the value of a given futures contract and are used to guarantee the fullfillment of relevant futures contracts. Margins are paid by futures investors to futures companies and in turn by futures companies to the futures exchange. In a futures exchange which adopts a graded member clearing system, the non-clearing members pay futures margins to clearing members. Futures trading can proceed only when margins are paid-up to a preset level. The futures margin system plays an important role in ensuring that the parties to a futures transaction will fulfill their respective obligations. The sys-

tem mitigates the risk of breach of contract and safeguards smooth market operation.

◆ **Mark-to-market system.** Upon the close of a given trading day, the futures exchange shall clear all contract profit/loss, futures margins, fees and taxes, transfer the net amount of receivables/payables and record an increase/decrease in clearing reserves. Upon completion of clearing at the futures exchange, exchange members clear transactions with investors according to the same principles. The futures exchanges adopting a graded member clearing system only clear transactions for clearing members which in turn clear transactions on behalf of non-clearing members. If any member or investor fails to meet a margin call, the futures exchange or the member will restrict the investor from opening a position or may force the closure of a position before market opens.

◆ **Price limits system.** Futures contract trading prices are limited to rising or falling within a required range. Quotes beyond the range are deemed ineffective. The system limits losses of futures exchanges and their members within a certain range, facilitating the implementation of the futures margin system.

◆ **System of position limits.** To prevent market manipulation and concentration of market risk among a few investors, futures exchanges limit the size of positions which may be held by individual members and investors. Positions exceeding the limit cannot be established or will be forced to close. Position limits can be adjusted on a case-by-case basis. For instance, position limits can be adjusted according to the credit standing and margin amount of members and clients or according to contracts delivery months. Position limits are assigned according to a coding system which assigns a unique code to each account. In cases where investors operate several accounts at different member futures companies, a given investor's positions are summed.

◆ **System of large position reporting.** Under the system of large position reporting, a member or investor shall report position size to the futures exchanges upon reaching a preset limit. The report shall provide information including account description, trading activities, capital sources and trading motivation. The system of large position reporting enables the futures exchange to effectively monitor the concentration of positions in the market, so as to prevent price manipulation and control market risk.

◆ **Risk reserve system.** Risk reserve funds provide financial protection and compensate for losses brought about by unforeseeable risks to maintain the normal function of the futures market. Futures exchanges, futures companies, clearing members that are not futures companies shall withdraw, manage, and use risk reserves in accordance with the provisions of CSRC and the Ministry of Finance.

◆ **Clearing guarantee fund system.** Futures exchanges that implement classified clearing systems have in place the clearing guarantee fund system, including base clearing guarantee fund and varied clearing guarantee fund. It is paid by the clearing members to futures exchanges using their own funds, thus is owned by the members to respond to default risk. Clearing guarantee fund system, as a joint security system, can enhance the futures exchanges' ability to resist risks.

## 2.7.2 Supervision of Futures Companies

### 2.7.2.1 Business Licensing System

To operate in China, a futures company must obtain a license issued by CSRC in accordance with the *Regulations on the Administration of Futures Trading* and related regulations. Licenses are issued according to the type of commodity or financial futures to be traded. Futures companies can apply for both domestic and overseas futures licenses as well as for futures investment consulting and other futures-related licenses. Futures companies are not allowed to engage in business irrelevant to futures brokerage, unless otherwise specified. Futures companies are prohibited from any form of proprietary futures trading.

### 2.7.2.2 Corporate Governance

Based on the basic requirements of the *Company Law* and taking into account the business characteristics of futures companies and risk features of futures business, the *Regulations on the Administration of Futures Trading*, the *Measures for the Administration of Futures Companies* and the *Provisions for the Administraiton of Chief Risk Officers of Futures Companies (Trial)* have been issued, laying out provisions for corporate governance of futures companies.

Futures companies shall develop corporate governance under the principles of clarified duties, reinforced checks and balances as well as enhanced risk management. Some specific requirements include:

◆ Futures companies shall establish board of directors, board of supervisors and/or appointed supervisors, an appropriate organizational structure, clear lines of control and clear separation of front-office and back-office operations.

◆ Futures companies shall be strictly independent from their controlling shareholders in terms of business, personnel, assets, finance and premises, and have independent operation and accounting.

◆ Futures companies shall conduct centralized settlement, risk management, capital allocation, financial management and accounting for all operating branches.

◆ Futures companies shall appoint a Chief Risk Officer to oversee companies' compliance with relevant rules and regulations and monitor risk management. The Chief Risk Officer must report any suspicious, illegal or risky behavior immediately to CSRC regional offices and the company's board of directors.

◆ Independent futures companies and member firms qualified for clearing through the futures exchanges shall have independent directors in their board of directors.

**2.7.2.3 Protection of Client Assets**

In order to protect investors' assets, Chapter 5 of the *Regulations on the Administration of Futures Trading* sets out the following 5 major provisions: First, investors retain legal ownership of any funds pledged to a futures margin account. Any entity or individual is prohibited from appropriating futures margins except where according to law. Futures margins are to be transferred and managed independently from the assets of the given futures company. Funds belonging to futures margin accounts may not be illegally sequestered, frozen, transferred or otherwise appropriated by force. Should a futures company go bankrupt or be liquidated, client margin funds remain separate from the bankruptcy or liquidation process. Second, the obligation of futures companies to properly file and disclose futures margin accounts is defined; depositing client margin funds in accounts other than those designated is strictly prohibited, and futures companies should report the security status of futures margin funds on a timely basis. Third, a real name system is required for clients engaged in futures trading; clients wishing to establish futures settlement accounts must electronically transfer margin funds. Fourth, futures companies are obligated to use self-owned funds to meet settlement guarantees and minimum settlement reserve requirements. Moreover, futures companies are obliged to make advanced payments in cases where client margin funds are insufficient.

In order to protect the investors' margin and set up a system to prevent misappropriation by futures companies, CSRC, as per the principle of "safety and efficiency", established the system of safe deposition and management of the futures margin and the China Futures Margin Monitoring Center, using a technology system to check against the margin data of the three parties involved, namely futures exchanges, clearing banks and futures companies, and providing clients with direct enquiry access to the margin data.

A Futures Investor Protection Fund has been established in China. According to the *Interim Measures for the Administration of Futures Investors Protection Funds*, the Fund is designed to compensate losses of investors in situations where margin gap occurs due to inadequate risk control or serious violations committed by futures companies.

**2.7.2.4 Risk Management Indicators**

Futures companies must maintain on-going compliance with an appropriate set of risk supervision indicators. According to the *Interim*

*Measures for the Administration of Risk Supervision Indicators for Futures Companies* released by CSRC on April 19, 2007, futures companies are required to be constantly compliant with the following risk management indicators:

- Net capital not less than RMB 15 million;
- Net capital not less than 6% of client total equity;
- Average net capital of an operating outlet (total net capital/number of operating outlets) not less than RMB 3 million;
- Ratio of net capital to net assets not less than 40%;
- Ratio of current assets to current liabilities not less than 100%;
- Ratio of issued debt to net assets not more than 150%;
- Possess the required minimum settlement reserves.

Futures companies which have entrusted intermediaries to provide business development services must maintain net capital of no less than RMB 30 million. For those futures companies engaged in transaction clearing services, net capital should not be less than RMB 45 million. Net capitals for futures companies engaged in the general clearing business should meet the following criteria: 1) not less than RMB 90 million; 2) not less than 6% of the sum of total client equity and the equity of non-clearing members for whom it acts as the clearing agent or of the clients of the non-clearing members.

## 2.8 Supervision of Accounting and Financial Information Disclosure

### 2.8.1 Convergence of the *China Accounting Standards for Business Enterprises* and International Accounting Standards

The Ministry of Finance promulgated the new *China Accounting Standards for Business Enterprises* (CAS) in February 2006. The CAS is comprised of one Basic Standard, 38 specific standards as well as application guidance, interpretation bulletins, guidance and experts' suggestions on implementation. The revised CAS has achieved substantial convergence with International Accounting Standards. Following the joint communiqué on convergence of accounting standards signed between China Accounting Standards Committee and the International Accounting Standards Board (IASB) in 2006, China Accounting Standards Committee signed the joint communiqué on equivalence of accounting standards between Hong Kong and the mainland of China with the Hong Kong Society of Accountants in December 2007. In September 2009, the Ministry of Finance of PRC issued the *Roadmap on the Ongoing and Comprehensive Convergence of CAS and International Financial Reporting Standards* (draft); in October 2009,

World Bank completed a ROSC (Report on Observance of Stands and Codes) assessment of China's accounting and auditing, and affirmed the making and execution of China's accounting and auditing guidelines. Those all prove the substantial progress China has made in its accounting standards equivalence. Similar work related to the equivalence of accounting standards between China and USA is also under way. The equivalence of the Chinese accounting standards with those of other offshore places where the Chinese companies are listed will allow the Chinese companies' financial statement prepared according to Chinese accounting standards to be accepted by overseas capital markets, and thus effectively promote cross-border economic activities and enhance international regulatory cooperation.

In terms of the regulation on the implementation of the accounting guidelines, CSRC established a comprehensive and dynamic regulation system incorporating three levels of entities, the relevant CSRC departments, CSRC regional offices and stock exchanges, to comprehensively strengthen the supervision on the implementation of accounting standards. Since the implementation of the new accounting standards, CSRC has been constantly encouraging listed companies to pursue sounder internal control and stronger self-discipline. In 2009, CSRC has improved the consultation and feedback mechanisms concerning significant accounting issues, and has harmonized accounting regulatory criteria by issuing regulatory letters and distributing *Questions and Answers on the Regulation of Listed Companies' Enforcement of Accounting Standard.* CSRC continues to maintain close communication and coordination with the accounting-standard-setting bodies to ensure effective implementation of accounting standards and a better quality of accounting information in capital markets.

### 2.8.2 Standardise for Financial Information Disclosure of Listed Companies

Listed companies shall disclose relevant financial information in regular reports in accordance with corresponding requirements for accounting information disclosure enacted by CSRC. In the current disclosure system, standards for the disclosure involving financial information cover the general provisions for financial reporting, the calculation and disclosure of return on equity and earnings per share, non-standard unqualified audit opinion and the handling of relevant matters, as well as the correction and disclosure of accounting information. In addition, instructions are made to the contents engaging non-recurring gains and losses, executive incentive funds, offsets to accumulated deficit, accounting estimate differences, etc. by way of explanatory information disclosure announcements.

### 2.8.3 Chief Accountant Joint Meeting System

CSRC set up the Chief Accountant Joint Meeting System in 2007. The meeting was convened by CSRC Chief Accountant and attended by representatives from 12 departments of CSRC, including Department of Public Offering Supervision and Department of Listed Companies Supervision, as well as from Shanghai and Shenzhen Stock Exchanges. The meeting provides a platform to enhance communication and coordination among securities supervisory bodies and improve the quality of financial information disclosure in the capital market.

### 2.8.4 Accounting Expertise Group of the Securities Regulatory System

In 2005, accounting expertise groups (hereafter referred as accounting groups) were set up in CSRC regional offices, securities exchanges and futures exchanges as well as China Securities Depository and Clearing Company Limited (SD&C). In 2008, the framework of the accounting groups was refined. CSRC Department of Accounting takes charge of setting professional accounting standards for the securities regulatory system and providing technical guidance and coordination. The accounting groups are non-administrative institutions committed to professional accounting regulation of the securities market, with their main tasks as follows: communicating critical issues and problems detected during the day-to-day supervision, setting unified standards for the handling of related issues; convening accounting expertise conferences on regular basis to announce critical issues and problems in the implementation of accounting standards and systems in search of corresponding handling criteria; organizing professional accounting training within the securities regulatory system to enhance the expertise of securities regulation staff. Since their founding, the accounting groups have contributed to unified professional accounting regulatory standards, coordinated regulatory systems and professional qualifications for the staff, all conducive to stronger accounting regulation, quality accounting information of listed companies as well as stable and sound growth of the capital market.

## 2.9 Supervision of Auditing and Assets Evaluation

### 2.9.1 Convergence of China Auditing Standards and International Auditing Standards

At the end of 2005, China Auditing Standards Committee signed a joint statement with the International Auditing and Assurance Standards Board (hereinafter referred to as IAASB) in which efforts and significant progress made by China in facilitating the convergence of national and international standards are commended. In early 2006, the Ministry of Finance promulgated the *Fundamental Standards of Assurance Business of Certified Public Accountants in China*. The document incorporates the fundamental rules and core processes of international auditing standards, and conforms to the international standards in important aspects such as objectives and principles of auditing, risk evaluation and response, auditing proof access and analysis, auditing conclusion forming and reporting, and CPA professional obligations. At the end of 2007, China Auditing Standards Committee issued, with the Hong Kong Institute of Certified Public Accountants, a joint statement that the auditing standards of the Chinese mainland and Hong Kong are equally effective. On November 3rd, 2009, the International Federation of Accountants (IFAC) stated in its *International Standards on Auditing (ISA) Adoption Chart* that China has basically adopted the ISAs and the necessary adjustments made to them are consistent with the policies published by IAASB.

Since 2009 when the clarified ISAs have been developed, the Chinese Institute of Certified Public Accountants (CICPA) has been revising Chinese accounting standards in a comprehensive manner with an emphasis on responding to the new changes in the ISAs in order to ensure that Chinese standards continue to converge with the ISAs on all fronts. The final new set of auditing standards is expected to be issued in October 2010.

### 2.9.2 Jurisdiction-based Regulation Responsibility System of Auditing and Evaluating Agencies

In 2009, CSRC revised the document entitled *Regulation Responsibility System on Relevant Business of Securities and Futures of Accounting Firms and Assets Evaluating Agencies* (hereinafter referred to as the jurisdiction-based regulation responsibility system). The revision further improves the unique model of auditing oversight, i. e. the jurisdiction-based regulation responsibility system.

Within the framework of the jurisdiction-based regulation responsibility system, CSRC Department of Accounting is responsible for organizing teams of inspectors for all-round and specialized inspections and ongoing monitoring of accounting firms and assets evaluation agencies with qualifications of securities and futures business (hereinafter referred to as auditors and evaluators). The regular all-round inspections focus on internal management, quality control system of business, and quality of professional practices with the following key areas: 1) legality and effectiveness of internal management; 2) integrity and effectiveness of quality control systems of business; 3) quality of professional practices in specific projects. The specialized inspections arise from specific needs to address the above-mentioned issues.

CSRC Regional Offices are responsible for inspections of the quality of professional practices in specific projects with a focus on the issue whether auditors and evaluators have implemented necessary auditing (evaluation) processes, obtained adequate and appropriate evidence of auditing (evaluation), and formed the right auditing opinions (evaluation conclusion) in accordance with the *Practice Guidelines on China's Certified Public Accountants* and the *Guidelines on Assets Evaluation*. During the inspections, relevant agencies with qualifications of securities and futures business can be covered, and the internal management and quality control systems of business can also be covered if necessary.

CSRC Department of Accounting carries out its all-round inspections about every three years covering all auditors (evaluators) while overseeing them on a daily basis. Regional Offices of CSRC launch inspections on auditors (evaluators) within their respective jurisdictions on an annual basis so that regulation is ongoing and comprehensive with no loopholes left.

### 2.9.3 Regulation Information System

CSRC installs an information system for regulating auditors (evaluators) in order to enhance the transparency of regulation and obtain constant and real-time information flows from auditors (evaluators). Information can be grouped into two parts, information on staff and business of auditors (evaluators) and information on inspection by regulators (notices and reports on inspection, etc. are included), on regulation measures, administrative penalties, and market bans taken against the auditors (evaluators).

### 2.9.4 Cross-border Regulation Cooperation

CSRC has always been paying great attention to international cooperation on regulation of capital markets and auditing. In April 2007, CSRC became a signatory of IOSCO MMOU. In 2009, CSRC worked with the Ministry of Finance to draft a plan for trial operation of auditing business by Chinese Mainland firms for H-share companies, which drives the development of accounting firms incorporated in Chinese Mainland. On the basis of mutual respect of sovereignty and legal systems, equality, and mutual trust, CSRC coordinates with the Ministry of Finance and other relevant authorities to work actively with the Public Company Accounting Oversight Board (PCAOB) and the European Union as well as other international accounting regulation authorities to launch cross-border cooperation negotiations so as to enhance collaboration on regulation.

## 2.10 Securities Law Enforcement System

In 2009, CSRC continues to implement the new system of law enforcement and the *Guidelines for Division and Coordination of Duties in Enforcement Work*. Enforcement Bureau (Chief Enforcement Office), Enforcement Contingent and regional offices of CSRC work together on their clearly defined responsibilities, and the Commission on Administrative

Penalties is solely responsible for trials of related cases. Hallmarks of centralized deployment, fast response, orderly coordination, and efficient functioning have taken shape. Securities law enforcement procedures are depicted in Figure 2-2.

### 2.10.1 Case Investigation

CSRC Enforcement Bureau is entitled to file and investigate cases. The Chief Enforcement Officer is responsible for centralized coordination and guidance of the enforcement across CSRC. The Enforcement Bureau (Chief Inspectorate Office) takes charge to develop laws and regulations as well as rules and provisions for law enforcement of securities and futures, organize non-official investigations, put cases on file or withdraw cases, investigate and handle major cases, coordinate, direct and monitor the investigation into cases and the related work, review case investigation reports, arrange unified case releases, coordinate handling of cross-border cases, fight against money laundering within the sector, impose compulsory procedures for border control, seal up and freezing, organize and coordinate the implementation of administrative discipline, arrange enforcement training, appraisal and rewards, as well as conduct statistics of cases. The Enforcement Contingent takes charge of major cross-regional cases as well as emergent, sensitive and complex cases, and the investigation, internal hearing and transfer and relevant subject research of cases filed as well as the training of officials of the Corps. The dispatched offices are responsible for case-filing and survey of the violations of market entities within their respective administrative areas, collaborating in investigation and anti-money laundering, and the implementation of administrative discipline.

### 2.10.2 Case Trial

All cases shall be heard by CSRC Administrative Penalty Committee established in 2007. The Committee is responsible for establishing the principles by which violations of securities laws and regulations are defined and handled, hearing cases transferred from investigation departments and hosting hearings according following legal procedure and proposing administrative penalties. The Committee Office is the standing organization for handling daily matters. The Committee and its standing office are staffed by 20 people (including committee members).

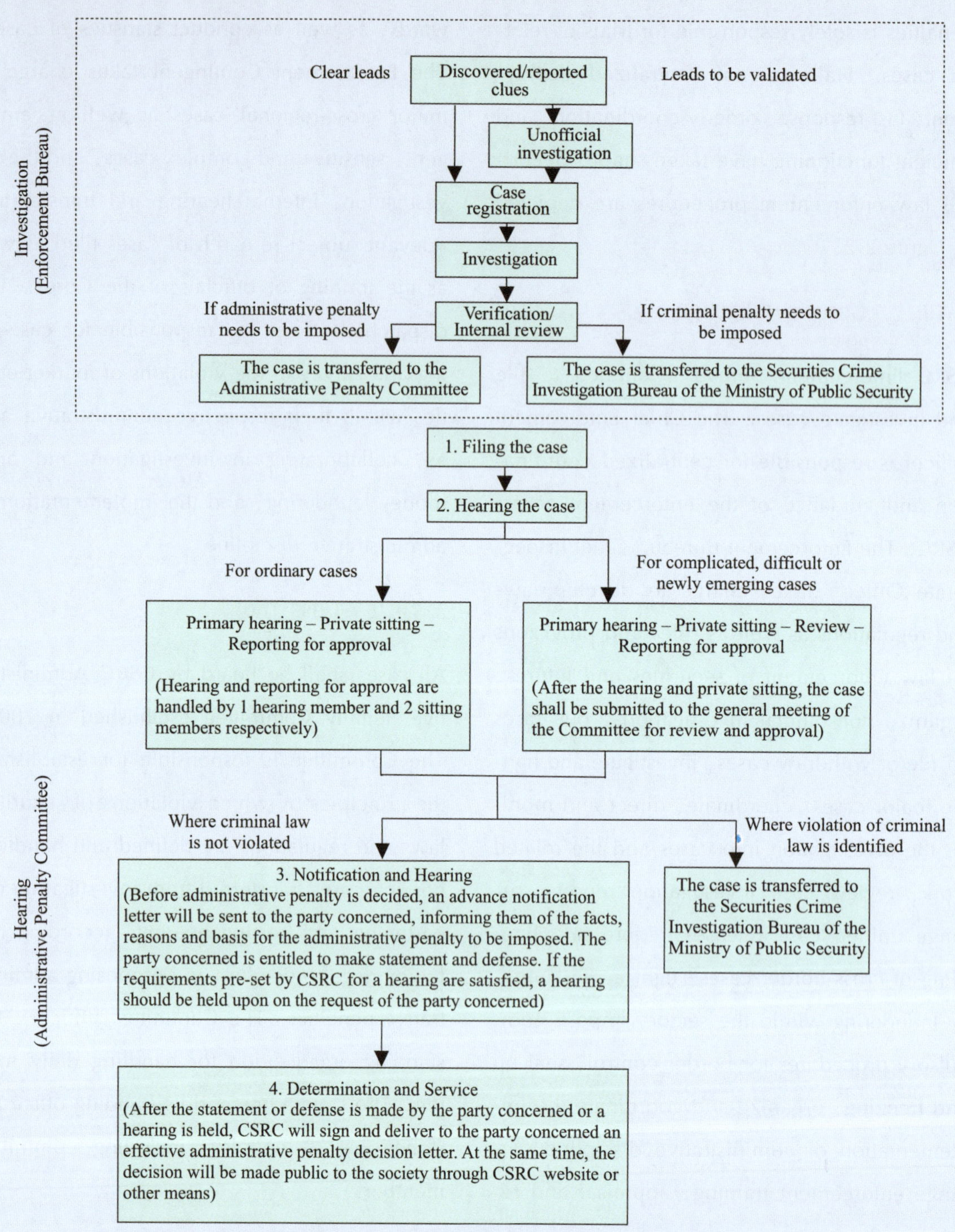


Figure A2 Procedures of Securities Enforcement

# Appendix 3 Introduction of Self-regulatory Organizations

## 3.1 Shanghai Stock Exchange

Shanghai Stock Exchange (hereafter referred to as SSE) was founded on November 26th, 1990. As of the end of 2009, SSE has a total of 870 listed companies, 1 351 listed stocks with RMB 18.47 trillion of combined market capitalization, RMB 34.65 trillion of stocks turnover, and RMB 334.32 billion of total raised capital. In terms of membership, SSE has 107 securities firm members and 7 domestic and overseas special members.

SSE comprises 21 functional departments including Trading Management Department, Company Management Department, Offering and Listing Department, Membership Department, Bonds & Funds Department, Market Surveillance Department, Products Development Department, Legal Affairs Department, Global Business Development Department, Technology Center, Information Center and Research Center in addition to 2 subsidiaries, i.e. Shanghai Securities Telecommunication Co. Ltd and SSE InfoNet Co. Ltd.

Securities listed on the SSE are traded through an electronic bidding system characterized by the public price competition and the automatic order matching according to the principle of "price priority and time priority" via the mainframe computer. Currently the mainframe trading system is capable of processing 180 million orders and executing 180 million transactions for A-Share trading while handling 4 million orders and executing 11 million transactions for B-Share trading on a daily basis. The continuous processing capability is at a speed of 85 000 transactions per second. Futhermore, SSE's trading system is able to handle block transaction as well as quotes and contract orders transaction of fixed income products.

## 3.2 Shenzhen Stock Exchange

Shenzhen Stock Exchange (hereafter referred to as SZSE), founded on 1 December 1990, is committed to building a multi-layer capital market system. Currently SZSE boasts the Main Board, the SME Board, the Growth Enterprise Board as well as the stock transfer agent system.

By the end of 2009, SZSE had a total of 1 165 listed securities with the market capitalization totaling approximately RMB 9. 3 trillion, and a total value for its 830 listed companies of RMB 5. 9 trillion, where the total value for 467 companies on Main Board, 327 companies on SME Board and 36 companies on Growth Enterprise Board respectively standing at RMB 4. 08 trillion, RMB 1. 69 trillion and RMB 160 billion. The stock transfer agent system had 114 listed companies in total.

SZSE spares no effort in advancing product innovation. In addition to the existing 872 stocks, it has developed 55 funds (including 20 CEFs, 33 LOFs and 2 ETFs), 237 bonds (including 66 corporate bonds, 168 treasury bonds and 3 convertible bonds), 7 ABSs and 1 warrant.

## 3. 3 China Financial Futures Exchange

With the approval of the State Council and CSRC, China Financial Futures Exchange (CFFEX) was founded on 8 September 2006 jointly by Shanghai Futures Exchange, Zhengzhou Commodity Exchange, Dalian Commodity Exchange, Shanghai Stock Exchange and Shenzhen Stock Exchange.

The first financial futures product of CFFEX is the CSI 300 Index Futures. Later on, CFFEX will launch other market-oriented products of index futures and options as well as to conduct in-depth R&D in terms of derivatives such as futures and options of treasury bonds and foreign exchanges so as to diversify the financial derivatives market.

## 3. 4 Shanghai Futures Exchange

Shanghai Futures Exchange (SHFE) was founded in December 1999, combining the previous Shanghai Metal Exchange, Shanghai Cereals and Oils Exchange and Shanghai Commodity Exchange. Currently SHFE has 8 categories of futures contracts on commodities including gold, copper, aluminum, zinc, steel rebar, steel wire rod, fuel oil and natural rubber.

Currently, SHFE has over 200 members (over 81% of which are futures brokers) and 26 designated delivery warehouses. SHFE operates more than 400 remote trading terminals across the country. In 2009, SHFE's trading volume amounted to 869. 73 million contracts, while its trading value reached RMB 73. 8 trillion, with an increase of 210. 03% and 155. 47% respectively compared with the previous year.

## 3.5 Dalian Commodity Exchange

Dalian Commodity Exchange (DCE) was founded on 28 February 1993. Since its establishment, with its sound operation and steady development, DCE has become an important futures trading center in China. Currently, DCE's listed futures products include corn, soybean No. 1, soybean No. 2, soybean meal, soybean oil, RBD palm oil, LLDPE and PVC.

By the end of 2009, DCE had 189 member firms, 130 designated delivery warehouses and 920,000 investors accounts. In 2009, DCE's trading volume reached 833.56 million contracts, and its trading value amounted to RMB 37.6 trillion. They represent an annual growth of 30.59% and 36.96% respectively.

## 3.6 Zhengzhou Commodity Exchange

Zhengzhou Commodity Exchange (ZCE), the first experimental futures market approved by the State Council, was established on October 12, 1990. In August, 1998, ZCE was designated by the State Council as one of the three futures exchanges in China. The "ZCE Price" has been playing an increasing role in implementing the State macro-control policies and enhancing the stability of the Chinese economy.

In 2009, the annual trading volume at ZCE reached 454.14 million, while the total turnover value was RMB 19.1 trillion, representing a year-on-year growth of 2.04% and 22.83% respectively.

## 3.7 Securities Association of China

Securities Association of China (SAC) was founded on August 28, 1991 as a national self-regulatory organization for securities industry and a non-profit social institutional legal person, functioning under the guidance and supervision of the China Securities Regulatory Commission and the Ministry of Civil Affairs of China. The highest authority of SAC is the Member General Meeting and the Board of Directors is the executive body. SAC operates under the Chairman Accountability System. The Board of Directors is composed of member directors and non-member directors. The Standing Committee of the Board, which consists of the chairperson, vice chairpersons, secretary-general and non-member standing directors, takes charge of daily operation of the Board of Directors.

The missions of SAC are: to conduct self-regulation over the securities industry under the centralized government supervision and administration; to bridge between the government and the securities industry; to provide services to members and protect the lawful rights and interests of members; and to maintain fair competition order in securities industry, promote transparency, fairness and equitability of the securities market and push forward the healthy and steady development of the securities market.

As of the end of 2009, SAC had 327 members in total, including 107 securities companies, 61 fund management companies, 95 securities investment consulting institutions, 5 credit rating institutions, 3 assets managements companies and 56 special members 2 stock exchanges, 1 securities depository and clearing company, 17 fund custodian institutions and 36 local securities associations.

## 3.8 China Futures Association

China Futures Association (CFA) was founded on December 29, 2000 as a national self-regulatory organization for the futures industry and a non-profit social institutional legal person. CFA operates under the Chairman Accountability System. The highest authority of CFA is the General Meeting of Members with the Board of Directors as its standing executive body during the closing period of the General Assembly. The Board of Directors, composed of member directors, special member directors and non-member directors, includes five specialized committees (the deliberative organ of the Board) respectively taking charge of discipline, complaint, information technology, R&D, and futures analysts. CFA has seven departments, namely, general office, member service, training, R&D, compliance, examination and certification, and information technology.

The missions of CFA are: to conduct self-regulation over the futures industry under the centralized government supervision and administration; to bridge between the government and the futures industry so as to provide services to members and to protect the lawful rights and interests of members; to promote transparency, fairness and equitability of the futures market; to maintain fair competition order in futures industry and protect the interests of investors; and to push forward the orderly, healthy and steady development of China's futures market.

By the end of 2009, the CFA consisted of 201 institutional members, including 4 special members (futures exchanges), 33 local futures associations as liaison members and 164 futures company members.

## 3.9 China Securities Depository and Clearing Corporation Limited

China Securities Depository and Clearing Corporation Limited (hereafter referred to as SD&C) founded on March 30, 2001 is a non-profit corporation committed to safeguarding the securities depository and clearing system, which is the main infrastructure of the securities market as well as the background hub to support and ensure the stable market operation. Following the relevant provisions of the *Securities Law* and the *Administrative Measures for Securities Depository and Clearing*, SD&C *performs its duties in the establishment and management of securities accounts, centralized securities depository as well as other functions in accordance with the law, and provides various clearing services through the clearing participants, including multilateral netting settlement and gross settlement.*

*As of the end of* 2009, *SD&C* managed approximately 140. 2788 million investor accounts and 2 240 registered securities for depository with the market value totaling nearly RMB 25. 21 trillion, while the average daily transfers of securities amounted to 28. 9737 million, and the average daily settlement footings accounted for RMB 777. 059 billion.

## 3.10 China Securities Investor Protection Fund Corporation Limited

The *Administrative Measures for the Securities Investor Protection Fund* were jointly promulgated in June 2005 by CSRC, Ministry of Finance and People's Bank of China upon the approval of the State Council, in which permission was granted for establishing a protection fund corporation solely funded by the State; the articles of corporation thereof were also approved. On August 30, 2005, China Securities Investor Protection Fund Corporation Limited (hereafter referred to as CSIPF) was registered with the State Administration for Industry and Commerce, and Ministry of Finance under the State Council allocated RMB 6. 3 billion in full as CSIPF's registered capital. It is a non-profit corporation under CSRC administration.

The main tasks of CSIPF include: raising, managing and operating the Securities Investor Protection Fund; monitoring the risks of securities companies and engaging in the risk disposal of securities companies; compensating for creditors of securities companies canceled, closed or going bankrupt, or subject to mandatory regulatory measures of CSRC, such as administrative reception, entrusted operation, etc. in accordance with relevant policies and regulations of the state; arranging or engaging in the liquidation of securities companies canceled, closed or going bankrupt; managing and disposing compensable properties to safeguard the rights and interests of the Fund; giving proposals for regulation and disposal to CSRC on detecting material risks in management of securities companies likely to damage the interests of investors as well as the safety of the securities market; cooperating with the relevant authorities in setting up a corrective mechanism to curb potential operating risks of securities companies. In recent years, in accordance with the unified arrangements of the CSRC senior management, CSIPF has highlighted the investor protection with successive establishment of investor call center, investor survey center and investor education center, while a long-term investor protection mechanism has taken shape, incorporating survey, education, service and compensation for investors to provide them with long-term effective protection.

## 3.11 China Futures Margin Monitoring Center Co. Ltd.

China Futures Margin Monitoring Center Co., Ltd. (hereafter referred to as CFMMC), established upon CSRC resolution and State Council approval, and co-sponsored by Shanghai Futures Exchange, Zhengzhou Commodity Exchange and Dalian Commodity Exchange, is a non-profit corporation registered with the State Administration for Industry and Commerce on March 16, 2006. CFMMC is subject to CSRC leadership, supervision and administration. The main functions of CFMMC are as follows:

◆ Developing a monitoring and early warning mechanism for futures margin to timely detect relevant safety risks and report them to regulatory authorities, while providing futures investors with transaction clearing information inquiry and other services;

◆ Escrowing the safeguard funds for futures investors and engaging in the risk disposal of futures companies;

◆ Assuming the construction of the surveillance and supervision system of the futures market as well as the surveillance, supervision and analysis of the futures market operation; and

◆ Building a unified and nation-wide account-opening system.

CHINA SECURITIES REGULATORY COMMISSION ANNUAL REPORT

# Tables

## Table 1 Key Statistics of China's Securities Market (1999-2009)

| Metrics \ Year | 1999 | 2000 | 2001 | 2002 | 2003 | 2004 | 2005 | 2006 | 2007 | 2008 | 2009 |
|---|---|---|---|---|---|---|---|---|---|---|---|
| No. of onshore listed company (A and B share) | 949 | 1 088 | 1 160 | 1 224 | 1 287 | 1 377 | 1 381 | 1 434 | 1 550 | 1 625 | 1 718 |
| No. of onshore foreign-invested listed company (B share) | 108 | 114 | 112 | 111 | 111 | 110 | 109 | 109 | 109 | 109 | 108 |
| No. of offshore listed company | 46 | 52 | 60 | 75 | 93 | 111 | 122 | 143 | 148 | 153 | 159 |
| Total outstanding shares (100 million shares) | 3 088. 95 | 3 791. 71 | 5 218. 01 | 5 875. 45 | 6 428. 46 | 7 149. 43 | 7 629. 51 | 14 926. 35 | 22 416. 85 | 24 522. 85 | 26 162. 85 |
| Including: free float (100 mln) | 1 079. 65 | 1 354. 26 | 1 813. 17 | 2 036. 90 | 2 269. 92 | 2 577. 18 | 2 914. 77 | 3 444. 50 | 10 331. 52 | 12 578. 91 | 19 759. 53 |
| Total Mkt. Cap. (RMB 100 mln) | 26 471. 17 | 48 090. 94 | 43 522. 20 | 38 329. 12 | 42 457. 72 | 37 055. 57 | 32 430. 28 | 89 403. 89 | 327 140. 89 | 121 366. 44 | 243 939. 12 |
| Including: free float Mkt. Cap. (RMB 100 mln) | 8 213. 97 | 16 087. 52 | 14 463. 17 | 12 484. 55 | 13 178. 52 | 11 688. 64 | 10 630. 53 | 25 003. 64 | 93 064. 35 | 45 213. 9 | 151 258. 65 |
| Turnover value (RMB 100 mln) | 31 319. 60 | 60 826. 65 | 38 305. 18 | 27 990. 46 | 32 115. 27 | 42 333. 95 | 31 663. 16 | 90 468. 92 | 460 556. 22 | 267 112. 64 | 535 986. 74 |
| Shanghai Stock Composite Index (closing price) | 1 366. 58 | 2 073. 48 | 1 645. 97 | 1 357. 65 | 1 497. 04 | 1 266. 50 | 1 161. 06 | 2 675. 47 | 5 261. 56 | 1 820. 81 | 3 277. 14 |
| Shenzhen Stock Composite Index (closing price) | 402. 18 | 635. 73 | 475. 94 | 388. 76 | 378. 62 | 315. 81 | 278. 74 | 550. 59 | 1 447. 02 | 553. 30 | 1201. 34 |
| No. of securities accounts (10 000) | 4 810. 63 | 6 154. 53 | 6 965. 90 | 7 202. 16 | 7 344. 41 | 7 215. 74 | 7 336. 07 | 7 849. 27 | 13 887. 02 | 15 198. 01 | 17 149. 67 |
| Exchange traded funds turnover (RMB 100 mln) | 18 284. 12 | 19 119. 16 | 20 417. 76 | 33 249. 53 | 62 136. 36 | 50 323. 50 | 28 367. 85 | 18 279. 32 | 20 667. 21 | 28 601. 49 | 38 812. 72 |
| No. of securities investment funds | 16 | 34 | 51 | 71 | 95 | 161 | 218 | 307 | 346 | 439 | 557 |
| Securities investment funds size (RMB 100 mln) | 505. 00 | 560. 00 | 811. 26 | 1 330. 36 | 1 632. 76 | 3 308. 79 | 4 714. 92 | 6 220. 69 | 22 339. 84 | 25 741. 25 | 24 535. 89 |
| Securities investment funds turnover (RMB 100 mln) | 1 623. 12 | 2 465. 79 | 2 561. 88 | 1 166. 58 | 682. 65 | 728. 58 | 773. 13 | 1 879. 05 | 8 620. 10 | 5 831. 06 | 10 249. 58 |
| Total futures trading volume (10 000 lot) | 7 363. 91 | 5 461. 07 | 12 046. 35 | 13 943. 37 | 27 992. 43 | 30 569. 76 | 32 287. 41 | 44 947. 41 | 72 800 | 136 396 | 215 743 |
| Total futures turnover (RMB 100 mln) | 22 343. 01 | 16 082. 29 | 30 144. 98 | 39 490. 28 | 108 396. 59 | 146 935. 32 | 134 462. 71 | 210 046. 32 | 410 000. 00 | 719 173. 35 | 1 305 107. 20 |

*Note: 1. Source: CSRC, various stock exchanges and futures exchanges in China;*

*2. Metrics for shares listed above include both A share and B share.*

## Table 2 List of Foreign-invested Securities Companies

| No. | Name | Foreign Partners |
|---|---|---|
| 1 | China International Capital Corporation Ltd. | Morgan Stanley International |
| 2 | BOC International (China) Ltd. | BOC International Holdings. |
| 3 | Everbright Securities Co., Ltd. | China Everbright Ltd. |
| 4 | Fortune CESL | CLSA ECM Ltd. |
| 5 | Daiwa SMBC-SSC Securities Co., Ltd. | Daiwa Securities |
| 6 | Goldman Sachs Gaohua Securities Co., Ltd. | Goldman Sachs |
| 7 | UBS Securities Co., Ltd. | UBS AG |
| 8 | Credit Suisse Founder Securities Ltd. | Credit Suisse |
| 9 | Zhong De Securities Co., Ltd. | Deutsche Bank |

Note: With CSRC's approval, BNP Paribas, as the foreign partner of Changjiang BNP Paribas Peregrine Securities Co., Ltd., transferred its entire 33% stake to Changjiang Securities on 8 Dec. 2006, therefore turning Changjiang BNP Paribas Peregrine Securities Co., Ltd. a wholly-owned subsidiary of Changjiang Securities Co., Ltd.

## Table 3 List of Foreign-invested Fund Management Companies

| No. | Name | Foreign Partners |
|---|---|---|
| 1 | China Merchants Fund Management Co., Ltd. | ING Group |
| 2 | Fortune SGAM Fund Management Co., Ltd. | SG Asset Management Co. |
| 3 | Guotai Junan Allianz Fund Management Co., Ltd. | Allianz AG |
| 4 | Fortis Haitong Investment Management Co., Ltd. | Fortis Investment Management |
| 5 | Invesco Great Wall Fund Management Co., Ltd. | Invesco Asset Management |
| 6 | Fullgoal Fund Management Co., Ltd. | BMO Financial Group |
| 7 | ABN AMRO TEDA Fund Management Co., Ltd. | ABN-AMRO Asset Management (Asia) Limited |
| 8 | Everbright Pramerica Fund Management Co., Ltd. | Pramerical Investment Management |
| 9 | SYWG BNP Paribas Asset Management Co., Ltd. | BNP Paribas Asset Management |
| 10 | China International Fund Management Co., Ltd. | J. P. Morgan Asset Management (U. K.) Ltd. |
| 11 | Bank of China Investment Management Co., Ltd. | BlackRock, Inc. |
| 12 | Franklin Templeton Sealand Fund Management Co., Ltd. | Franklin Templeton Investments |
| 13 | AIG-Huatai Fund Management Co., Ltd. | AIG Global Investment Corp. |
| 14 | UBS SDIC Fund Management Co., Ltd. | UBS |
| 15 | Harvest Fund Management Co., Ltd. | Deutsche Assets Management |
| 16 | ICBC Credit Suisse Asset Management Co., Ltd. | Credit Suisse |
| 17 | Bank of Communications Schroder Fund Management Co., Ltd. | Schroder Investment Management Ltd. |
| 18 | CITIC-Prudential Fund Management Co., Ltd. | Prudential Group |
| 19 | CCB Principal Asset Management Co., Ltd. | Principal Financial Services, Inc. |
| 20 | HSBC Jintrust Fund Management Co., Ltd. | HSBC Global Asset Management |
| 21 | First State CINDA Fund Management Co., Ltd. | Colonial First State Group Ltd. |
| 22 | LORD ABBETT CHINA Fund Management Co., Ltd. | Lord Abbett & Co. LLC |

Continued

| No. | Name | Foreign Partners |
|---|---|---|
| 23 | Lombarda China Fund Management Co. , Ltd. | Unione di Banche Italiane S. c. p. a. |
| 24 | KBC-GOLDSTATE Fund Management Co. , Ltd. | KBC Asset Management Group |
| 25 | Changsheng Fund Management Co. , Ltd. | DBS Asset Management |
| 26 | Penghua Fund Management Co. , Ltd. | Eurizon Capital SGR S. p. A. |
| 27 | Rongtong Fund Management Co. , Ltd. | Nikko Asset Management Co. , Ltd. |
| 28 | AXA SPDB Investment Managers Co. , Ltd. | AXA Investment Managers |
| 29 | AEGON-INDUSTRIAL Fund Management Co. Ltd. | AEGON International N. V. |
| 30 | ABC-CA Fund Management Co. , Ltd. | Credit Agricole Asset Management |
| 31 | Morgan Stanley Huaxin Fund Management Co. , Ltd. | Morgan Stanley International Holdings Inc. |
| 32 | Minsheng Royal Fund Management Co. , Ltd. | Royal Bank of Canada |
| 33 | Zhonghai Fund Management Co. , Ltd. | Lacompagnie Financiere Edmond De Rothschild Banque |
| 34 | Guotai Asset Management CO. , Ltd. | Assicurazioni Generali S. p. A. |

## Table 4 List of Foreign-invested Futures Companies

| | Domestic Futures Companies | Foreign Partners |
|---|---|---|
| 1 | Galaxy Futures Brokerage Co. , Ltd. | RBS Asia Futures Limited |
| 2 | CITIC Newedge Futures Brokerage Co. , Ltd. | Newedge Broker Hong Kong Ltd. |
| 3 | J. P. Morgan Futures Co. , Ltd. | JP Morgan Broking (Hong Kong) Limited |

## Table 5 List of QFIIs

| No. | Name of QFII | Approval Date | Registration Place |
|---|---|---|---|
| 1 | UBS AG | 23 May 2003 | Switzerland |
| 2 | Nomura Securities Co. , Ltd. | 23 May 2003 | Japan |
| 3 | Citigroup Global Markets Ltd. | 5 Jun 2003 | United Kingdom |
| 4 | Morgan Stanley & Co. International Ltd. | 5 Jun 2003 | United Kingdom |
| 5 | Goldman, Sachs & Co. | 4 Jul 2003 | United States |
| 6 | Deutsche Bank AG | 30 Jul 2003 | Germany |
| 7 | Hong Kong and Shanghai Banking Corp. Ltd. | 4 Aug 2003 | Hong Kong |
| 8 | ING Bank N. V. | 10 Sep 2003 | Netherlands |
| 9 | JPMorgan Chase Bank | 30 Sep 2003 | United States |
| 10 | Credit Suisse (Hong Kong) Ltd. | 24 Oct 2003 | Hong Kong |
| 11 | Nikko Asset Management Co. , Ltd. | 11 Dec 2003 | Japan |
| 12 | Standard Chartered Bank (Hong Kong) Ltd. | 11 Dec 2003 | Hong Kong |
| 13 | Hang Seng Bank Limited | 10 May 2004 | Hong Kong |
| 14 | Daiwa Securities SMBC Co. ,Ltd. | 10 May 2004 | Japan |
| 15 | Merrill Lynch International | 30 Apr 2004 | United Kingdom |
| 16 | Lehman Brothers International (Europe) | 6 Jul 2004 | United Kingdom |

Continued

| No. | Name of QFII | Approval Date | Registration Place |
|---|---|---|---|
| 17 | Bill & Melinda Gates Foundation | 19 Jul 2004 | United States |
| 18 | INVESCO Asset Management Ltd. | 4 Aug 2004 | United Kingdom |
| 19 | ABN AMRO Bank N. V. | 2 Sep 2004 | Netherlands |
| 20 | Société Générale | 2 Sep 2004 | France |
| 21 | Barclays Bank PLC | 15 Sep 2004 | United Kingdom |
| 22 | Dresdner Bank Aktiengesellschaft | 27 Sep 2004 | Germany |
| 23 | Fortis Bank SA/NV | 29 Sep 2004 | Belgium |
| 24 | BNP Paribas | 29 Sep 2004 | France |
| 25 | Power Corporation of Canada | 15 Oct 2004 | Canada |
| 26 | CALYON S. A. | 15 Oct 2004 | France |
| 27 | Goldman Sachs Asset Management International | 9 May 2005 | United Kingdom |
| 28 | Government of Singapore Investment Corporation | 25 Oct 2005 | Singapore |
| 29 | Martin Currie Investment Management Ltd. | 25 Oct 2005 | United Kingdom |
| 30 | AIG Global Investment Corp. | 14 Nov 2005 | United States |
| 31 | Temasek Fulllerton Alpha Pte Ltd. | 15 Nov 2005 | Singapore |
| 32 | JF Asset Management Ltd. | 28 Dec 2005 | Hong Kong |
| 33 | The Dai-ichi Mutual Life Insurance Company | 28 Dec 2005 | Japan |
| 34 | DBS Bank Ltd. | 13 Feb 2006 | Singapore |
| 35 | AMP Capital Investors Ltd. | 10 Apr 2006 | Australia |
| 36 | The Bank of Nova Scotia | 10 Apr 2006 | Canada |
| 37 | KBC Financial Products UK Ltd. | 10 Apr 2006 | United Kingdom |
| 38 | La Compagnie Financierr Edmond de Rothschild Banque | 10 Apr 2006 | France |
| 39 | Yale University | 14 Apr 2006 | United States |
| 40 | Prudential Asset Management(Hong Kong) Ltd. | 7 Jul 2006 | Hong Kong |
| 41 | Morgan Stanley Investment Management Inc. | 7 Jul 2006 | United States |
| 42 | Stanford University | 5 Aug 2006 | United States |
| 43 | GE Asset Management Incorporated | 5 Aug 2006 | United States |
| 44 | United Overseas Bank Ltd. | 5 Aug 2006 | Singapore |
| 45 | Schroder Investment Management Ltd. | 29 Aug 2006 | United Kingdom |
| 46 | HSBC Global Asset Management (Hong Kong) Ltd. | 5 Sep 2006 | Hong Kong |
| 47 | Shinko Securities Co. , Ltd. | 5 Sep 2006 | Japan |
| 48 | UBS Global Asset Management (Singapore) Ltd. | 25 Sep 2006 | Singapore |
| 49 | Sumitomo Mitsui Asset Management Co. , Ltd. | 25 Sep 2006 | Japan |
| 50 | Norges Bank | 24 Oct 2006 | Norway |
| 51 | Pictet Asset Management Limited | 25 Oct 2006 | United Kingdom |
| 52 | The Trustees of Columbia University in the City of New York | 12 Mar 2008 | United States |
| 53 | Prudential Asset Management Co. , Ltd. | 7 Apr 2008 | Korea |
| 54 | Rebeco Institutional Asset Management B. V. | 5 May 2008 | Netherlands |
| 55 | State Street Global Advisors Asia Ltd. | 16 May 2008 | Hong Kong |
| 56 | Platinum Investment Company Limited | 2 Jun 2008 | Australia |

Continued

| No. | Name of QFII | Approval Date | Registration Place |
|---|---|---|---|
| 57 | KBC Asset Management N. V. | 2 Jun 2008 | Belgium |
| 58 | Mirae Asset Global Investments Co. , Ltd. | 25 Jul 2008 | Korea |
| 59 | ACE INA International Holdings, Ltd. | 5 Aug 2008 | United States |
| 60 | Caisse de dépôt et placement du Québec | 22 Aug 2008 | Canada |
| 61 | President and Fellows of Harvard College | 22 Aug 2008 | United States |
| 62 | Samsung Investment Trust Management Co. , Ltd. | 25 Aug 2008 | Korea |
| 63 | Alliance Bernstein Limited | 28 Aug 2008 | United Kingdom |
| 64 | Oversea-Chinese Banking Corporation Limited | 28 Aug 2008 | Singapore |
| 65 | First State Investment Management (UK) Limited | 11 Sep 2008 | United Kingdom |
| 66 | DAIWA Asset Management Co. | 11 Sep 2008 | Japan |
| 67 | Shell Asset Management Company B. V | 12 Sep 2008 | Netherlands |
| 68 | T. Rowe Price International, Inc. | 12 Sep 2008 | United States |
| 69 | Société Générale Asset Management SA | 14 Oct 2008 | France |
| 70 | Credit Suisse | 14 Oct 2008 | Switzerland |
| 71 | UOB Asset Management LTD | 28 Nov 2008 | Singapore |
| 72 | ABU Dhabi Investment Authority | 3 Dec 2008 | United Arab Emirates |
| 73 | Allianz Global Investors Luxembourg S. A. | 16 Dec 2008 | Luxemburg |
| 74 | Capital International, Inc. | 18 Dec 2008 | United States |
| 75 | Mitsubishi UFJ Securities Co. , Ltd. | 29 Dec 2008 | Japan |
| 76 | Hanwha Investment Trust Management Co. , Ltd. | 5 Feb 2009 | Korea |
| 77 | Emerging Markets Management, L. L. C. | 10 Feb 2009 | United States |
| 78 | DWS Investment S. A. | 24 Feb 2009 | Luxemburg |
| 79 | The Korea Development Bank | 23 Apr 2009 | Korea |
| 80 | Woori Bank Co. , Ltd. | 4 May 2009 | Korea |
| 81 | Bank Negara Malaysia | 19 May 2009 | Malaysia |
| 82 | Lloyd George Management (Hong Kong) Limited | 27 May 2009 | Hong Kong |
| 83 | Templeton Investment Counsel, LLC | 5 Jun 2009 | United States |
| 84 | BEA Union Investment Management Limited | 18 Jun 2009 | Hong Kong |
| 85 | The Sumitomo Trust & Banking Co. , Ltd. | 26 Jun 2009 | Japan |
| 86 | Korea Investment Trust Management Co. , Ltd. | 21 Jul 2009 | Korea |
| 87 | Baring Asset Management Limited | 6 Aug 2009 | United Kingdom |
| 88 | Ashmore Investment Management Limited | 14 Sep 2009 | United Kingdom |
| 89 | BNY Mellon Asset Management International Limited | 6 Nov 2009 | United Kingdom |
| 90 | Manulife Asset Management (Hong Kong) Limited | 20 Nov 2009 | Hong Kong |
| 91 | Nomura Asset Management Co. , LTD | 23 Nov 2009 | Japan |
| 92 | Tongyang Investment Trust Management Co. , Ltd. | 11 Dec 2009 | Korea |
| 93 | Royal Bank of Canada | 23 Dec 2009 | Canada |
| 94 | Aviva Investors Global Services Limited | 28 Dec 2009 | United Kingdom |

## Table 6 List of QFIIs Custodian Banks

| No. | Name |
|---|---|
| 1 | HSBC Bank (China) Company Limited |
| 2 | CitiBank (China) Co., Ltd. |
| 3 | Standard Chartered Bank (China) Limited |
| 4 | Industrial & Commercial Bank of China |
| 5 | Bank of China |
| 6 | Agricultural Bank of China |
| 7 | Bank of Communications |
| 8 | China Construction Bank |
| 9 | China Everbright Bank |
| 10 | China Merchants Bank |
| 11 | Deutsche Bank |
| 12 | DBS Bank |
| 13 | China CITIC Bank |

## Table 7 List of Overseas Exchanges with Representative Offices in China

| No. | Name |
|---|---|
| 1 | Hong Kong Stock Exchange |
| 2 | New York Stock Exchange |
| 3 | NASDAQ |
| 4 | Tokyo Stock Exchange |
| 5 | Korea Exchange |
| 6 | Singapore Exchange Ltd. |
| 7 | London Stock Exchange |
| 8 | Deutsche Börse Group |

## Table 8 List of Domestic Securities Companies with Branches in Hong Kong

| No. | Name |
|---|---|
| 1 | GF Securities Co., Ltd. |
| 2 | Guotai Junan Securities Co., Ltd. |
| 3 | GuoYuan Securities Co., Ltd. |
| 4 | Haitong Securities Co., Ltd. |
| 5 | Huatai Securities Co., Ltd. |
| 6 | China Merchants Securities Co., Ltd. |
| 7 | China International Capital Corp. Ltd. |
| 8 | CITIC Securities Co., Ltd. |
| 9 | Shenyin Wanguo Securities Co., Ltd. |
| 10 | Ping An Securities Limited |
| 11 | Guosen Securities Co., Ltd. |
| 12 | Guodu Securities Co., Ltd. |
| 13 | Essence Securities Co., Ltd. |
| 14 | Orient Securities Co., Ltd. |

## Table 9 List of Domestic Fund Management Companies with Branches in Hong Kong

| No. | Name |
|---|---|
| 1 | China Southern Fund Management Co. , Ltd. |
| 2 | E Fund Management Co. , Ltd. |
| 3 | Harvest Fund Management Co. , Ltd. |
| 4 | China Asset Management Co. , Ltd |
| 5 | China Universal Asset Management Co. , Ltd. |
| 6 | Dacheng Fund Management Co. , Ltd |
| 7 | Bosera Asset Management Co. , Ltd. |

## Table 10 List of Domestic Futures Companies with Branches in Hong Kong

| No. | Name |
|---|---|
| 1 | Green Futures Co. , Ltd. |
| 2 | Yongan Futures Co. , Ltd. |
| 3 | GF Futures Co. , Ltd. |
| 4 | China International Futures Co. , Ltd. |
| 5 | Jinrui Futures Co. , Ltd. |
| 6 | Nanhua Futures Trading Co. , Ltd. |

## Table 11 List of Bilateral MOUs on Regulatory Cooperation between CSRC and its Counterparts

| No. | Date | Foreign Regulators | MOU Titles | Place |
|---|---|---|---|---|
| 1 | 19 Jun 1993 | Hong Kong Securities and Futures Commission | Memorandum of Regulatory Cooperation | Beijing |
| 2 | 28 Apr 1994 | U. S. Securities and Exchange Commission | MOU Regarding Cooperation, Consultation and the Provision of Technical Assistance | Beijing |
| 3 | 4 Jul 1995 | Hong Kong Securities and Futures Commission | Memorandum of Regulatory Cooperation Concerning Futures | Beijing |
| 4 | 30 Nov 1995 | Monetary Authority of Singapore | MOU on Cooperation and Exchange of Information on Regulation of Securities and Futures Activities | Singapore |
| 5 | 23 May 1996 | Australian Securities Commission | MOU Regarding Securities and Futures Regulatory Cooperation | Canberra |
| 6 | 7 Oct 1996 | UK HM Treasury, Securities and Investments Board | MOU on Mutual Assistance and the Exchange of Information Concerning Regulatory Cooperation in Securities and Futures Matters | Beijing |
| 7 | 18 Mar 1997 | Ministry of Finance, Japan | Memorandum of Understanding | Tokyo |
| 8 | 18 Apr 1997 | Securities Commission of Malaysia | MOU Regarding Securities and Futures Regulatory Cooperation | Beijing |

Continued

| No. | Date | Foreign Regulators | MOU Titles | Place |
|---|---|---|---|---|
| 9 | 13 Nov 1997 | Comissao de Valores Mobiliarios, Brazil | Memorandum of Understanding | Beijing |
| 10 | 22 Dec 1997 | Securities and Stock Market State Commission, Ukraine | MOU Regarding Securities Regulatory Cooperation | Beijing |
| 11 | 4 Mar 1998 | Commission des opérations de bourse, France | MOU Regarding Securities and Futures Regulatory Cooperation | Beijing |
| 12 | 18 May 1998 | Commissariat aux Bourses, Luxemburg | MOU Regarding Securities and Futures Regulatory Cooperation | Beijing |
| 13 | 8 Oct 1998 | Bundesaufsichtsamt für den Wertpapierhandel, Germany | MOU Regarding Securities Regulatory Cooperation | Frankfurt |
| 14 | 3 Nov 1999 | Commissione Nazionale per le Societa e la Borsa, Italy | MOU Regarding Securities and Futures Regulatory Cooperation | Rome |
| 15 | 22 Jun 2000 | Capital Market Authority of Egypt | MOU Regarding Securities Regulatory Cooperation | by courier |
| 16 | 19 Jun 2001 | Financial Supervisory Commission, Korea | Arrangement Regarding Securities and Futures Regulatory Cooperation | Beijing |
| 17 | 18 Jan 2002 | U. S. Commodity Futures Trading Commission | Futures regulatory cooperation MOU | Washington D. C. |
| 18 | 27 Jun 2002 | Romania National Securities Commission | MOU Regarding Securities and Futures Regulatory Cooperation | Beijing |
| 19 | 29 Oct 2002 | Financial Services Board, South Africa | MOU Regarding Securities and Futures Regulatory Cooperation | Pretoria |
| 20 | 1 Nov 2002 | Netherlands Authority for the Financial Markets | MOU on the Exchange of Information | by courier |
| 21 | 26 Nov 2002 | Belgium Banking and Finance Commission | MOU Regarding Securities and Futures Regulatory Cooperation | Beijing |
| 22 | 21 Mar 2003 | The Participating Members of Canadian Securities Administrators | MOU Regarding Securities and Futures Regulatory Cooperation | by courier |
| 23 | 22 May 2003 | Swiss Federal Banking Commission | MOU Regarding Securities and Futures Regulatory Cooperation | by courier |
| 24 | 9 Dec 2003 | Indonesian Capital Market Supervisory Agency (BAPEPAM) | MOU In Relation to Mutual Assistance and Exchange of Information | Jakarta |
| 25 | 20 Feb 2004 | New Zealand Securities Commission | MOU Regarding Securities and Futures Regulatory Cooperation | Wellington |
| 26 | 14 Oct 2004 | Indonesian Commodity Futures Trading Regulatory Agency (CoFTRA) | MOU Regarding Futures Regulatory Cooperation | Beijing |
| 27 | 26 Oct 2004 | Portugal Securities Market Commission (CMVM) | MOU Regarding Securities and Futures Regulatory Cooperation | Montreal |
| 28 | 14 Jun 2005 | Nigeria Securities and Exchange Commission | MOU Regarding Securities and Futures Regulatory Cooperation | Beijing |
| 29 | 27 Jun 2005 | State Securities Commission of Vietnam | MOU Regarding Securities and Futures Regulatory Cooperation | Beijing |
| 30 | 15 Sep 2006 | Securities & Exchange Board of India | MOU Regarding Securities and Futures Regulatory Cooperation | Beijing |

Continued

| No. | Date | Foreign Regulators | MOU Titles | Place |
|---|---|---|---|---|
| 31 | 20 Sep 2006 | Comisión Nacional de Valores of Argentina (CNV) | MOU Regarding Securities and Futures Regulatory Cooperation | Shanghai |
| 32 | 20 Sep 2006 | Jordan Securities Commission | MOU Regarding Securities and Futures Regulatory Cooperation | Shanghai |
| 33 | 26 Sep 2006 | Financial Supervisory Authority of Norway (Kredittilsynet) | MOU Regarding Securities and Futures Regulatory Cooperation | Oslo |
| 34 | 10 Nov 2006 | Capital Markets Board of Turkey (SPK) | MOU Regarding Securities and Futures Regulatory Cooperation | Istanbul |
| 35 | 21 Nov 2006 | Forward Markets Commission of India | MOU Regarding Commodity Futures Regulatory Cooperation | New Delhi |
| 36 | 6 Dec 2006 | Emirate Securities and Commodities Authority | MOU Regarding Securities and Futures Regulatory Cooperation | by courier |
| 37 | 12 Apr 2007 | Securities Exchange Commission, Thailand | MOU Regarding Securities and Futures Regulatory Cooperation | Bombay |
| 38 | 15 Jan 2008 | Financial Market Authority (FMA), Liechtenstein | MOU Regarding Securities and Futures Regulatory Cooperation | Beijing |
| 39 | 24 Jan 2008 | Financial Regulatory Commission of Mongolia | MOU Regarding Securities Regulatory Cooperation | Beijing |
| 40 | 8 Aug 2008 | Russian Federal Financial Markets Service (FFMS) | MOU Regarding Securities and Futures Regulatory Cooperation | Beijing |
| 41 | 27 Sep 2008 | Dubai Financial Services Authority | MOU Regarding Securities and Futures Regulatory Cooperation | Dubai |
| 42 | 23 Oct 2008 | Irish Financial Services Regulatory Authority (IFSRA) | MOU Regarding Securities and Futures Regulatory Cooperation | Beijing |
| 43 | 30 Oct 2008 | Austrian Financial Market Authority (FMA) | MOU Regarding Securities and Futures Regulatory Cooperation | by courier |
| 44 | 6 Oct 2009 | Spanish National Securities Market Commssion | MOU Regarding Securities and Futures Regulatorty Cooperation | Basel |
| 45 | 16 Nov 2009 | Financial Supervisory Commission of Chinese Taipei | MOU Regarding Cross-Strait Regulatory Cooperation on Securities and Futures | by courier |

# Contacts

**China Securities Regulatory Commission**

Main Line: +86 -10 -88061000

Chairman hotline: +86 -10 -66210182

Complaints hotline: +86 -10 -88060124

Fax: +86 -10 -66210119

Email: csrcbgt@ csrc. gov. cn; intl@ csrc. gov. cn

Website: www. csrc. gov. cn

Address: Tower A, Focus Place, No. 19 Jin Rong Street, Xicheng District, Beijing 100033, China

**China Securities Depository and Clearing Co., Ltd.**

Tel: +86 -10 -66210988

Fax: +86 -10 -66210938

Email: webmaster@ chinaclear. com. cn

Website: www. chinaclear. com. cn

Address: 22 -23/F, Investment Plaza No. 27 Jin Rong Street, Xicheng District, Beijing 100140, China

**Securities Association of China**

Tel: +86 -10 -66575897

Fax: +86 -10 -66575958

Email: ird@ sac. net. cn

Website: www. sac. net. cn

Address: 2/F, Tower B, Focus Place, No. 19 Jin Rong Street, Xicheng District, Beijing 100033, China

**China Futures Association**

Tel: +86 -10 -88087239

Fax: +86 -10 -88087060

Email: cfa@ cfachina. org

Website: www. cfachina. org

Address: 8/F, Tower C, Tongtai Plaza, No. 33 Jin Rong Street, Xicheng District, Beijing 100140, China

**Shanghai Stock Exchange**

Tel: +86 -21 -68808888

Fax: +86 -21 -68804868

Email: webmaster@ secure. sse. com. cn

Website: www. sse. com. cn

Address: Shanghai Stock Exchange Building, No. 528 South Pudong Road, Shanghai 200120, China

**Shenzhen Stock Exchange**

Tel: +86 -755 -82083333

Fax: +86 -755 -82083947

Email: cis@ szse. cn

Website: www. szse. cn

Address: No. 5045 Shennan East Road, Shenzhen 518010, Guangdong Province, China

**China Financial Futures Exchange**

Tel: +86 -21 -50160666

Fax: +86 -21 -50160606

Email: rd@ cffex. com. cn

Website: www. cffex. com. cn

Address: 6/F Pos Plaza, 1600 Century Avenue, Pudong, Shanghai 200122, China

**Shanghai Futures Exchange**

Tel: +86 -21 -68400000

Fax: +86 -21 -68401198

Email: info@ shfe. com. cn

Website: www. shfe. com. cn

Address: No. 500 Pudian Road, Pudong, Shanghai 200122, China

**Dalian Commodity Exchange**

Tel: +86 -411 -84808888

Fax: +86 -411 -84808588

Email: dce@ dce. com. cn

Website: www. dce. com. cn

Address: No. 18 Huizhan Road, Dalian, Liaoning Province 116023, China

**Zhengzhou Commodity Exchange**

Tel: +86 -371 -65610069

Fax: +86 -371 -65613068

Email: zhaorong@ czce. com. cn

Website: www. czce. com. cn

Address: 69 Weilai Road, Zhengzhou, Henan Province 450008, China

**China Securities Investor Protection Fund Corp. Ltd.**

Tel: +86 -10 -66580788

Fax: +86 -10 -66580616

Email: tzzbhw@ sipf. com. cn

Address: 22/F, Tower B, Xinsheng Plaza No. 5 Jin Rong Street, Xicheng District, Beijing 100033, China

**China Futures Margin Monitoring Center. Co. , Ltd.**

Tel: +86 -10 -66555088

Fax: +86 -10 -66555038

Website: www. cfmmc. com

Address: 17/F, Tower B, Xinsheng Plaza No. 5 Jin Rong Street, Xicheng District, Beijing 100033, China

# Acknowledgement

*CSRC Annual Report 2009* is the third annual report published by China Securities Regulatory Commission. After four hard-working months, CSRC Department of International Affairs is pleased to present this overview of China's capital market development in 2009. We hereby acknowledge with gratitude the input and guidance we received from CSRC senior management and the generous support we enjoy from colleagues of all CSRC departments. We deeply appreciate the hard work of the steering group and the editing group of this annual report. Our heartfelt thanks also goes to China Financial & Economic Publishing House for their effort in editing, publishing and distributing the report.

If you have any questions, comments or advice on this annual report, please contact CSRC Department of International Affairs via intl@ csrc. gov. cn.

Steering Group of *CSRC Annual Report 2009*:

TONG Daochi, *Group Leader*

WANG Lin, LIU Hongtao, SUN Shuming, ZHANG Sining, YANG Hua, WU Qing

JI Xiangyu, SONG Anping, ZHAO Zhengping, GAO Weibing, HUANG Yuanhong

HUANG Wei, XIE Geng, JIAO Jinhong, XIE Shikun, HAN Ping, LU Jiahong

Editing Group of *CSRC Annual Report 2009*:

HUA Yifeng, YANG Zhiying, JIAO Caixia, LIU Shisheng, ZHENG Kai, LI Jia

LI Ning, CHEN Huawen, ZHU Huan, ZHU Yu

**Department of International Affairs, CSRC**

April 2010